除了野蛮国家，整个世界都被书统治着。

司母戊工作室

帝国的覆没

近代中国社会的转型困局

雷颐 著

人民东方出版传媒
東方出版社
博集天卷 CS-BOOKY

图书在版编目（CIP）数据

帝国的覆没 / 雷颐著．—北京：东方出版社，2021.2
ISBN 978-7-5207-1276-7

Ⅰ．①帝…　Ⅱ．①雷…　Ⅲ．①中国历史—研究—清后期
Ⅳ．① K252.07

中国版本图书馆 CIP 数据核字（2019）第 267892 号

帝国的覆没
（DIGUO DE FUMO）

作　　者：雷　颐
策　　划：姚　恋
责任编辑：王若菡
封面设计：李　一
出　　版：东方出版社
地　　址：北京市西城区北三环中路 6 号
邮　　编：100120
印　　刷：三河市百盛印装有限公司
版　　次：2021 年 2 月第 1 版
印　　次：2021 年 2 月第 1 次印刷
开　　本：700 毫米 ×960 毫米　1/16
印　　张：18
字　　数：206 千字
书　　号：ISBN 978-7-5207-1276-7
定　　价：68.00 元
发行电话：（010）59320018

前　言

著名的法国大革命史专家傅勒在《思考法国大革命》中说，当一个历史事件失去当下一切参照意义，不再是一个世界的想象的镜子后，“它也就从社会论战领域转移到学者讨论的领域去了”。[1]那么反过来说，如果这个历史事件仍有当下参照意义，仍是一个世界的想象的镜子，它就注定不可能只限定在学者的讨论之中，不能不依然存在于“社会论战领域”，成为社会关注的公共话题。

至少，直到20世纪40年代，即法国大革命一百六十余年后，法国仍然是这样一个国家：“它的公民必须挑选历史，填写出生年月，选择旧制度或大革命。”现在，法国大革命才在法国政治中消失了，因为“今天，无论右翼还是左派，双方的说辞都为自由和平等弹冠相庆，而围绕1789年价值展开的辩论不再包含真正的政治利害

① 三联书店2005年版，第4页。

关系，也不再包含强大的心理投资”。

一

百余年来，辛亥革命在中国一直具有强烈的当下参照意义，仍是一个世界想象的镜子，包含明显的政治利害关系和强大的心理投资。

导致清王朝崩溃的武昌起义事起仓促，仿佛只一夜之间，一个硕大无比的王朝就轰然坍塌。其实，这是自 1840 年起，清王朝对中国面临现代性转型懵然无知，即对现代性的一整套价值体系、制度系统懵然无知，因此应对失据、步步被动，各种问题和矛盾越积越多、越来越尖锐的总爆发。因此，分析辛亥革命的起源，还真不能不从头梳理。

鸦片战争后，清王朝之所以昧于世界大势，是因为举国上下仍然沉浸在千百年来的“华夏中心论”、“华夏文化优越论”、中国是“天朝上国”的迷思中，认为只有中国典章制度、声名文物才是“普适的”，因此只有华夏是文明的；而其他文明、文化都是“特殊的”，是一种“地方性知识”，是“边缘”，因此是野蛮的。总之，这种“中心”与“边缘”之分、“普适”与“特殊”之别，在历史中演变成文野之分，具体说就是“夷夏之辨”，要“严夷夏之防”，如果要变，也只能是“以夏变夷”而不能“以夷变夏”。

因此，鸦片战争使林则徐认识到英夷船坚炮利的厉害，与魏源提出“师夷长技以制夷”的应对之策，却遭到“溃夷夏之防”的严厉指责；旨在启发国人“睁眼看世界”的《海国图志》也遭冷遇。直到二十年后，曾、左、李在推行洋务时，“师长”之说才重受重视。

从一开始，洋务运动就阻力重重，极不顺利。几临灭顶之灾的清王朝在这样生死存亡的紧急关头，对应不应该仿造洋枪洋炮洋轮等“救命之举”竟犹豫不决。今日认为十分“温和”的“洋务运动”，在发轫之时也被指为“溃夷夏之防，为乱阶之倡”，曾遇到今人难以想象、难以理解的反对。以现代大机器生产来造枪炮船舰、通电话电报，明明是统治者要生存就不可少的措施，却遇到统治阶级中冥顽不化者以“夷夏纲常”这类传统的意识形态对其合法性进行强烈反对。

在关于“器物”的争论中，“顽固派”很少从技术层面论证、反对新事物，而是从政治、道德、意识形态的“高度”来否定新器物的合法性。这种对外来新事物首先要质问其性质的“泛政治化”“泛道德化”“泛意识形态化”的深厚传统和话语体系，使主张架电线、修铁路者长期居于“不道德”的“道德劣势”。

使用洋枪洋炮、引进大机器生产这种现代化建设本来应是由中央政府推行的全国性运动，但在晚清，却成了由掌握部分地方权力的封疆大吏在自己的管辖范围、权力范围内推行的地方性运动。本来应当由中央充当这种变革的主要推动力量，在晚清却下移到由地方官员充当这种推动的主要力量。

二

甲午战争的惨败，把政治体制变革提上了历史的议程。如此深创巨痛，本来应当由中央或手握大权的重臣充当这种政治体制变革的主要推动力量，此时这种推动的主要力量却下移到由体制最边缘的几个毫无力量的书生来充当。本来，1898 年“戊戌维新”时清政府尚有一定的变革主动权，但它却拒绝改革，无情镇压体制内的改革者，丧失了一次难得的机会，甚至是“图存”的窗口期。当体制内的变革者被残酷镇压后，社会变革的主要推动力量就会“下移”或者说发生“平移”，由体制外的力量担当起这一任务。当体制外的力量当此重任时，它的要求和努力，必然不是改革、完善这个体制，而是从根本上推翻这个体制，也就是革命。

在经历了两年后的“庚子巨变”这种大流血之后，清廷才在“内外交迫”的情况下开始“新政”。1901 年 1 月 29 日，慈禧在西逃途中以光绪的名义颁下谕旨，表示愿意“变法”，当然仍强调“不易者三纲五常”。不过为时已晚，形势已经剧变，尤其是经历了庚子流血的巨变、“惩凶”、赔款，它的统治的合法性开始遭到普遍的怀疑。由一个合法性遭到严重质疑的政府来领导对社会各阶层利益进行调整和再分配的改革，的确有些勉为其难。更重要的是，在几年之后再做这些已远远不够，需要做更多的改革或妥让。此时，局限于行政方面的新政已无济于事，人们开始提出立宪的要求。

1905 年日俄战争的结果，使越来越多的人相信立宪可以富国强兵、可以救亡图存，甚至某些原先反对立宪的守旧人物也转而倾向支持立宪。这样，原本影响不大、只是少数人的立宪活动因此影响大增，开始“复苏”，不久就迅速高涨。

日俄战争的另一个重要后果是，一些留日学生由“爱国”走向“革命”。

日俄战争使立宪风潮再起，革命派开始形成力量。这样，在中国政治舞台上，清政府、立宪派、革命派这三种政治力量究竟如何分化演变、究竟谁消谁长，最后是立宪避免革命，抑或革命压倒立宪，还是维持现状，端看哪方能洞察时势、乘时运势了。

三

1905 年 11 月，同盟会机关报《民报》创刊，力量相对弱小的革命派以此为阵地向立宪派猛烈进攻，而立宪派则主要以《新民丛报》为阵地奋起反击，双方展开了一场规模空前、声势浩大的激烈论战，持续了十五个月之久。论战涉及清王朝的性质、种族与民族问题、国民素质、中国应该建立什么样的政体、土地制度、革命会不会招致列强干涉引起中国崩溃等许多方面。但是，最紧迫、最核心、最重要甚至决定论战双方胜负的，却是要不要暴力革命的问题。

简单说，革命派认为，只有用暴力革命推翻清王朝，才能共和立宪。立宪派则认为，暴力只会导致血流漂杵，带来巨大的灾难，得不偿失。他们写道："革命之举，必假借于暴民乱人之力。天下岂有与暴民乱人共事，而能完成者乎？终亦必亡，不过举身家国而同葬耳。"他们相信，只要人民要求立宪，清政府"终必出于让步之一途"，可以实现代价最小的和平转型。

在越来越大的压力下，清政府也不能不有所作为。1906 年 9 月 1 日，清廷颁发了仿行立宪的上谕，确立预备立宪为基本国策。而且仅仅过了五天，在 9 月 6 日就颁布了改革官制上谕。显然，无论真假，慈禧这次也想走行政改革为先、政治体制改革在后这"先易后难"的"路线图"。

对此迟来的顺应民意之举，国内依然万众欢腾。然而事实证明，清廷并不珍视此时对它来说极其珍贵的民情民意。这次改官制遇到了巨大的阻力，各路人马你死我活，激烈内斗。结果，在1906年的改官制中，清廷愚蠢地划定了一个清晰狭小的“利益圈”，将汉族官员明显排除在外。几年后，辛亥革命爆发，不少汉族巡抚宣布独立，可能与此不无关系。这次官制改革的结果反使人对清廷是否真准备立宪大起疑心，甚至有立宪派都直斥其为“伪改革”，“徒为表面之变更”，“袭皮相而竟遗精神”。

如梁启超所说，清廷刚宣布预备立宪时，革命派的力量就“稍息”；而当官制改革使人们认识到清廷的立宪有名无实时，革命派就“其势益张”。显然，革命派力量的“息”与“张”，与清廷所作所为大有干系。连坚决反对革命、坚持“保皇”的立宪派都对它越来越失望，无奈地叹其“反动复反动”，也就不必更多地指责革命派了。正是如此这般“改官制”，使在与“改革”竞赛中原本落后的“革命”意外得到清政府的助推加力，猛然提速，大步流星，急起直追。

若纯从“道理”上说，立宪派无疑更有“道理”。然而，它的理论的前提是清政府在压力下必能“让步”，实行立宪。如果这个前提不存在，则无论说得多么“有理”，终将无济于事，“有理”会被人认为“无理”。这一点，梁启超其实十分清楚。1907年年初，他在《新民丛报》发表了《现政府与革命党》一文，承认：“革命党者，以扑灭现政府为目的者也。而现政府者，制造革命党之一大工场也。”端的是一语中的。

这场论战，以往说革命派“大获全胜”，肯定夸张。双方各有道理，实难分胜负。但经此论战，革命派的影响、声势空前壮大却是事实。

事实一再证明梁氏所言不虚。清廷1908年秋公布的《钦定宪法大纲》“君权”比“明治宪法”扩大、“民权”比其缩小。在这种宪法框架下，再加清政府的“立宪”实际步骤一拖再拖，连以温和的士绅为主的立宪派都指其为假立宪、伪立宪，谴责“政府宁肯与人民一尺之空文，不肯与人民一寸之实事”，开始号召“人民与之争者，宜与争实事，而不与争空文”，“逢清必反”的革命派的反应就更不必说了。

从1910年1月起到11月止，在不到一年的时间里，以地方士绅为主的“立宪派”发动了四次大规模的国会请愿运动，声势浩大，遍及全国。尽管“开国会”的呼声越来越响，一浪高过一浪，清廷就是毫不妥协，不愿让出点滴权力，拒不开国会，拒不立宪，反而采取越来越激烈的手段镇压立宪运动。清政府确已不堪救药，对各种警劝充耳不闻，一意孤行，仍要大权独揽，结果便是众叛亲离，真正“动摇国本”，离垮台其实只一步之遥了。

现在，有些论者极力想搞清清政府究竟是“真立宪”还是“假立宪”。这种探索自有其意义，但对于研究清王朝为何灭亡、激进的革命党为何成功而言，更重要、更有意义的不是清政府此时的立宪“实际”究竟是“真情实意”还是“虚情假意”，而是它的行为给被统治者何种印象、何种感觉，以及他们最后的主观认识是“真”还是“假”。如果他们认定清政府是真立宪，则激进的革命党的活动空间将十分有限，更难成功；如果他们认定清政府是假立宪，温和变革的前提就全然而失，激进的革命党就能轻易如愿。

事实说明，清政府的立宪无论是“理论原则”还是“具体实践”，都远未达到温和的立宪派的要求，更未能让社会各界相信其

"真立宪"。当一个政权的统治基础都对其动机大表怀疑、毫不信任，对其所作所为大表反对时，这个政权就面临着严重的"合法性危机"。严重的"合法性危机"恰为激进的革命准备了条件。此时，清政府就面临着这样严重的"合法性危机"；一场暴力革命，恐怕已难避免。

就在辛亥革命前夜的1911年5月8日，清廷利令智昏地出台了一个违反内阁制原则、垄断权力的"皇族内阁"，这与1906年缩减汉族官员权势、扩大满族亲贵权力的改官制的总体精神一脉相承。越到最后，清王朝的政策反而使其利益高度集中化，而且利益边界高度清晰化，与之相对的必然是体制内汉族官员和士绅的离心倾向越来越强。皇族内阁的出台，说明清政府事实上不愿放弃任何权力、不愿做出必要的妥协，人心尽失。

清政府在政治上拒不变革，经济政策也摇摆不定。就在1911年5月推出人心失尽的"皇族内阁"之时，它又倒行逆施地宣布要将原本股份制的民营铁路收归国有，终于点燃了辛亥革命的导火索。

武昌起义最终成功，最重要的因素是有钱、有武装、在相当程度上掌控着地方权力的立宪派走向革命。宣布独立的省份，绝大多数都是革命党与立宪派共同完成革命的。因此，相对而言，这次革命是各方力量博弈、妥协的结果，所以也比较温和。立宪派的态度发生根本性变化的原因，在于既有体制已经无法满足其要求，美国政治学家亨廷顿认为，向上攀登或期望过高的集团和僵硬不灵活的制度是制造革命的原材料。所以，在能够扩大权力并在其内部放宽参与的政治体系中，革命是不可能发生的。也就是说，只有扩大政治参与，才能"告别"各种各样的"激进主义"。

揆诸史实，清王朝的崩溃其实是清政府自鸦片战争以来几十年或是被动或是错误的政策一步步造就的，使推动社会变革的主导力量不断下移，最终由体制外的力量主导进程，爆发革命。清王朝的覆亡，是它面对“现代”挑战时的总体性失败。

目　录

第一章

“天下”的破灭

一、华夏中心的“天下观”

中国传统“天下”观的核心是“华夏中心论”，即天下是以中国为中心的，其他都是边缘，而且由“边缘”渐成“野蛮”。

《尚书·禹贡》把天下分为五个同心而具有阶级性的地区，分别是甸服、侯服、绥服、要服、荒服。蛮夷属于要服，他们需要中国的控制管理，每三个月贡赋一次，而戎狄则属于荒服，相对于蛮夷离中国更远，因此他们只需一年贡赋一次。顾颉刚先生在《禹贡注释》中认为，“侯服”以外四面各五百里唤作“绥服”，这是介于中原和外族间的地区，应当给它安抚和羁縻，所以一方面要在那里推广中原文化，一方面又要整顿武备来保护甸服和侯服的安全。“绥服”以外四面各五百里唤作“要服”，“要服”以外四面五百里唤作“荒服”。“荒服”“要服”都是外族所居，同时也是中国流放罪人的地方。“照这般说来，那时的天下（甸、侯、绥、要、荒）共计方五千里，中央政府势力所及的地方（甸、侯、绥）所谓‘中国’也者，是方三千里，而直属于中央的王畿（甸）则只有方一千里。”[①]对历史上是否真正存在这样一个规规整整的区划，史学界一直有争论，但重要的是，它说明古代中国人的“天下观”就是如此。

夷夏对举始于西周，有四夷、八蛮、七闽、九貉、五戎、六狄之说；严夷夏之辨却是在春秋时期。约至春秋时期，“夏”和与其相对的“狄”“夷”“蛮”“戎”“胡”等（后简称“夷狄”或“夷”）概念的使用开始突破地域范围，被赋予文化的意义，甚至被赋予一定程度的种族意义，主要用于区别尊卑上下、文明野蛮、道德与非道德。“华夏”代表正宗、中心、高贵、文明、伦理道德；“夷”则代表偏庶、边缘、卑下、野蛮、没有伦理道德、尚未脱离兽性。

按照许慎《说文解字》的解释，“蛮”为蛇种，从虫；“貉”为豸种，从豸；“狄”本为犬种，从犬；“羌”为西戎，羊种，从羊。《左传》闵公元年：“狄人伐邢。管敬仲言于齐侯曰：‘戎狄豺狼，不可厌也，诸夏亲昵，不可弃也……齐人救邢。”《左传》襄公四年：晋国魏绛主“和戎”，但也是将戎作为“禽兽”看待。晋侯曰：“戎狄无亲而贪，不如伐之。”魏绛曰：“戎，禽兽也，获戎失华，无乃不可乎！”《左传》成公四年：“非我族类，其心必异。”《国语·周语中》：“夫戎狄，冒没轻儳，贪而不让。其血气不治，若禽兽焉。”“狄，豺狼之德也”，“狄，封豕豺狼也”。

在现实中“华夏”不能不与“夷狄”接触，孔、孟都提出要

① 顾颉刚：《禹贡注释》，《中国古代地理名著选读》（第一辑），科学出版社 1959 年版，第 1—5 页。

严夷夏之防。虽然孔子及后来的孟子主要是从“文化”意义上歧视“夷狄”，而不是从种族意义上歧视“夷狄”，但这种文化歧视是严重的。孔子在《论语》中的名言“夷狄之有君，不如诸夏之亡也”，强调“夷夏之辨”。因此，孔子大力宣扬、高度评价“尊王攘夷”，经过“尊王攘夷”，华夏与夷狄的地理边界与文化边界已清晰划分。孔子高度肯定管仲辅佐齐桓公“尊王攘夷”之功：“管仲相桓公，霸诸侯，一匡天下，民到于今受其赐。微管仲，吾其被发左衽矣。”与华夏衣俗不同的“被发左衽”，成为野蛮的同义词。对此，《孟子》明确说：“吾闻用夏变夷者，未闻变于夷者也。”“吾闻出于幽谷迁于乔木者，未闻下乔木而入于幽谷者。”“今也南蛮鴂舌之人，非先王之道”，应该被惩罚。

而先秦已有的将夷狄看作“禽兽”“豺狼”的种族歧视论，依然影响深远。班固《汉书·匈奴传》云：“是以《春秋》内诸夏而外夷狄。夷狄之人贪而好利，被发左衽，人面兽心，其与中国殊章服，异习俗，饮食不同，言语不通，辟居北垂寒露之野，逐草随畜，射猎为生，隔以山谷，雍以沙幕，天地所以绝外内也。是故圣王禽兽畜之，不与约誓，不就攻伐；约之则费赂而见欺，攻之则劳师而招寇。”被陈寅恪先生认为是中国传统文化重要经典的《白虎通义》却干脆认为：“夷狄者，与中国绝域异俗，非中和气所生，非礼义所能化。”“非中和气所生”实际指人的生理构造即人种的天生低劣，实际否定了“以夏变夷”的可能。

先秦到两汉是中国传统思想、文化的奠基时代，也正是在与其他国家交往中，对华夏以外的世界或者作了“妖魔化”处理，或认为是“禽兽”、“人面兽心”、种族低劣，或认为其文明、文化上低劣，以此妖魔化的“他者”为镜像，塑造、形成了自己的种族或文化优越、优秀、高尚、高等的形象。以此为基础建构的华夷二元对立世界观，对后世产生了极为深远的影响。

直到20世纪30年代，许多少数民族的称谓仍多有“犭”旁或“豸”旁。人类学研究表明，宋元以来东北、西北少数民族已少有用虫兽作偏旁命名者，但西南少数民族仍用虫兽作偏旁，如猺、猫（今苗）、獞、犵狫、犵獠、犵狑等。而明清时加“犭”者更多，如猓猡、猓黑、猡缅等近百种。直到1939年，国民政府才下令改变对少数民族的这种带有严重歧视性的称谓，改正原则大体是将此类偏旁改从“人”旁，或改用同音假借字。[①] 这种歧视，从官员的奏稿用词中也反映出来。2007年出版的《李鸿章全集》“凡例”的第十条写道：“原稿中有少量污蔑少数民族的用词用字，如猺、狪等，整理时根据国家相关规定作了必要改动。”[②] 亦从一个侧面说明了此点。在人名地名中加“口”字旁，也是歧视的一种表现。

这种居高临下、俯视其他文明及文化的华夏中心论在处理、对待与他国的关系中，制度化为以中国为宗主、他国为藩属的“宗藩体制”，或曰“朝贡体制”，以此规范“华夷秩序”。这种“华夷秩序”中，中国的“皇帝”是承受天命的“天子”，“天子”是最高的道德“天道”在人间的化身、代表，代“天”来执政“天下”。所以，“天下”其他国家只能是中国的“藩邦”“藩属”“属国”。

从文献记载来看，较为确实的朝贡体制从周代的五服制发展而来。汉唐时期，朝贡体制已得到确立并进一步发展，自汉武帝起，能否“四夷宾服，万国来朝”成为统治者是否英明、王朝是

① 芮逸夫：《西南少数民族虫兽偏旁命名考略》，《中国民族及其文化论稿》，台湾大学人类学系1972年版，第73—117页。

② 《李鸿章全集·凡例》，安徽教育出版社2007年版。

否盛世的重要标志，甚至是其权力合法性的来源之一。所以，新王朝建立通常都要“诏谕”属国向新王朝称臣纳贡。到明清时，相关各种规制已相当精密，其主要内容是“藩属国”要按时携带特定贡物，按照指定线路（贡道）到中国京城，住在指定馆邸，按照指定礼仪将贡品向中国皇帝呈送。作为宗主国，中国皇帝要对朝贡国“还赐”；如果这些属国有新统治者即位，要由中国皇帝册封，即颁发敕文（诏敕）承认其地位。

“华夏中心”的“天下”观必然要在国家体制中得到反映、体现。其他国家都是中国的“藩属”，所以中国对外只有“理藩”而无“外交”，管理、接待藩属朝贡的机构由“理藩院”和“礼部”分掌。

就在清朝1644年入关，开始进入“华夏”、成为“天朝”的继承人，因而理所当然地成为“华夷秩序”世界中的“天下共主”不久，一个新的现代国际关系体系于1648年在欧洲形成。

1618—1648年，欧洲进行了残酷的三十年战争，交战双方从1643年起开始和谈，到1648年10月签订和约，史称《威斯特伐利亚和约》，从而形成了历史上第一个具有现代意义的国际关系体系。根据这一条约，独立的诸侯邦国对内享有至高无上的国内统治权，对外享有完全独立的自主权。这是世界上第一次以条约的形式确定了维护领土完整、国家独立和主权平等的国际法原则。根据这一条约，欧洲开始确立常驻外交代表机构的制度，各国普遍建立了外交使节，进行外事活动。该条约第一次提出了主权国家概念，确定了以平等、主权为基础的国际关系准则。在尊重民族国家主权的框架下，基于国家主权的世界秩序开始形成，首先是在欧洲确立了国与国之间的新秩序，此后随着欧洲在全球的扩张，也把主权国家的概念带到全世界，逐步形成了以后几百年的国际基本秩序。在长达几百年的时间里，它依然是解决各国间矛盾、冲突的基本方法，因此它的诞生标志着现代国际关系体系正式形成。

不能忽视的是，在此条约诞生之前，对欧洲影响深远的“文艺复兴”早已在意大利发生，新大陆、新航线已经被“发现”，英国工业革命即将开始，欧洲已经开始其全球性扩张……这些都预示着以《威斯特伐利亚和约》为标志的“现代性”国际体系，迟早会与以中国为中心的传统的“华夷秩序”发生冲突。

二、关键信息白白浪费

在中国对外贸易口岸中，广州长期居于重要地位。唐、宋年间就是开放口岸，明朝实行海禁，开放口岸只有几个且几经调整，广州一直是其中之一。清王朝建立之初，为稳定政权，从顺治严厉实行海禁，到康熙二十三年（1684）政权已经巩固，宣布废除海禁，开放四处对外贸易口岸，广州仍然“首当其冲”。乾隆二十二年（1757），清政府决定撤销其他三处口岸，限定广州为唯一的对外贸易口岸，由粤海关加强管理。千百年来，广州一直是重要的对外贸易口岸，1757 年后成为“唯一”，地位更加重要，形成了一整套独特的正规制度、非正规制度、文化、习惯，甚至生活方式，被称为

“广州体系”。[①]

清政府允许欧美商人在广州城外设立的商馆（也称“夷馆”）居住，但规定他们只能临时居住，而且有严格的活动范围限制。他们必须遵守下列规定:（1）兵舰不得进口;（2）馆中不得留妇女、不得留枪炮;（3）各商馆不得使用八人以上之华人，并不得雇用仆妇;（4）外人买卖须经行商之手，不许随意出入;（5）通商期过，外商不得留住广州，货物购齐，即须装运，不得逗留，并且严禁中国人教他们学习中文。

这些外国商人和以此为传教基地的传教士，带来了大量外部信息。1827 年，英商在广州创办了英文报纸《广州纪录报》（*The Canton Register*），稍后又有一些定期的出版物出现，其中较为重要的有 1835 年创立的《广州新闻纸》（*The Canton Press*）。这些出版物登载的大量信息以商业为主，也有其他方面的信息。从了解世界的角度来看，至为难得的是这些刊物还经常刊登世界其他地区的一些资讯，如《孟买政府公报》（*Bombay Gov. Gazette*）、《加尔各答政府公报》（*Calcutta Govt. Gazette*）、《直布罗陀纪事报》（*Gibraltar Chronicle*）、《新加坡纪事报》（*Singapore Chronicle*）、《加尔各答快报》（*Calcutta Courier*）、《马德拉斯快报》（*Madras Courier*）、《孟加拉信使报》（*Bengal Hurkaru*）、《爪哇报》（*Javasche Courants*）、《印度公报》（*India Gazette*）、《利物浦综合广告报》（*Liverpool General Advertise*）、《里斯本纪事报》（*Lisbon Chronicle*）等。1832 年 5 月美国传教士裨治文（Elijah Coleman Bridgman）在黄埔港的美国商馆

① 研究亚洲海洋史、广州口岸史的美国教授范岱克（Paul A. Van Dyke）在《广州贸易：中国沿海的生活与事业（1700—1845）》（社会科学文献出版社 2018 年版）一书中对“广州体系”作了深入的研究。

内创办了英文刊物《中国丛报》(*Chinese Repository*，旧译《澳门月报》)，作者主要是传教士，是第一份向西方介绍中国的英文刊物，也是第一份“汉学”刊物。文章内容包括中国政治、历史、社会、经济、地理、法律、博物、贸易、语言等方方面面的介绍和分析，也有对中国政策的详细讨论。久而久之，这些西方商人对中国有了相当的了解。

这些出版物全是英文，个别文章、报道也有中文，全部公开发行，有些收费，多数是免费提供，自由领取，成为外商的必读物，虽然也有一些中国“十三行”商人订阅，但在“天朝上国”观影响下，“读书人”和清政府官员属于精英阶层，对此“夷狄”之作，当然不屑一顾，如此重要的商业、政治信息被完全忽视。到19世纪30年代的时候，广州的外国商人对清朝的贸易政策越来越不满，越来越愤怒，并且他们清楚地知道西方的船坚炮利远胜于中国，于是在这些在中国公开发行的出版物中公开讨论是否、如何对中国开战，只要购买或者拿取这些资料，任何人都可以得到这些信息。但是，中国粤海关官员对这些信息依旧不屑一顾，对有可能发生的战争一无所知，毫无觉察。这是世界发生急遽、深刻变化的关键时期，是西方列强用暴力打开中国大门的鸦片战争的前夜，如此重要时刻的重要信息和情报白白送上门来，清政府却视若无睹、拒之门外。

如果说这些出版物只是提供了纸上的信息，那么当巨大的商船、先进的武器和革命性的蒸汽轮船纷纷出现在广州的大门口的时候，中国官员对此仍是熟视无睹。

当时海盗猖獗，所以远洋的商船都带有武器，甚至是非常先进、攻击性很强的武器。这些武器全部公开，粤海关官员登船验货时也看得到这些武器，也做了登记，但只是最简单的登记，如刀剑多少、枪支多少、火药多少、炮多少门，而枪支性能、大炮炮筒口径和炮弹尺寸等统统没有记录。大多数东印度公司的船只上的炮越来越大，枪支性能越来越强，这些船上几乎都有 10 ~ 20 磅大型炮若干门，4 ~ 8 磅小型炮若干门。这些大型炮能够夷平珠三角所有中国炮台的防御外墙，步枪射程越来越远、射速越来越快、瞄准目标越来越精准，但日复一日，所有这些事关朝廷命运的重大军事信息，中国海关官员全都见如未见，没有详细记载。

不仅西方的武器迅速进步，船只、航海设备也在迅速进步。精密航行表的发明使船长对航线的确定更加精确，航行更加准时、更有可预见性。一旦海上开战，这是巨大的军事优势。特别是 18 世纪后半期发明的伸缩式望远镜，成为包括到中国的远洋船只的标配，在战争中将大大提高侦察和瞄准能力。更重要的是，1830 年，距离第一次鸦片战争爆发只有十年，英国麦金托士洋行（Mackintosh & Co.）的蒸汽轮船“福士”号（Forbes）出现在广州，这是蒸汽动力船第一次来到中国。1835 年，距第一次鸦片战争爆发只有五年，英国怡和洋行（Jardine Matheson）以其行东名字命名的“渣甸”号（Jardine）蒸汽船来到中国水面，曾在澳门、广州间航行。这是蒸汽船第二次来到中国，“渣甸”号到达虎门的时候，中国官员和士兵对这种不用风吹、不用人划桨的船分外好奇，先后有约百名官兵登船查看，对蒸汽动力机械格外感兴趣。战争已经迫在眉睫，但中国官兵一无所知。

虽然早期的蒸汽轮船，特别是远程航线的轮船由于机动性能低下，同时由于轮船的工艺技术还有一个耗煤量的问题有待解决，使远程航行的轮船只能“机帆并用”，轮船装设的船帆几乎和帆船一样多，但蒸汽轮的出现具有划时代的意义，意味着中国将面临巨大的威胁。珠江水道复杂，大型帆船吃水深，如果没有中国“引水”导航，将无法进入内河，形成天然屏障，然而蒸汽轮吃水浅，无须中国“引水”，就可进入内河，发动进攻。蒸汽轮以机器为动力，不必等待风向和潮汐，随时可以进入战斗位置。当时蒸汽轮与帆船混编，蒸汽轮的另一个优点是可以牵引仍以风帆为动力的军舰，迅速将其牵引置放到战略射击位置，而不必等待风向。因此，一个舰队只要有一艘蒸汽军舰，整个舰队的战斗力将大大提高。在第一次鸦片战争中，英国先后出动几十艘战舰，其中蒸汽舰船就有十几艘。其战斗力之强大远非清军所能相比。从珠江口岸到长江口岸，不必说清军水师在英国军舰面前不堪一击，就是岸上炮台也多被英军轰毁，无法阻止英舰进入内河。如 1842 年 6 月 16 日英军进攻吴淞，蒸汽军舰“复仇女神”号（Nemesis）冒着清军岸炮猛烈轰击，拖拽着一艘轻型护卫舰沿着吴淞西岸航行，坚持将其拖拽到最佳战斗位置后，炮击西岸清军炮台，“复仇女神”号也解脱缆绳，投入战斗。吴淞口是战略要地，所以吴淞要塞的中国军队水上与岸上都火力强大，防守严密，提督陈化成浴血奋战，最后以身殉国，但吴淞要塞只几小时便告失守，英国军舰占领上海后又沿江北上，直到南京城下，迫使清政府签订《南京条约》。英国的蒸汽兵舰“功莫大焉”。其实，在战争前敌方已将蒸汽船展现给了自己，然而中国官员却只当是“奇技淫巧”的好玩之物，完全意识不到它的重大意义。

与中国形成鲜明对照的是日本的“长崎体系”。日本此时仍在实行有两百余年历史的严厉的“锁国”政策，只有长崎一港因历史原因允许中国和荷兰商船进入贸易，当然也有严格管制。1825 年，幕府还颁布了《异国船只驱逐令》，规定在任何情况下，只要异国船只靠近海岸线，就要设法驱逐，可以使用武力，与其进行任何沟通、提供补给都是违法的。日本只允许中国、荷兰商人前来贸易，其闭关锁国程度比中国允许多国商人前来贸易还要严格，但日本幕府远胜于清王朝的一点是长期、极其重视外部信息，注重海外情报搜集。一个重要的规定是进入长崎港的中国和荷兰商人必须向长崎地方最高官员报告海外消息。消息不论真假，道听途说皆可。这种报告被称为“风说书”，取“风闻”之意。“风说书”必须直报幕府将军，长崎地方官员不得私自阅看。日本朝野，正是通过“风说书”了解到中英鸦片战争的情况。

中国的鸦片战争是震撼日本的大事，日本听说比自己强大得多、先进得多、一直是自己景仰与学习对象的中国，在鸦片战争中居然被小小岛国英国打败、被迫打开大门的消息，不能不震惊异常。日本朝野有识之士想方设法，通过种种渠道获取中国鸦片战争的情报。

对外国商人和传教士在广州城外商馆创办的中文杂志，日本也是视若珍宝。《东西洋考每月统记传》是传教士在1833年创办的中国境内最早的中文报纸，创办的目的当然是为了向中国人传教。但传教士发现当时中国人有强烈的“华夷之辨”的观念，认为非华夏文明都是野蛮不文的，因此不可能接受基督教。如果要让中国人接受基督教，首先要破除其他文化、文明都是“蛮夷”的观念，接受西方文化是与中国文化并存的另一种文明、文化，这是中国人接受基督教的前提。所以，这份报纸的主要内容是介绍西方科学知识和历史文化知识。这份中文报纸1838年因经费问题停刊，五年来一直未引起中国人重视。但零星传入日本后，却引起了日本的重视，尽量试图找全此刊。中文的《东西洋考每月统记传》本是中国了解西方的窗口。可惜，这张在中国境内创办的中文报纸，并未起到中国了解外部世界的“窗口”作用，却成为日本了解世界的“窗口”。

长崎作为日本了解世界的窗口，对幕末的“开国”及其后的“维新”起了重要作用。广州作为唯一的通商口岸，本应是难得的信息窗口。有关世界政治、经济等各种信息的出版物唾手可得，各种最先进武器不断展现，但中国官员在“天朝上国观”“华夏中心论”的认知模式支配下形成了巨大的认知盲区，对这些送上门的信息完全无视。一个极其重要的信息窗口，白白浪费。

地方官员如此，朝廷也是如此，英国曾把最重要的信息送到朝廷，却未引起乾隆皇帝应有的重视。

三、“中国粉碎论”与“英夷膝盖不能弯曲论”

中国广州外贸，主要是中国向英国出口茶叶、瓷器、丝绸、大黄等物品，而中国进口主要是钟表、八音盒、自动机械玩偶等各类西洋奇珍。这些西洋奇珍，主要也是为皇家供应，所需非常有限。相对于出口额，中国从英国的进口额实在微少。长年累月，中英之间形成了巨大的贸易不平衡，中国是巨大的顺差，英国是巨大的逆差。

公元1793年，清乾隆五十八年，英国工业革命已经开始数十年，急欲扩大商品市场，派马戛尔尼（George Macartney）为特使，率领有七百余人的庞大船队从英国来到中国，企图打开中国市场，改变中英贸易的不平衡状况。这位大英帝国的特使以为大清乾隆皇帝祝寿为名，实想为经济正在飞速发展的英国开辟一个巨大的商品市场。他有两个具体目标，一是希望清政府开放市场，扩大与英国的贸易，对中国并无领土野心；二是在中国首都设立常驻外交机构，建立经常性的外交关系。

时处盛世的大清王朝，上上下下没有、也不可能有一个人认识到这件事情的重要与意义，反而满心欢喜地以为这是“吾皇”天威远被，使远在天边的英国与其他藩属一样，因仰慕中华文明、诚乞教化而远涉重洋来为大清皇帝纳贡祝寿，主动成为中国属国。中国地方官在翻译英方有关信函时，理所当然地以自己的话语系统将其格式、用词译成下对上的禀帖，来华经商的英国商人被译成“素沐皇仁，今闻天朝大皇帝八旬万寿，未能遣使进京叩祝，我国王心中惶恐不安。今我国王公选妥干贡使马戛尔尼前来，带有贵重贡物，进呈天朝大皇帝，以表其慕顺之心”。“十全老人”乾隆皇帝阅后大喜，批示：“其情词极为恭顺恳挚，自应准其所请，以遂其航海向化之诚。”[①] 马氏一路受到中方热情款待，但其船队却被插上“英吉利贡使”的长幡，在他们的礼品清单上“礼物”被改为“贡物”。马氏自称“钦差”被清朝官员改为“敬差”或“贡差”，负责接待他们的大臣在给皇帝的奏折中都是以他们远在重洋，经数万里之程，历十一月之久，来向天朝输诚纳贡……乾隆皇帝收到了经由大臣徵瑞转奏的马戛尔尼使团“贡单”，见单内仍有“遣钦差来朝”之语，认为与天朝体制不符，遂特别传谕：“阅单内有遣钦差来朝等语。该国遣使入贡，安得谓之钦差？此不过该通事仿效天朝称呼，自尊其使

① 《英使马戛尔尼来聘案》，故宫博物院编《掌故丛编》，中华书局 1990 年版，第 614、619 页。

臣之词。原不必与之计较。但恐照料委员人等识见卑鄙，不知轻重，亦称该使臣为钦差，此大不可。著徵瑞豫为饬知，无论该国正、副使臣，总称为贡使，以符体制。”[①] 天朝上国的“认知系统”决定了“天朝”从皇上到臣民只能从夷狄“向化”、主动要成为中国“藩属”的角度理解此事。

然而，双方最后却终因觐见皇上的礼节而发生激烈的“礼仪之争”。中国认为，既然是“贡使”来“进贡”，觐见皇帝时当然要像其他属国的贡使一样，按“天朝”体制，代表本国君主向“万国之主”的中国皇帝双膝下跪，行“三跪九叩”之礼。对此，马氏坚决不同意。从7月下旬到9月中旬这近两个月的时间中，双方一直为是否“下跪”争论不休，互不相让，甚至权倾一时的和珅也专门为此会见马氏，亦无结果。

最终，乾隆皇帝知道此“夷”并非要来成为“属国”，至为不快，命其离开中国。同时，乾隆帝仍以“上”对“下”颁发“敕谕”：“奉天承运，皇帝敕谕暎咭唎国王知悉：咨尔国王，远在重洋，倾心向化，特遣使恭赍表章，航海来庭，叩祝万寿，并备进方物，用将忱悃。朕披阅表文，词意肫恳，深为嘉许。”对英方派驻使节的要求，乾隆断然拒绝：“至尔国王表内恳请派一尔国之人，住居天朝，照管尔国买卖一节，此则与天朝体制不合，断不可行！向来西洋各国，有愿来天朝当差之人，原准其来京，但既来之后，即尊用天朝服色，安置堂内，永远不准复回本国。此系天朝定制，想尔国王亦所知悉。”“天朝所管地方，至为广远，凡外藩使臣到京，译馆

① 中国第一历史档案馆：《英使马戛尔尼访华档案史料汇编》，北京国际文化出版公司1996年版，第40页。

供给，行至出入，俱有一定体制，从无听其自便之例。”对英国提出的通商要求，他也断然拒绝：“天朝抚有四海，惟励精图治，办理政务；奇珍异宝，并不贵重。”“其实天朝德威远被，万国来王，种种贵重之物，梯航毕集，无所不有，尔之正使等所亲见。然从不贵奇巧，并无更需尔国制办物件。”[①] 马氏一行最终一无所获，于10月初被迫离京返国。

公元1816年，清嘉庆二十一年，时隔23年后，英国又派阿美士德（William Pitt Amherst）为特使来华，根本目的仍是想打开中国市场，建立外交关系。此时英国工业革命基本完成，经济实力与军事力量远超23年前，但中方对此仍是毫不知情，仍认为这是英国“迭修职贡”，诚心向化。然而双方又因是否跪拜而争论不休。由于阿美士德仍拒不跪拜，嘉庆皇帝大怒，颁谕称：“中国为天下共主，岂有如此侮慢倨傲甘心忍受之理？”当日又下旨要求英使离京回国。也像乾隆皇帝一样，嘉庆皇帝也给英国国王颁发“敕谕”一封：“尔国远在重洋，输诚慕化”，“特命大臣於尔使臣将次抵京之时，告以乾隆五十八年尔使臣行礼悉跪叩如仪，此次岂容改异？”“尔国王恭顺之心朕实鉴之，特将贡物内地理图、画像、山水人物收纳，嘉尔诚心，即同全收，并赐尔国王白玉如意一柄、翡翠玉朝珠一盘、大荷包二对、小荷包八个，以示怀柔。”“天朝不宝远物，凡尔国奇巧之器，亦不视为珍异。”“嗣后毋庸遣使远来，徒烦跋涉。但能倾心效顺，不必岁时来朝，始称向化也。俾尔永遵，故兹敕谕。”[②]

此时距英国发动打开中国大门的鸦片战争只有24年，嘉庆皇帝

① 《英使马戛尔尼来聘案》，第645—648页。

② 《清嘉庆二十一年英使来聘案》，北平故宫博物院编《文献丛编》第十一辑，1931年版，第37、38页。

给英国国王的敕谕中仍满是“天朝”“万国共主”“输诚慕化”“恭顺之心”“倾心效顺”“来朝”“向化”等华夏中心论观念，对一个“新世界”的来临一无所知、一无所感。

1793年和1816年英国使臣两次使华，英国没有达到通商和派驻使节的目的，但是，他们却有非常重要的收获。

马戛尔尼使团于1793年8月初到达北京，后来十分狡猾地找种种理由不走海路而从内陆于12月初到达广州，然后在澳门停留一段时间，于1794年3月中旬离开中国。超过半年，从北到南，他们对中国进行了一番实地考察。对中国，他们从通过传教士的远距离观察实现了近距离观察、研究。以前传教士对中国的介绍毕竟笼统，而且侧重人文方面，此次马戛尔尼使团人数众多，有政治家、科学家、机械师、医生等专业人员，他们从这些领域、学科对中国进行了前所未有的全面考察研究。阿美士德使团1816年7月中到达中国，由于有马戛尔尼使团先例，阿美士德使团也是沿大运河南下，然后于1817年1月末从澳门返国。也有半年时间，从南到北，也对中国进行了一番实地考察。阿美士德使团比马戛尔尼使团少了二十人，成员中有科学家、博物学家、水文及地质学家、医生、测绘技术人员，还有素描绘图精湛的画家，而且有几名“中国通”。此时距马戛尔尼使团已过去二十多年，这二十多年是英国在工业革命道路上突飞猛进的二十多年，所以阿美士德使团的设备和人员的科学知识水平更高，对所经中国海陆沿线的测量更加精准。

英国的这两次出使，极大地改变了欧洲此前主要是通过马可·波罗的中国游记、传教士书信著作和启蒙派学者的论述了解中国，从而得出的“中国结论”。此前在马可·波罗、传教士和欧洲一些启蒙派学者的著述中，中国是一个繁荣、富强、先进、民众道德普遍高尚、文明高度发展的国度。但这两次经过实地调查，他们对中国的政治、经济、法律、宗教、风俗民情、地形地貌、物产、气候、军队、武器等方方面面作了一番考察和评估。他们的观察、记录细致到把纤夫拉纤的调子、民歌《茉莉花》的曲调，都用五线谱记录下来了。

经过比较，马戛尔尼认为中国政治、经济、法律、道德、科学技术和军事等各方面均大大落后于欧洲，他的结论是：“至少在过去的150年，没有发展和进步，甚至在后退，而我们科技日益前进时，他们和今天的欧洲民族相比较，实际变成了半野蛮人。”他甚至认为在他的有生之年有可能看到清王朝的崩溃：“我在考察中发现庞大的上层建筑根基空虚”，“微小的摩擦可以诱发火花，将造反的火焰燃遍全中国。事实上帝国已发展到不堪重负，失去平衡，不管它多么强大有力，单靠一支手已不易掌控局势。尽管当今皇帝以他的精力和智慧可以长时期维持国家机器平稳运行，但如果在我本人去世之前它已崩溃瓦解，那么我将不感到意外”。他考察了中国的军事力量，发现部队缺乏训练，以冷兵器为主，不知道炼钢技术，火绳枪还是从前葡萄牙传入那样，没有专门生产火药的工厂，都是个人制造，士兵的一项任务就是自备火药，因此火药质量很差。[①] 中国海军与海防，他认为只需几艘三桅战舰就能将其摧毁，并使从海南岛到直隶湾的航线中断。中国面临的更严重后果是“朝鲜人将马上就会获得独立”，“把中国和台湾维系在一起的联系如此脆弱”，只需外力介入，立即就会被切断。“从孟加拉只需稍稍鼓动，在西藏就会引

①［英］乔治·马戛尔尼、约翰·巴罗：《马戛尔尼使团使华观感》，商务印书馆2015年版，第6、26、27、290、291页。

起动乱”，这是易如反掌的事情。使团成员还考察了香港附近海面，认为非常适合殖民。“中华帝国只是一艘破旧不堪的旧船，只是幸运地有了几位谨慎的船长才使它在近150年期间没有沉没，它那巨大的躯壳使周围的邻国见了害怕。假如来了个无能之辈掌舵，那船上的纪律与安全就都完了。船将不会立刻沉没，它将像一个残骸那样到处漂流，然后在海岸上撞得粉碎。它将永远不能修复。”①

他的结论，令人不寒而栗。半个世纪后，香港被割让给英国；一百年后，中日《马关条约》第一款就是朝鲜“独立”，台湾被割让给日本。

阿美士德使团也对中国的方方面面作了详细考评，认为以往传教士的中国论述受到了不应有的重视，对中国有过高的评价，他也认为中国不仅完全落后而且潜伏着巨大危机：“各省现在可能仍然潜伏着对政府的不满，如果这种不满被外来攻击引发成行动，或者受到外国支持的鼓励，改朝换代并不是不可能的事。汉人的民族感情还没有完全消失，可能会出现一个或真或假的明朝的代表人，如果得到外国援助的强力支持，他会找到足够的拥护者，把没有资格拥有这个庞大帝国的统治者驱逐出去。不过，如果没有这种干涉，现在还看不到内部革命的任何迹象。”“由于百姓没有代表，他们除了叛乱没有别的纠正办法。”“我相信，中国的军队尽管足以应付国内的治安，但是从它们列队行进的样子和士气状况来看，即使是对付亚洲不正规的军队也是不堪一击，肯定无法对抗欧洲的军队。”②

---

①［法］佩雷菲特：《停滞的帝国：两个世界的撞击》，三联书店1993年版，第522、523页。

②［英］亨利·埃利斯：《阿美士德使团出使中国日志》，商务印书馆2017年版，第295、296、331页。

更重要的是，阿美士德使团船队从香港起锚，先后进入南海、台湾海峡、东海、黄海、渤海和白河口，在此期间，他们依靠精密的气象测量仪器不间断地记录了这些海区的气象数据，每天3次，每次间隔8小时，并将这些数据汇总为一张海上气象数据记录表，清楚地标示了测量点的经纬度、测量时间、气压、温度、湿度及盛行风向。海洋水文要素与船舶航行安全密切相关，在海洋水文要素中，一个需要测量的基本指标就是海水温度。海水温度的变化可以引起海浪的变化，造成台风、海雾天气，影响船只的航行。船队在航行期间，他们对不同深度的海水温度进行了多次测量。这些水文数据为后来英军舰队在中国海域航行提供了依据。阿美士德使团在大沽口上岸后，陆续获得了对他们来说最为难得的内河水文、气象及航道情报。他们通过京杭大运河、长江、赣江、鄱阳湖等内陆河湖，一路南下至广州，经澳门回国。利用这个机会，使团搜集了内陆河流的水文数据，每进入一条河流，使团成员都对河流的宽度、深度、长度、流速及暗礁分布情况进行记录。从1816年9月8日到11月24日，进行了长达78天的连续观测，并将所有数据绘成了一张内陆气象记录表，清晰地记录了长江等主要河流的气象情况。在阿美士德使团来华之前，英国人对长江航道并不熟悉。该使团途经长江时借机测量了镇江、瓜洲、金山一线的长江水道，为以后鸦片战争中英国通过长江进攻镇江和南京完成了航道情报的准备工作。内河航道、水文、气象情报的获取，使得英国人对长江等重要水道的情况了如指掌，因此英军才能在鸦片战争中大胆地从沿海深入内河进攻南京等重镇，取得决定性胜利。

该使团在旅行途中，无论大小，只要发现一处驻军营地，都对驻军点的人数、地点和装备等基本信息进行记录，掌握了沿途各地的清军布防情况。1842 年，为了取得决定性胜利，英军决定溯长江口而上占领南京。战前英国并未对长江水道进行侦察，而是在行进中以测量船为先导，边测量边前进。由此不难判断，英军是以阿美士德使团当年搜集的镇江、瓜洲、金山一线的航道情报为基础，通过测量来记录变化后的数据，最终兵临南京城下，迫使清政府答应了英方提出的谈判条件。在谈判桌上，英国提出了割让香港。原因在于英国人发现香港具有极好的建设港口条件，而且靠近澳门和广东海岸，在贸易、交通、军事上都极为理想。但彼时香港还是一个不起眼的小岛，当时清廷连香港在何处都不知，而英国之所以提出要清廷割让这个看来毫无价值的小岛，就在于阿美士德使团 1816 年使华时对香港进行了细致考察，对此岛产生了浓厚的兴趣，认为可以把香港作为贸易中转地。他们的船队在香港湾停泊了三天，对香港岛及周边海域情况进行了细致考察，测量了香港岛的地形，还有成员携带水银温度计上岛，在香港岛最高峰太平山上攀爬了一千英尺。他们测量和记录了香港湾的气温、气压、温度、湿度和盛行风向等气象情况。考察过后，阿美士德使团对香港岛产生了浓厚的兴趣，使团中的海军军官都认为对任何吨位的船只来说，香港都是极好的避风地。该船队的一些船只靠近朝鲜海岸，对附近的岛屿和海岸线也作了精确测绘。还有些船只到达琉球，并成功登陆，停留了六个星期之久。“从朝鲜和琉球群岛的历史中，我们了解到，日本和中国经常争夺对于这些朝贡国的宗主权，在较早时期双方各有胜负，但是近年来，优势在中国方面。”① 他们已经敏感地触摸到了六十余

① 吴尹清:《鸦片战争前英国阿美士德使团在华情报活动》,《江南社会学院学报》, 2018 年 3 月号，第 20 卷第 1 期。另可参见《阿美士德使团出使中国日志 · 考察要目》，第 323—329 页。

年后中日关系的焦点、痛点。

马戛尔尼和阿美士德这两次出使中国后，都出版、发表了大量中国见闻，改变了欧洲此前的中国观。他们分别在乾隆、嘉庆年间来到中国，正是中国的“乾嘉盛世”。然而，在盛世之下，他们却看到了清王朝严重的危机，甚至很可能被粉碎。一个直接的后果是，这为英国侵华的鸦片战争提供了强烈的动因和精准的情报。

反过来，这两个使团的中国之行给中国究竟带来了何种观念变化，可作比较研究。

代表国王第一次使华，且肩负通商、建交使命，马氏当然格外重视，由于是以祝寿为名，所以选择何种礼品，马氏可谓煞费苦心，征求多方主要是对中国有所了解的传教士的意见。这些传教士提出中国重视历法，因此需要天文仪器，各种有关天文的设备都备受青睐，因此马戛尔尼带来的 19 项 590 余件礼品中有许多天文仪器，最引人注目的是一座演示天象运行的大型仪器（Planetarium），中方译为“布蜡尼大利翁”。此物最大、构造最为复杂、最为精美，包括太阳系运转模型，指出天体蚀、合、冲等现象确切时间的计时装置，反映了当时英国科学的最新成就。另外还有最新的大型望远镜、察看天气的阴晴仪、空气真空泵、力学巧益架、聚光大火镜、大型战舰模型，先进的毛瑟枪、连珠枪、铜炮、榴弹炮等，这些都是当时欧洲科学发展水平的代表性成果。他希望以这些先进的科学技术礼品取悦中国皇帝，显示自己并非蛮夷，炫耀英国的强大。

但他没有想到，中国上下对这些礼物远没有他想象的那样珍视。他们曾为清军作了简单的演习，发射了两门野战炮，并表示可做机动部队演练，清军军官和官员强调中国也有，并不新鲜，都不感兴趣。但他们发现，其实清军从未见过燧发枪。[①]

对于这些“贡品”，乾隆皇帝看到礼品清单及介绍文字之后，在给负责接待英使的直隶总督梁肯堂的谕旨中说：“阅译出单内所载物件，俱不免张大其词。此盖由夷性见小，自为独得之秘，以夸炫其制造之精奇。现已令选做钟处好手匠役前来，俟该国匠役安装时，随时学习，即可谙悉。著徵瑞于无意之中向彼闲谈，以大皇帝因尔等航海来朝，涉万里之遥，阅一年之久，情殷祝嘏，是以加恩体恤。至尔国所贡之物，天朝原亦有之。如此明白谕知，庶该使臣等不敢居奇自炫，是亦驾驭远人之道。”[②]

9月14日乾隆皇帝初次接见使团后作《红毛英吉利国王差使臣玛嘎尔尼等奉表贡至，诗以志事》一首，表达自己的感想：

博都雅昔修职贡，
英咭唎今效荩诚。
竖亥横章输近步，
祖功宗德逮遥瀛。
视如常却心嘉笃，
不贵异听物诩精。
怀远薄来而厚往，
衷深保泰以持盈。

①《马戛尔尼使团使华观感》，第294页。
②《英使马戛尔尼访华档案史料汇编》，第39—40页。

他兴致极高，每句都作了笺注，对马戛尔尼使团的礼品进行评价：“此次使臣称该国通晓天文者，多年推想所成测量天文地理形象之器，其至大者名布蜡尼大利翁一座，效法天地运转，测量日月星辰度数，在西洋为上等器物，要亦不过张大其词而已。现今内府所制仪器，精巧高大者尽有此类。朕以该国遣使远涉重洋，慕化祝釐，是皆祖功宗德重熙累洽所致，惟当益深谨凛。至其所称奇异之物，只觉视等平常耳。”“远夷效贡恭顺，自属可嘉。至于不贵异物，旅獒之训。具在远夷自夸精巧，所见者小，亦无足怪。惟是厚往薄来，天朝柔远之道，自当如是耳。”同时还自豪地说：“自禹划九州以后，惟元代幅员为最广，然尚不及我朝疆域之大。”[①] 世界中心、天朝上国心态，无以复加。

其实，不说乾隆对世界，就是对英国也缺乏基本的了解。当然，对于一个自己完全不了解、不知道，而且从未向天朝进贡过的“外夷”现在突然主动进贡，乾隆皇帝自然格外高兴，但欣喜之余又不能不心生疑惑。就在马戛尔尼使团还在中国时，他怀疑廓尔喀（尼泊尔）在西藏挑动叛乱，而廓尔喀背后可能又有“披楞”支持。中国对主要是南亚加尔各答地区的“披楞”知之甚晚，已被英国统治。他认为“披楞”有可能就是英吉利，于是派人南下香山向安插到廓尔喀入贡人员中的一个头目打听，英吉利是否就是披楞：“英吉利是否即系披楞？该处风俗若何？地方广狭若何？距廓尔喀道路逮近若干？中间是否隔有别国？该处至广东澳门道里若干？详悉询问。”[②] 同时，他多次谕令沿海各督抚于英“贡船”入口时要“不动声色密

①《英使马戛尔尼访华档案史料汇编》，第 555 页。

②《英使马戛尔尼访华档案史料汇编》，第 185—186 页。

加防范”，同时要求英船入港时清军严整列队，向从未到过天朝的“外夷”展示天朝威严。当经过一番跪与不跪的礼仪争执后，又知道英国船只的巨大并看到战舰模型，乾隆当然更加警觉，强调此夷嚣张，因此发过二十余道筹办海防的谕旨。不过，这些仍然属传统的边患、筹边的内容，丝毫未意识到这意味着一个新世界、新时代的到来。

马戛尔尼的礼品，被分别放置在圆明园、紫禁城等地。一些大型仪器安装时，乾隆多次下谕，要求派宫钟表好手、太监匠役跟随使团匠役学习安装方法：“现有该国匠役在圆内装饰，若不趁此时，将如何装卸之法，豫为留心学习，得其窍要，将来该匠役回国后，不特不能移动，倘其中枢纽稍有损坏，又用何人修理？岂不竟成弃物？所有安装不能拆卸之说，朕意必无其事，自系该贡使欲见奇巧，并表伊国王诚敬之心，故为矜大其词，而徵瑞不免为所炫惑。现在征徵早与金简、伊龄阿会晤，著交伊三人，即带同在京通晓天文地理之西洋人及修理钟表好手，首领太监匠役等，于该国匠役安装时尽心体会，必尽得其装卸收拾方法，庶该处匠役回国后，可以拆卸挪移，随时修理，方为妥善。将此谕令知之。”安装“本是易事，所有安装不能拆卸之说，竟系徵瑞为贡使之言所吓，遂不免心存恇怯。前经降旨，未据覆奏。著徵瑞即遵前旨询明，据实奏闻”。又据和珅奏有钦天监正、葡萄牙人安国宁等十余位西洋人“恳准赴园，于该国匠役安装贡品时一同观看学习等语，此亦甚好。多一人即多一人之心思，安国宁等既情愿前往，自应听其随同观看学习，尤可尽得其装卸收拾方法。庶将来该国匠役回国后，可以拆动挪移，随时修理，更为妥善。将此谕令知之。”[①] 这种学习安装，只是为了今后的安装维修，一如明代一些皇帝喜欢钟表，要西方传教士安装维护，要太监等学习掌握。并非认识到其中的现代科学知识，更非要学习、研究其中的科学原理。展示贡品的宏大、复杂，更能显示英国国王对天朝的“诚敬之心”，所以宫中必须有人学会安装维护方法。

展示贡品不仅是向各“藩属”展示天朝威望，更是向臣属展示当下自己文治武功的盛世辉煌。此时英国呢绒业已经发达，贡品中有毛哔叽等纺织品。乾隆皇帝赏给一些总督和巡抚够做一件衣裳的哔叽，接到皇上赏赐之后，这些大臣必须写谢恩折表达自己对圣上的万分感激。在谢恩折中，几乎每位受赐者都要说明被赏赐的物品系英吉利国所进贡品。如江西巡抚陈淮、湖广总督毕沅的谢恩折中都提到这是皇威远震、下国前来讫讨声教，英夷远隔重洋也要前来攀援圣人以登天府。[②] 但山西巡抚蒋兆奎的谢恩折却未提此点，乾隆阅后颇为愤怒，专门发谕严批蒋，并命令写谢恩折者必须写明此点：“内阁奉谕旨：英吉利国遣使赴京祝禧纳赆，朕因系远夷所进方物，特命分赏，俾内外大臣共知声教覃敷之盛。督抚等接奉后，谢恩折内自应将所赏物件系英吉利国呈进之处叙明。昨朱珪奏到折内即将此意叙入，乃本日蒋兆奎谢恩之折，止称奉到哔叽褂料一件，而于英吉利国所进，并未一字提及，竟似无故而特加赏赉，所奏殊不明晰。朱珪学问稍优，是以措词尚能合体，而蒋兆奎由州县出身，文理荒疏，遂一任庸劣幕友填砌浮词，以致失当。现在督抚等谢恩之折，自已在途，其中或有如蒋兆奎之未叙明者，亦不及更正。此事

① 《英使马戛尔尼访华档案史料汇编》，第 45—47 页。
② 《英使马戛尔尼访华档案史料汇编》，第 451、484—485 页。

尚无关紧要，若于办理地方事务，有应行入告者，亦漫不经心，任听劣幕率意铺叙，岂不为其所误？嗣后于题奏事件，务宜加倍留心，以期所言得当。然朕总不以言语细故定督抚之贤否，非甚关政治之要也。将此通谕知之。”[①] 受表扬的朱珪曾在皇上身边工作，为侍讲学士、直上书房，是后来的嘉庆皇帝的老师，此时为安徽巡抚，当然深知皇帝的心理，知道谢恩折的必写之点是什么。挨严批的蒋兆奎从基层知县一步步上来，确难知晓皇帝的心理，因此使“龙颜大怒”。居然下谕要求臣下必须写明所受赐物为“藩属英国的贡品”，此谕确将乾隆的心态反映得淋漓尽致。

由于科技产品未起到预料中的作用，马戛尔尼使团回国后建议今后再派使者到中国，不必送科技礼品，送些小的金银铜制品、儿童玩具及一些小饰品，中国人可能喜欢。当然，仍十分轻蔑地说：“就他们目前状态来说，他们完全不能欣赏科技优异、伟大的成果。”[②] 语虽尖刻，却是事实。因此，1816 年阿美士德使团来华时，就未带科技产品作为礼品。

嘉庆十九年，即 1814 年，马戛尔尼使华二十年后，清政府在查办一涉及英商案件时，依然认为“该夷船所贩货物，全藉内地销售，如呢羽、钟表等物，中华尽可不需，而茶叶、土丝，在彼国断不可少，倘一经停止贸易，则其生计立穷”。[③] 两年后阿美士德使团使华时，朝廷重点关注的是跪拜礼仪问题。

马戛尔尼和阿美士德使团来华，清政府完全没有认识到它的重

---

① 《英使马戛尔尼访华档案史料汇编》，第 3—4 页。

② 《马戛尔尼使团使华观感》，第 324 页。

③ 梁廷枏总纂，袁忠仁点校：《粤海关志》，广东人民出版社 2014 年版，第 519 页。

大意义，对世界、对英国的了解仍然十分有限。直到1841年3月末，鸦片战争已打响半年，定海、虎门已被攻陷，水师提督关天培力战殉国，道光皇帝仍下旨要求两广总督查明“披楞”究竟是不是属于英国：“究竟披楞是否即英夷所属，与广东相去远近若何，并著祁埙查访具奏。”[①] 与近半个世纪前，他的祖父乾隆皇帝对“披楞”的提问几乎完全一样。半个世纪过去，清王朝对外部世界的认识、了解几无进展。

而且，1793年与1816年英国这两次使华对中国的“英国观”发生了一个重要影响，就是形成或强化了英国人膝盖弯曲不便的印象、观念。为何英国人的膝盖弯曲不便？一种观念认为英国人绑腿太紧，弯曲、跪拜不便；另一种观念认为是生理性的腰硬腿直，弯曲、跪拜不便。乾隆皇帝认为是绑腿太紧的原因。马戛尔尼使团刚到天津时，直隶总督梁肯堂给乾隆皇帝的两个奏折中对此说法不一。第一道奏折说向马氏等敬宣乾隆皇帝恩旨时他们只是脱帽鞠躬，而几天后第二道奏折则说向他们敬宣乾隆皇帝新的恩旨时英国使臣跪拜听旨。对此极为重视、敏感的乾隆皇帝立即感到其中矛盾，发谕问道：第一次上奏时称“敬宣恩旨时该使臣免冠竦立，此次折内何以又称免冠叩首。向闻西洋人用布札腿，跪拜不便，是其国俗，不知叩首之礼，或只系免冠鞠躬点首。而该督等折内声叙未能明晰，遂指为叩首，亦未可定。著传谕徵瑞，如该使臣于延宴时，实在叩首则已。如仍止免冠点首，则当婉词告知，以各处藩封，到天朝进贡觐光者，不特陪臣俱行三跪九叩首之礼，即国王亲自来朝，亦同此礼。今尔

① 《著两广总督祁埙等妥办粮饷接济并查明披楞是否英国所属事上谕》，中国第一历史档案馆编《鸦片战争档案史料》（第三册），天津古籍出版社1992年版，第198—299页。

国王遣尔等前来祝嘏，自应遵天朝度。虽尔国俗个俱用布札缚，不能拜跪，但尔叩见时，暂时松解，行礼后再行札缚，亦属甚便。若尔等拘泥国俗，不行此礼，转失尔国王遣尔航海远来祝釐纳赆之诚，且贻各藩部使臣讥笑，恐在朝引礼大臣，亦不容也。如此委曲开导，该使臣到行在后，自必敬谨遵奉天朝礼节，方为妥善。特此由六百里传谕徵瑞，并谕梁肯堂知之。仍即迅复奏”。①

英夷膝盖弯曲不便的刻板印象，成为中国的“共识”。直到鸦片战争爆发，中国仍以此作为重要的备战基础。

林则徐相信英国人因绑腿太紧而导致伸屈不便。1839 年 4 月，身为钦差大臣的林则徐曾拟就给英国国王的照会一件，要求英国政府采取措施停止贩卖鸦片，照会仍以天朝上国自居，认为允许外贸是“天朝”对英国的恩惠：“我大皇帝抚绥中外，一视同仁。利则与天下公之，害则为天下去之。”照会中还屡称英王对天朝“恭顺”。照会还提出“茶叶、大黄，外国所不可一日无也”这个当时中国人的普遍看法，如果中国停止出口，则“夷人何以为生”，所以夷人应感谢天朝的恩德。照会最后说：“我天朝君临万国，尽有不测神威，然不忍不教而诛。”②

1839 年 9 月初，“虎门销烟”已近三月。三个月来，由于英方不甘就此停止贩卖鸦片，中英矛盾日益尖锐，武装冲突一触即发。林则徐身处“第一线”，对此感受更深，自然不敢掉以轻心。不过，他与两广总督邓廷桢联衔给道光帝上折，对有可能发生的“边衅”，颇为乐观地认为中国肯定能够取胜，其主要原因是：“夷兵除枪炮外，

---

①《英使马戛尔尼访华档案史料汇编》，第 43 页。

② 林则徐：《拟谕嘆咭唎国王檄》，《林文忠公政书》，中国书店 1991 年版，第 135—136 页。

击刺俱非所娴，而其腿足裹缠，结束紧密，屈伸皆所不便，若至岸上更无能为，是其强非不可制也。”[①] 近一年后，1840 年 8 月初，此时第一次鸦片战争爆发已经两月，浙江定海已被英军攻陷。一直在广东紧张备战的林则徐忧心如焚，再次上折，为收复定海出谋划策。他提出可以利用乡井平民打败英军，收复定海。但他的主要理由仍是英军仅持船坚炮利，而“一至岸上，则该夷无他技能，且其浑身裹缠，腰腿僵硬，一仆不能复起，不独一兵可手刃数夷，即乡井平民，亦尽足以制其死命”。[②]

看来，在相当长时间内，林则徐对英国人“腰腿僵硬”“屈伸皆所不便”，因而“一仆不能复起”这一点深信不疑。在同代人，尤其是在同时代官员中，林则徐确是对“外面的世界”最为了解之人，尚不能不受英国人膝盖弯曲不便的影响，适足说明举国上下当时对英国、对世界的认识水平。不过，林则徐认为“英夷”腿不能弯曲并非天生如此，而是因其“浑身裹缠”“腿足裹缠”所致。紧接而来的问题是，敌人既然是“浑身裹缠”“腿足裹缠”所致，那打仗时解开裹缠就可以弯曲自如了，连近七十年前乾隆皇帝要求马戛尔尼跪拜时都开导说“但尔叩见时，暂时松解，行礼后再行札缚”，亦属甚便。最简单的一点，此时与敌人作战的林则徐却没有想到。这恰恰说明，英夷膝盖伸曲不便的印象已更加强化。

而同为前线指挥官的两江总督裕谦，则认为“英夷”是天生腰硬腿直，弯曲不便。

---

① 林则徐：《英人非不可制应严谕将英船新到烟土查明全缴片》，《林则徐集》奏稿（中），中华书局 1965 年版，第 676 页。

② 林则徐：《密陈以重赏鼓励定海民众诛灭敌军片》，《林则徐集》奏稿（中），第 861 页。

1840 年 6 月，第一次鸦片战争爆发，中方起初对英国了解甚少，仍视英军为不具威胁的蛮夷，但英国舰队立即显示了远超中国的军力，封锁广州、厦门等处海口，更使中方震惊的是 7 月攻战浙江定海。然后英舰以惊人的速度北上，于 8 月中旬抵达天津大沽口外，直接威胁京城。英军投递英国外相致中国宰相书，求通贸易。直隶总督琦善具体负责在天津与英军的交涉，主张罢战言和，道光皇帝采纳了他的建议，只是把谈判地点改为广州。经过长达一个多月的交涉，英军获悉清政府同意就英国外相所提要求，到天津以外的广东去谈判后，便于 9 月 15 日启舰南下。

英舰南下途中，其中五艘于 9 月 16 日闯进山东登州海域，在鼍矶岛外洋和长山岛以北游弋。它们在登州海面共停泊了八天，搜购粮食和薪水，战争气氛逼临山东。为了避战，山东巡抚托浑布满足了英军的要求。获得军需补给后，9 月 23 日，英舰离开登州南下，登州府城免于战火。

此时清政府高层分为“主战”“主和”两派，钦差大臣林则徐、两广总督邓廷桢、两江总督裕谦是主战派代表，直隶总督琦善是主和派代表。山东巡抚托浑布执行的是琦善的主张。托浑布在给朝廷的奏折中为自己给英军提供补给辩护，有英军得到补给后向中国朝廷欢呼罗拜、表示感激尊敬之句。在防守定海时与英军猛战的裕谦，对琦善、托浑布的妥协极为愤怒，给朝廷上奏，“力参琦善畏葸偏私”，以英国人膝盖弯曲不便为理由，指责琦善在敌军面前张皇失措、托浑布欺骗朝廷：英船到天津，琦善称英国武力强大，“希图耸听以掩其武备废弛之咎。继又牛酒犒师，遣弁讲款，因而山东、浙江相继效尤，馈送络绎，致使攻陷城池之逆贼，竟所至如宾。而山东抚臣托浑布，又饰称该夷欢呼罗拜。查英夷腰劲腿直，见该国王尚无拜礼。嘉庆年间入京，即因夷使不能拜跪驱逐回国，是其明证，岂有于攻陷城池大肆猖獗之后，忽向山东犒师弁兵罗拜之理。以大辱国体之事，为欺蒙天听之词，不顾中外之窃笑，皆由天津之办理不善所致”。[①] 有必要强调“嘉庆年间入京，即因夷使不能拜跪驱逐回国，是其明证”此句。这是1816年阿美士德使华强化了英国人膝盖弯曲不便的观念的具体证据。

裕谦身处抗敌最前线，积极主战，认真备战。敌情是备战的最重要、最基本的信息，裕谦的备战方略很重要的一点就是建立在英夷膝盖弯曲不便的基础之上，因此认为中国必胜。他在给朝廷的奏折中论述了中国必胜的诸多原因、理由，其中之一是：“夷人腰硬腿直，一击即倒。我兵矛矢击刺，矫捷如飞，用我所长，攻彼所短，此可无虑者二也。”[②] 道光皇帝的批示是“所论不为无理”。此折写于1841年元月初，这时英国占领定海已经半年，足见“夷人腰硬腿直”的观念之深之远。道光皇帝还多次下旨谕示沿海官员：“设或夷船再至，竟有桀骜情形，断不准在海洋与之接仗。盖该夷所持者船炮，若舍舟登陆，则其技立穷。不妨偃旗息鼓，诱之登陆。督率兵勇，聚而歼旃。”[③] 所谓所持者船炮，如果舍舟登陆则其技立穷，潜台词即是“夷人腰硬腿直，一击即倒”。

裕谦身为两江总督却身先士卒，率兵浴血奋战，最终兵败自尽，以身殉国，至为悲壮。裕谦之败，非不勇也，乃中国与英国所处时

---

① 梁廷枏：《夷氛闻记》，中华书局1959年版，第60页。

② 《署两江总督裕谦奏陈攻守制胜之策事宜折》，《鸦片战争档案史料》（第二册），第700页。

③ 《著山东巡抚托浑布于英船再来时可诱之登陆聚歼事上谕》，《鸦片战争档案史料》（第二册），第322页。

代不同之败。遗憾的是，广州口岸作为信息窗口超过百年，马戛尔尼使华已近七十年，裕谦、林则徐、邓廷桢乃至道光皇帝，中国的最高层，仍然都持夷人膝盖弯曲不便的观点。

广州口岸长期提供的大量珍贵信息全都白费，马戛尔尼与阿美士德先后使华反而加强了夷人膝盖弯曲不便的观念。这说明，在“天朝上国”知识论作为核心知识、最高阶知识、不可稍有怀疑的知识这种背景下，外部知识虽然“送上门来”，却无法真正输入。在这种机理下，此时中国的知识生产机制已经无法产生关于世界、他国的新知识。相反，经过两次实地考察，英国关于中国的知识却“焕然一新”，得出了中国落后、野蛮，甚至很快就可能崩溃的结论。

乾嘉之际这两次英国使臣来华要求通商、互派使节，本为中国稍敞大门、与外部世界广泛接触提供了一次难得的机会。但由于种种原因，这一历史机遇却被错失。这种“礼仪之争”背后潜藏着两种不同“世界体系”的碰撞冲突。最后，英国终于按捺不住，悍然发动鸦片战争，用暴力同中国“对话”，迫使“朝贡体系”一点点屈服，中国终于在血火中被强行纳入一个现代世界体系。

帝国崩溃的大幕，其实是从马戛尔尼 1793 年使华拉开的。

四、中国不“中”

“天圆地方”，是中国传统的地理概念，而且，这种观念不仅是“地理”的，更是“伦理”的，中国位居中央，以“华夏”对“四方之夷”。在鸦片战争中的失败，使天圆地方、中国居中的传统观念随着现代地理学的传入开始一点点坍塌。

其实，早在明朝中后期，西方来华传教士已将“地圆”的现代地理学介绍进来。1602年，利玛窦（Ricci Matteo）绘成的《坤舆万国全图》刊行。在这些地图中，向中国人介绍了有关五大洲的知识，他第一次将16世纪地理大发现的成果介绍到了中国，介绍了“地圆说”。但他知道“中国中心”观根深蒂固，因此对图作了某种修改：“为了赢得中国人的好感，他把地图上第一条子午线的投影转移，在地图左右两端各留下一条边，使中国正好出现在图的中央。”[①] 尽管如此，“地圆说”仍受到激烈批判，被目为邪说惑众，清初魏濬在《利说荒唐惑世》一文中，严厉指责利玛窦介绍的“地圆说”：“近利玛窦以其邪说惑众，士大夫翕然信之……所著坤舆全图，洸洋窅渺，直欺人以其目之所不能见，足之所不能至，无可按验耳。真所谓画工之画鬼魅也。毋论其他，且如中国于全图之中，居稍偏西而近于北，试于夜分仰观，北极枢星乃在子分，则中国当居正中，而图置稍西，全属无谓。”“焉得谓中国如此蕞尔，而居于图之近北？其肆谈无忌若此！”[②] 当法国耶稣会传教士蒋友仁（Benoist Michael）在1773年向乾隆皇帝进献《坤舆万国全图》时，大儒阮元严批这种理

① 樊洪业：《耶稣会士与中国科学》，中国人民大学出版社1992年版，第14页。

② 魏濬：《利说荒唐惑世》，《圣朝破邪集》第三卷。

论“上下易位，动静倒置，则离经叛道，不可为训，固未有若是甚焉者也。”[①] 在此压力下，现代地理学的传播非常有限。

鸦片战争后，开始有少数先进之士“睁眼看世界”，从“悉夷”的角度了解、介绍世界。林则徐则是近代中国“睁眼看世界第一人”。

鸦片战争使林则徐深感对这个曾以为膝盖伸曲不便的夷狄了解实在不多，这个夷狄委实厉害，因此迫切需要了解外情。所以南下时就带一位在“理藩院”任事、曾在印度受过教育因此会英文的老人随行。到广州后，他又将几名会英语的华侨、澳门教会学校学生招入己幕，在行辕翻译西方书报，了解“夷情”。今天看来，这是最正常之举，但在当时却饱受非议。因为那些人的职业如洋行买办、引水、通事等在当时是为人不齿的卑微行当，社会地位极低；尤其是他们不是曾经学过“夷文”就是曾经“事夷”，在当时几被目为“汉奸”。堂堂钦差竟将这等人招至幕中，确难为世人理解。为了进一步了解敌情，林则徐还直接与“夷人”打交道，1839 年 6 月 17 日在虎门接见了美国传教士卑治文（Calvin Stuart Brice），表示想得到地图、地理书和其他外文书，特别提到想得到英国传教士马礼逊（Robert Morrison）所编《华英字典》。这更是突破“夷夏之防”的惊世骇俗之举。

与“夷”接触越多，越感对其了解不够。林则徐从招人翻译《澳门新闻纸》《新加坡新闻纸》以探悉夷情、着重了解鸦片生产、销售、西方对中国禁烟的反应起，对外部世界的更广的历史、地理、

---

① 阮元:《畴人传》卷四十六，周骏富辑《清代畴人传》，明文书局（台北）1985 年版，第 174 页。

制造等各方面的兴趣渐渐越来越浓，或许，他已隐约感觉到这比鸦片更重要。他令人将1836年英国出版的曾任东印度公司长驻广州的“大班”德庇时（Sir John Francis Davis）所著《中国人》译成中文，名为《华事夷言》，成为了解“夷情”的重要文献。

使人更为诧异而且今天更应该重视的是，林则徐“居然”开始注意到“国际法”，在1839年7月组织了对瑞士法学家滑达尔（Emericide Vattel）的国际法著作《各国律例》（*Law of Nations*）的选译。虽然他仍不曾也不可能放弃中国是“天下之中”“天朝上国”的观念，仅仅是从对夷斗争策略“以其人之道还治其人之身”的角度翻译、利用“国际法”的，但这毕竟是中国注意到“国际规则”的开始，意义委实重大。

1839年年底，林则徐又开始组织翻译英国人慕瑞（Hugh Murray）1836年在伦敦出版的《世界地理大全》（*The Encyclopaedia of Geography*），译名为《四洲志》。此书介绍了关于世界几大洲的新知，对近代中国“走向世界”起了重要的启蒙作用。同时，为了克敌制胜，林则徐还组织编译了有关西方近代船舰、火炮的资料，并试图“师夷”仿造。

1841年夏秋，已被革职遣戍新疆伊犁的林则徐路过镇江，与好友魏源同宿一室，对榻畅谈。林则徐将《四洲志》等编译的有关外夷资料交给魏源，嘱其编纂成书。魏源不负重托，于《南京条约》订立后不久整理成《海国图志》（1842）出版。一些有关外夷的书，也在这一阶段出版，如梁廷枏的《海国四说》（1846）、姚莹的《康輶纪行》（1846）、徐继畬的《瀛寰志略》（1848）。其中影响最大的，当属《海国图志》和《瀛寰志略》。

《海国图志》对世界五大洲和许多国家的历史、地理作了详细的介绍，并绘有地球全图和各洲分图共 75 幅，界划非常清晰。后来梁启超在《清代学术概论》说“治域外地理者，源实为先驱”，足见其历史意义之深远。但，或是囿于成说，或是惧怕这种介绍的颠覆性后果会给自己带来巨大的社会、政治压力，魏源在《海国图志》附加的《国地总论》中又撰写了《释五大洲》和《释昆仑》两篇文章，强以梵典为依据，牵强附会地论证“中国中心”。他认为五大洲就是梵典所说的四大洲，美洲是“西牛货洲”，而西洋人所说的亚、欧、非三洲应为一洲，即梵典所说“南赡部洲”，另有“东神胜洲”和“北具庐洲”因阻于南冰海和北冰海而未被发现。他又论证亚洲所处的“南赡部洲”为四洲之冠，然后又论证中国在亚洲居优越地位。其理由是梵典说赡部洲有四主，东方人主，南方象主，北方马主，西方宝主；中国在东方，所以是“东方人主”，“自古以震旦为中国，谓其天时之适中，非谓其地形之正中也。”①

《瀛寰志略》为福建巡抚徐继畬所著，共十卷，约 14.5 万余字，收图 42 幅，其中只有一幅关于日本和琉球的地图未用西方所绘地图，其余都按西方原图描摹。在当时，这是大胆的非法之举。但他认为:“地理非图不明，图非履览不悉。大块有形，非可以意为伸缩也。泰西人善于行远，帆樯周四海。所至辄抽笔绘图，故其图独为可据”，“此书以图为纲领，图从泰西人原本钩摹。”② 在这部著作中，他首先比较全面地介绍了地球的概貌和各大洲的基本知识、经纬度的划分等，然后分别介绍亚洲、欧洲、非洲和美洲这四大洲各国地理、历史和现状，还介绍了太平洋、大西洋、印度洋及南极的基本

---

① 魏源:《海国图志》下册，岳麓书社 1998 年版，第 1847—1863 页。

② 徐继畬:《瀛寰志略·自序》,《瀛寰志略·凡例》，上海书店出版社 2001 年版，第 6、7 页。

情况。可以说，他的著作是当时中国最高水平的世界地理、历史著作，代表了当时中国人对世界认识的最高水平。

在这样一幅如实客观的世界图景中，中国位于“世界之中”的神话自然破灭，“天朝上国”的迷梦也将破碎。对此，徐氏实际已有相当认识，但面对现实却又无可奈何。所以他虽在初稿中明确写道“亚细亚以中国为主”，但在定稿时却心有余悸地将此话改写成“坤舆大地以中国主”。[①] 由“亚细亚”改为“坤舆大地”虽只一词之易，但徐氏内心那种不得已的苦衷，却可从中略窥一斑。还是在此书的刻印过程中，他的同乡好友、地理学家张穆见徐将《皇清一统舆地图》置亚细亚图之后深感不安，甚为他担忧，急忙致书徐继畬，提醒他应将《皇清一统舆地图》置于卷首，因为中国传统的“春秋之例”最严内外之词，严守“夷夏之防”，而且“执事以控驭华夷大臣而谈海外异闻，不妨以彼国信史，姑作共和存疑之论。进退抑扬之际，尤宜慎权语助，以示区别”。他特别以明代徐光启等人在此方面未加注意结果“负谤至今”为例，要徐继畬吸取教训。[②] “负谤至今”的确可怕，徐继畬立即采取张穆的建议，将《皇清一统舆地图》放在卷首。同时，徐氏在“凡例”中谨小慎微地申明“此书专详域外”，于中国情况“不敢赘一词”，以避免中外对比。因为“对比”起码意味着可以“并列”，而这是“主流话语”断难容忍的。因此，在介绍亚洲不得不提及中国时，便不得不将中国说成是“壤尽膏腴，秀淑之气，精微之产，毕萃于斯。故自剖判以来，为伦物之宗祖，而万方仰之如辰极”的中央之国。尽管他已知道中国实际位于何处，

① 徐继畬:《瀛寰志略》卷一，第6页。
② 张穆:《复徐松龛中丞书》,《𣶏斋文集》卷三。

但仍不得不说中国居于“万方仰之如辰极”的地位。[①] 的确，诸如“天朝上国”“世界之中”这类根深蒂固的社会性观念，并非理性、知识等可轻而易举打破的，面对这种巨大的力量，徐继畬也不得不屈从。而徐的友人刘鸿翱为此书作序时仍强调：“夫中国者，天地之心。四夷，天地之肢。”[②]

这些书出版后，引起极大的非议和激烈的批判、指责。徐继畬被指是：“张外夷之气焰，损中国之威灵”，“听信夷书，动辄铺张扬厉”，“似一意为泰西声势者，轻重失伦，尤伤国体”。[③] 魏源也受到激烈指责。结果，这类书大受冷遇，敢谈者甚寡。

鸦片战争的失败是中国的耻辱，是中国的危机，也是中国“走向世界”“走向现代”的一次机会。但是，从上到下仍沉浸在“天朝上国”的迷梦中，不愿正视现实，最多从传统“夷狄边患”的角度理解此事。所以，对外部世界的认识并无根本性变化。在鸦片战争时，自古就有的华夏与夷狄人种的生理构造不同论仍大有市场。有人认为是这种生理构造不同导致“立教不同”；有人认为夷人眼睛不能夜视，清军可以夜袭获胜；有人认为夷人膝盖不能弯曲，无法平衡，可以用长竿将其捅倒；甚至林则徐都认为夷人无中国大黄、茶叶即肠塞不通，可以禁止茶叶、大黄出口作为制敌手段……本来，战后以魏、徐之作为代表的一批“睁眼看世界”的书应开阔人们的视野、改变华夏中心论，但巨大的保守氛围却使他们的心血之作作用有限。结果，在十年后的“第二次鸦片战争中”，许多官员

① 徐继畬：《瀛寰志略》卷一，第4页。

② 刘鸿翱：《瀛寰志略·序》，第3页。

③ 史策先：《梦余偶钞》卷一，《近代史资料》1980年第2期。李慈铭：《越缦堂读书记》，中华书局1963年版，第480—481页。

奏章中的御敌之策竟与十年前类似。

从这个意义上说，中国白交了鸦片战争的“学费”，“浪费”了一次失败、一次危机和一次机遇。

当19世纪60年代初“洋务运动”兴起时，魏、徐之作才受到重视，被大量刊印。越来越多的有识之士突破了“华夏中心论”的樊篱。

1875年，郑观应发表《论公法》一文，明确提出中国应抛弃“华夷观念”，加入到国际公法体系：现在“各国之藉以互相维系，安于辑睦者，惟奉万国公法一书耳。其所谓公者，非一国所得而私；法者，各国胥受其范。然明许默许，性法例法，以理义为准绳，以战利为纲领，皆不越天理人情之外。故公法一出，各国皆不敢肆行，实于世道民生，大有裨益，然必自视其国为万国之一，而后公法可行焉”。“若我中国，自谓居地球之中，余概目为夷狄，向来划疆自守，不事远图。通商以来，各国恃其强富，声势相联，外托修和，内存觊觎，故未列中国于公法，以示外之之意。而中国而不屑自处为万国之一列入公法，以示定于一尊，正所谓孤立无援，独受其害，不可不幡然变计者也。”

最重要的是，他提出的根据：“夫地球圆体，既无东西，何有中边。同居覆载之中，奚必强分夷夏。如中国能自视为万国之一，则彼公法中必不能独缺中国，而我中国之法，亦可行于万国。所谓彼教之来，即引我教之往。风气一开，沛然莫御。”①

郑观应为中国早期启蒙者之一，有此启蒙思想者当是少数，但

① 郑观应:《论公法》，夏东元编《郑观应集》上册，上海人民出版社1982年版，第66—67页。

能公开发表这样的文章，毕竟说明了时代精神、社会心理的某种变化。当然，此时距鸦片战争的爆发已三十余年，一代人的时间已经过去。

五、体制的屈从

“华夏中心”的“天下”观必然要在国家体制中得到反映、体现。其他国家都是中国的“藩属”，所以中国对外只有“理藩”而无“外交”，管理、接待藩属朝贡的机构由“理藩院”和“礼部”分掌。

但鸦片战争开始后，这种状况不得不渐渐改变。清政府不得不与英、法等国打交道，虽然中国打了败仗，但清政府自视“天朝上国”的观念和面子还很强，仍视此时的西方列强为传统“夷狄”，不屑也根本不想与之“外交”，所以每当有中外交涉事件，由于没有专门机构和专人负责，朝廷总是因事随时择人办理。但由于中英签订了不平等的《南京条约》，中国被迫开放了五口通商，中外交涉遽增。“五口”成为外国人从事各种活动的法定地点，也是中外交涉的法定地点。

列强当然不会同意与“理藩院”或“礼部”打交道，于是清政府于1844年设置了五口通商大臣，处理这些地方的中外交涉事宜。传统的对外体制，开始打开一个小小的缝隙。由于这“五口”都在南方，广州历来是对外交往较多的地方，所以五口通商大臣开始由两广总督兼任。但随着上海的开埠，外国人的活动重心向此移动，因此从1859年起该职位改为由江苏巡抚或两江总督兼任，如李鸿章任江苏巡抚时就兼任通商大臣。设立五口通商大臣，其目的是将对外交涉局限在“地方”，不让外国人进京，以符中国传统体制，而且从观念上说，这样清政府仍有一种虚幻的满足感，即中国仍是“天朝上国”，那些“蛮夷之邦”只能与中国的地方政府打交道，而不能（因根本无资格）与中国的中央政府打交道；同时，还表明清政府认为与西方列强的交涉只是临时性的，拒不建立统一的常设外交机构。但这毕竟又表明，清政府被迫承认同西方列强间已不是传统“宗藩”关系。

为了进一步打开中国大门，英、法又发动了第二次鸦片战争。这次战争又以中国惨败告终。中国在1858年6月分别与俄、美、英、法签订了不平等的《天津条约》。列强取得了公使驻京的权利，清政府又不得不增加了许多沿海沿江开放口岸，长江以南由原来的五口增设为十三口，长江以北新开牛庄、天津、登州三口。俄国早就与中国有来往，以前一直由礼部、理藩院分管俄国事务，但1858年的中俄《天津条约》在俄国要求下，规定今后俄国与中国的外交往来不再由礼部、理藩院掌管，而由俄方与清军机大臣或特派大学士往来照会。对俄国的这种改变，使其他列强也提出类似要求。这样，清廷不得不建立一个中央级的专门对外机构。

对《天津条约》，咸丰皇帝一直非常不满，想以免除全部关税换取《天津条约》各项条款的废除，使中外关系恢复到“五口通商”的水平，但清廷最怕的还是外国公使进京，为避免外国公使到北京换约，清政府提出在上海换约。但是，西方列强坚持公使在北京换约，因此，双方冲突不断，列强最终决定用武力达到目的。1860年

9月，英法联军攻入北京，咸丰皇帝逃到热河，指定恭亲王奕䜣留京与英法联军谈判。10月下旬，奕䜣代表清政府分别与英、俄交换《天津条约》并订立《北京条约》。英、法两国公使终于在武力护送下来到北京，随后，各国外交使节也常驻北京。天朝惯例，又被打开一个缺口。

由于负责与列强谈判，奕䜣对中国面临的国际环境、格局有较深了解。他考虑到各国公使要常驻北京，加之列强要求中国成立一个中央级对外交涉机构，于是在1861年1月上奏，提出在北京设立总理各国事务衙门，负责对外交涉事宜。咸丰皇帝批准了奕䜣的建议，同意“京师设立总理各国通商事务衙门”。[①] 咸丰皇帝有意加上“通商”二字，事实上坚持“天朝”与“外夷”间只能是洋人来华的通商关系，而不可能有政治关系。奕䜣知道中外已不可能只是通商关系，于是坚请去掉“通商”二字。在奕䜣的坚持下，咸丰皇帝最终同意去掉“通商”二字。这样，清政府总算有了一个类似于外交部的机构，向现代体系又跨进一步。

按照奕䜣原来的设想，总理衙门应是一个权力较大的部门，各省督抚、通商大臣、钦差大臣等有关外国的报折应一面上奏朝廷，一面直报总理衙门，但被咸丰皇帝否决。咸丰皇帝要求各地督抚仍只对皇帝负责，只向皇帝奏报，有关事件各地可同时咨行礼部，再由礼部转咨总理衙门。这一方面表明咸丰帝有意限制总理衙门，不令其与各省直接发生关系，以防皇上大权受到侵害；另一方面表明咸丰帝仍想尽可能保留传统理藩旧制的某些因素，不愿完全走向现代体系。

---

①《筹办夷务始末（咸丰朝）》第八册，中华书局1979年版，第2692页。

奕䜣是朝廷内对世界了解最深、最多之人，但他仍认为列强不久就可能离开，中国仍会回归传统旧制。他在奏请成立总理衙门时即说：“俟军务肃清，外国事务较简，即行裁撤，仍归军机处办理，以符旧制。”[①] 而且，为了表示对外的轻视，总理衙门成立时的规制一切因陋就简，暗寓不能与原来各衙门相比，以示中外仍有高低之别。所以，其衙址也选定一民宅，由于其大门仍是民宅式样而非官宅，怕外国人抗议，于是仅将大门草草改成官衙式样。更重要的是，由于是临时机构，所以从总理衙门大臣到章京、郎中，全都是兼职。

但事实是，中外交往、交涉越来越多而不是越来越少，总理衙门这一临时权宜机构权力越来越大，越来越不“临时”。随着中外交往越来越多，许多事情非常急迫，地方督抚在上奏的同时往往又直报总理衙门。由于它并非“外交部”，所以与“洋”有关的一切事务几乎都归其管理，从外交、通商到铁路、电报、学校、工厂等，几乎成为凌驾传统六部之上的“洋务内阁”。所以，有人说总理衙门“与其说是一个外务部，不如说是更像一个内阁”。[②]

总理衙门的成立改变了中国从来只有“理藩”而无“外交”的传统，是中国与现代国际体系接轨的重要一步，是中国外交制度现代化的重要一步，为1901年正式成立外务部打下了基础。

当然，这种体制的“接轨”并非易事，在成立总理衙门的同时，又保存了旧体制，在一段时间出现了新旧并存的局面。

第二次鸦片战争后，由于开放口岸增加，清政府将原来的五口通商大臣改为“办理江浙闽粤内江各口通商事务大臣”，设在上海，

① 《筹办夷务始末（咸丰朝）》第八册，第2676页。

② ［美］马士：《中华帝国对外关系史》第二卷，上海书店出版社2000年版，第353页。

后来演变称为南洋通商大臣或南洋大臣；在天津新设“办理牛庄、天津、登州三口通商事务大臣”，后来演变称为北洋通商大臣或北洋大臣。南北洋大臣都是为“通商”而设，仍反映清政府不愿承认与“夷狄”有政治关系。

南洋通商大臣从设立之初即由苏抚或江督兼任，因此苏抚或江督在清政府对外交往体制中占有一席之地。而北洋通商大臣则在设置之初即是专职，专办洋务兼筹海防，直隶总督不兼北洋通商大臣，因此从体制上说此时直隶总督与外交无缘。由于与北京近在咫尺，再加上清廷仍是尽可能将对外交涉活动局限于地方，所以北洋通商大臣在天津设立之初，实际就参与了国家外交活动。一些外交谈判的签约地都是天津而不是中国的首都北京，有些国家代表到了北京，清政府仍坚持他们到天津。各国外交人员只能在中国的“地方”、主要是与“地方官”打交道，这明显不合国际惯例，引起各国强烈不满，一再要求进京。但清政府为传统观念所囿，一直坚持与各国的交涉只能在国门天津而不能在国都北京进行。若想进京交涉，必须先在天津等候，由三口通商大臣先向总理衙门呈报，获得批准后方可进京；如果不经三口通商大臣同意而直接进京投谒总理衙门大臣，则肯定被拒。这些规定或曰惯例，使三口通商大臣实际深深参与国家外交。

由于三口通商大臣是专任，因此与直隶总督往往各自为政、相互掣肘，屡有矛盾。所以曾经参与天津教案处理、对直隶总督曾国藩与三口通商大臣崇厚之间矛盾有切身感受的工部尚书、总理衙门大臣毛昶熙于1870年10月上折，认为脱离本省督抚而设专职办理对外交涉的通商大臣彼此难以协调，因而奏请“三口通商亦不必专设大员，所有洋务海防均责成直隶总督悉心经理”，一如南洋通商大臣之例。11月12日，清廷发布上谕，决定裁撤专任三口通商大臣，照南洋通商大臣之例由直隶总督兼任。这一改变解决了直隶总督和三口通商大臣各自为政的积弊，大大扩充了直隶总督的职权，其工作重心亦从“省防”转为“海防”“洋务”，确立了直隶总督在清政府外交体制中的地位。直隶的府城是保定，北洋大臣衙署在天津，为解决这一矛盾，上谕规定“将通商大臣衙署改为直隶总督行馆”，直隶总督在天津、保定间轮驻，但可“长驻津郡”，“如天津遇有要件”可不必回省城保定，明定直督驻天津优先于驻保定，为直督处理“海防”重于“省防”提供了另一方面的保证。

恰恰此前不久，李鸿章被任命为直隶总督，因此成为直督兼通商大臣第一人。李鸿章当上北洋大臣不久，就开始积极参与一系列国家外交活动。就体制上的承属系统而言，总理衙门设立之后，南北洋大臣只是地方上办理外交的代表，为总理衙门所统属，受总理衙门之命主持对外重大交涉，但实际上南北洋大臣，尤其是北洋大臣，却常常是代替总理衙门的总代表。在李的努力经营下，其活动范围迅速扩大，总理衙门几乎办理每一件事都要向他通报，获取他的意见和建议，许多驻外外交人员更是经常向他汇报，听取他的指示，李已俨然成为国家外交全局的主持人。他在天津的北洋官衙渐渐成了清政府实际上的外交部；外国人与他打交道越来越多，反之又进一步提高了他的地位，甚至有超越总理衙门之势。

本应承属于总理衙门的北洋大臣现在却超越总理衙门，固然有李的个人原因，更有体制原因。负责对外交涉的南北洋大臣本无兵权，但由于是督抚兼领，既有兵权又有地方行政权，自然成为国防、外交上的重镇。而就南北洋“分量”而言，由于南洋大臣早设约二十年，加之早期南方对外交涉事件远多于北方，所以早期是“南重于北”；后来由于外交重心北移，北洋大臣更多地参与全国外交，渐渐地“北重于南”。

附提一句，“北洋系”终成清中央政府难以驾控的巨大政治力量，对清末乃至民国政治都影响殊深。晚清政治格局的一大特点是地方势力慢慢崛起，中央政府渐渐大权旁落，此乃清朝灭亡的重要原因之一。造成这种现象的原因固然多多，其中不容忽视的一点即清政府在“欧风美雨”的侵袭中已经风雨飘摇，却仍固守自己是“天朝上国”的虚幻观念，竟然把相当一部分“外交权”，即现代国家最重要的国家政治交与“地方”处理，地方自然要崛起、“坐大”。许多年后，正是时任北洋大臣的袁世凯成为清王朝的重要掘墓人！如此结局，是当初为维护传统“礼制”和“面子”、想把外交局限于“地方”而设南北洋大臣的清廷万万没有想到的。历史，确实吊诡。面对已经深刻变化了的世界，清朝统治者仍然如此愚蠢僵化地固守传统观念、传统意识形态，其最终命运，不亡也难。

有外交有关系的国家互派外交使节是现代国际关系惯例，然而第二次鸦片战争后，清政府不得不同意外国使节常驻北京，却迟迟不愿派中国使节驻外。对外国提出的中国派遣驻外使节的要求、建议，总理衙门的回答总是：“各国至中华，通商传教，有事可办，故当遣使。我中国并无赴外国应办之事，无需遣使。”[1] 真正的原因还是千百年来，“中华”一直是“万方来朝”，只有其他蛮夷之邦派“贡使”来中国朝拜之理，决无中国派使“驻外”之说。但此时环境大变，最终清政府也不得不非常被动地派驻驻外使节。

1875 年年初，云南中缅边境突然发生英国驻华公使派马嘉理

---

①《同治朝筹办夷务始末》卷五十，蝠池书院 2006 年版，第 32 页。

（A. R. Margary）到中缅边境探路，与当地居民冲突被杀的“马嘉理案”。1876年9月中旬，清政府与英国在烟台签订了不平等的《烟台条约》，答应英国种种要求，结束此案。其中一条是派钦差大臣到英国“道歉”，并任驻英公使。选来选去，清廷决定派郭嵩焘担此重任，因为他向以懂洋务著称。

中国派驻出使大臣的消息传开，引起轩然大波。虽然中国此时早已屡遭列强侵略，但仍认为外国使节驻华和中国派驻对外使节都是大伤国体的奇耻大辱。所以，郭嵩焘的亲朋好友都认为此行凶多吉少，为他担忧，更为他出洋“有辱名节”深感惋惜。更多的人甚至认为出洋即是“事鬼”，与汉奸一般，满城风雨，沸沸扬扬，有人编出一副对联骂道：“出乎其类，拔乎其萃，不容于尧舜之世；未能事人，焉能事鬼，何必去父母之邦。”当时守旧氛围极浓的湖南士绅更是群情激愤，认为此行大丢湖南人的脸面，要开除他的省籍，甚至扬言要砸郭宅。可见“华夏中心论”是有深厚民众——至少是士绅——基础的，亦说明观念改变之艰难。在强大压力下，郭嵩焘几次以告病推脱，但都未获准，终在1876年12月从上海前往英伦，一方面“谢罪”，一方面出任驻英公使。几乎同时，清政府任命了已在美国负责留美幼童的陈兰彬、容闳为出使美国正副使臣。中国对外派驻常驻使节，以此开端。

虽然成立了总理衙门、对外派遣了常驻使节，但外交体制新旧并存的局面毕竟不能适应局势的发展、变化。总理衙门与“北洋”之间的权责一直不明，外国人办事时常常不知应当找谁，两部门有时互相推诿，有时又决策不一。总理衙门本不是专门外交机构，而是一个类似“内阁”的机构，因此办理外交并不“专业”。总理衙门官员至后来仍是多为兼差，办事自然迁延拖沓。

事实说明，有成立“外务部”的需要，外国人也一再提此要求建议，但清政府并不考虑。虽然总理衙门已存在几十年，权限越来越大，但从建立时就规定其是临时机构，一“俟军务肃清，外国事务较简，即行裁撤”，“以符旧制”。如果一旦设立外务部，而外务部不可能是临时机构，就意味着再不可能“符旧制”。因此几十年后，清廷仍无意也无人敢设立“外务部”。

直到1901年7月，八国联军已攻入北京，清廷急于向列强求和时，才颁旨将总理衙门改为外务部，班列六部之前，并于9月7日将其写入丧权辱国的《辛丑条约》。外务部由总理衙门改组而来，但相对于总理衙门，外务部在清中央机构中的地位（至少是名义上）更高，职能也更加专门化，是中国外交现代化历程中的重要一环，是中国从自古以来的“理藩”最终转向“外交”的标志，是中国与现代国际体系实现接轨的标志。

从鸦片战争开始到1911年清王朝灭亡总共七十年时间，而从“华夷秩序”向“现代国际体系”的转轨这一步就走了整整六十年。而且，每一步都非常被动，都付出了巨大的代价。

六、“礼仪”的屈从

乾隆、嘉庆年间英国两次遣使来华，引发了觐见皇帝“礼仪”问题的激烈冲突。这种冲突，在鸦片战争之后更加激烈，完全无法回避。

在第二次鸦片战争的缔约谈判中，清廷对英、法侵略者割地赔款诸条照单全收，但对英法代表提出的向皇帝亲递国书的要求却严加拒绝，激烈抗议道：此事关系国体，万难允许，表现出少有的坚决。视“礼仪”重于“地”与“款”，后人可能难以理解。不过几经英法武力威胁之后，清廷还是不得不同意外国公使驻京，并且中英《天津条约》专有一款对“礼仪”作了承诺，承认英国是自主之邦，与中国平等，英国钦差大臣作为代国秉权大员觐见大清皇上时，可不行有碍于国体之礼，而行与英国派到西方各国使臣拜见该国国主时同样之礼。强迫中国实行现代国际体系之礼仪规范。

虽然签订条约，但清政府并不准备履约，曾经不许外国公使驻京。后来不得不允许外国公使驻京，但仍不准备履行有关礼仪的条款。咸丰帝逃避热河严拒接见西方使节后，不久就病故，由其年仅五岁的儿子载淳（同治帝）即位，两宫太后垂帘听政，西方使节觐见皇帝递交国书之事便暂时搁置下来。

但这一条款使“天朝体制”被打开一个不小的缺口，觐见皇帝之礼迟早会提出来。对此，朝廷自然一直担心不已。

1860年以后，西方列强便纷纷派遣公使常驻北京，而中国却一直未曾遣使出洋。因为清政府一直认为，外国使节驻京本就是对几千年“天朝”体制的破坏；而且，本来是“万邦来朝”，不需“天朝”对外遣使，如果“天朝”再派使臣驻外，更是承认了“条约体系”，自取其辱。然而，这几年中外交涉越来越多，负责处理涉外事务的总理衙门大臣真切地感到，在与外国的交涉、谈判中，外国对中国情况非常熟悉，而中国对外国的情况几乎毫无所知，根本原因就在于外国在中国驻有使节，而中国没有驻外使节。承认近来中国之虚实，外国无不洞悉，外国之情伪，中国一概茫然，其中隔阂之由，总因彼有使来，我无使往。而且，随着《天津条约》规定的十年修约之期将至，清政府对列强是否会趁机“索要多端”担心不已。修约关系到“礼仪”，各路大臣纷纷发表意见，虽然曾国藩、左宗棠、李鸿章等洋务派持开明态度，但反对意见更加强烈、更有力量。

此时朝廷急欲事先遣使各国了解对“修约”的态度，但又根本没有具有基本外交常识和国际礼仪的官员，找不到能担此任者。而更重要的是，清政府一直坚持外国驻华使节觐见中国皇帝时必须下跪行礼，而中国是“天朝上国”，中国使节觐见外国元首、皇帝绝不能行下跪礼，况且外国也不要求中国使节行下跪礼。不过，问题接着就来了，本就不愿对中国皇帝行跪礼的“化外之邦”会更加理直气壮，因为中国使节不对外国元首行跪礼，外国使节同样也不必对中国皇帝行跪礼。

形势要求中国必须对外派使了解情况，但具有最高权威性的“礼”又使中国不能对外派使。正在这不派不行、派也不行的两难之际，1867 年 11 月，美国首任驻华公使蒲安臣（Anson Burlingame）五年任期届满卸任，来到总理衙门向恭亲王奕䜣辞行。本来一桩例行公事的外交应酬，却非常意外地使这一难题迎刃而解。

蒲安臣于 1862 年 7 月作为清政府接纳的首批外国公使之一入驻北京。他驻华期间，美国的对华政策主要还是追随英、法等国从中渔利，与中国未有严重冲突。尤其是美国在 1862 年提出的对华“合作政策”，使清政府更有好感。“合作政策”的主要内容是在中国的一切重大问题上，美国要与英法等国协商合作，赞助中国政府在维持秩序方面的努力，在条约口岸内既不要求也不占用租界，不用任何方法干涉中国政府对于它自己的人民的管辖，不威胁中国的领土完整。在具体执行过程中，蒲安臣不仅与英、法等国“协商合作”，也与清政府“协商合作”，在中美一些具体问题的处理上注意与清政府沟通，因此奕䜣等人对他印象甚佳。所以，在欢送蒲安臣卸任的宴会上，听到他表示今后中国如与各国有“不平之事”，自己愿为中国出力、如同中国所派使节这番客套话时，奕䜣等人却灵机一动，认为如真能请他为中国外交使臣，既可达到遣使出洋的实效，又能避免“天朝”往外遣使的体制问题和中外礼仪的纠葛。因为他毕竟是“洋人”，不是“天朝”的臣民，所以他不向外国国家元首行跪礼，不能成为外国驻华使节见中国皇帝时不行跪礼的理由。

在取得蒲安臣的同意和赫德等人的支持之后，奕䜣正式向朝廷上奏“请派蒲安臣权充办理中外交涉事务使臣”。奏折首先阐明了中国派使的重要性，然后大大赞扬蒲安臣一番，并且说明，由于中外礼仪不同，“用中国人为使臣，诚不免为难，用外国人为使臣，则概不为难”。[①] 朝廷也认为这是一个既不失中国体统，又解决实际问题的两全其美的办法，所以立即批复同意。清廷决定委派蒲安臣作为中国政府办理各国中外交涉事务大臣率使团出访，但又担心英、法两国有疑虑，于是决定加派一名英国驻华使馆官员为“左协理”，一名在中国海关任职的法国人为“右协理”。同时，又派记名海关道志刚和礼部郎中孙家谷二人同蒲安臣一同出使，亦任“办理中外交涉事务大臣”。使团随行人员有三十多人，其中有一些是同文馆学习外语的学生，充任翻译。中国近代史上第一个外交使团就这样组成了。

蒲安臣毕竟是外国人，中国又是首次派使到外国访问，清政

① 《同治朝筹办夷务始末》卷五十一，第27页。

府对其权限、注意事项都作了一系列规定，但清政府最担心的仍是“礼仪”问题，所以对“礼仪”问题的指示最为详细。要求中国使团不必见外国元首，“或偶而相遇，亦望贵大臣转达，彼此概免行礼。候将来彼此议定，再行照办”。每到一国，国书并不直接交给该国元首，而是“由该处执政大员代递”，并且要说明将来有约之国给中国皇帝的国书“亦照此而行，庶乎礼节不致参差”。“如有欲照泰西礼优待者，贵大臣不能固却”，但必须“向各国预为言明，此系泰西之礼，与中国体制不同，因中国无论何时，国体总不应改，不必援照办理，不得不预为声明”。“贵大臣既经奉命为中国使臣，将来到各国时，凡有如中国禁地，及一切妨碍国体之事，仍望贵大臣亦照中国体制，不必举行。以昭肃敬各国之意。其或各国因贵大臣系泰西之人，照泰西例优待，亦希望贵大臣将中国体制，先为声明，庶将来各国不致疑中国无报施之礼也。”①

中国自命为“天下之中”的“天朝”，从无“国旗”之说，但外交使团出访则不能没有国旗，所以蒲安臣在出使期间设计了中国有史以来第一面国旗，即黄地蓝镶边，中绘一龙，长三尺，宽二尺。作为中国象征的黄龙旗飘扬在欧美各国，标志着中国第一次以主权国家面目出现在国际社会之中。在与国际规则接轨的方向上，中国又跨进一步。

1868年2月25日，蒲安臣使团从上海出发，横渡太平洋，于4月初抵美国旧金山。6月初，使团来到华盛顿，蒲安臣率中国使团来到白宫。他并未遵从总理衙门的训令，而以握手、鞠躬的西方礼仪谒见美国总统，呈递了中国有史以来的第一份国书。以后在访问

① 《同治朝筹办夷务始末》卷五十四，第30—33页。

其他国家递交国书时，自然也是援引西方礼节。9月，蒲安臣使团来到英国，觐见了维多利亚女王，也递交了国书。1869年1月初，使团到达巴黎。法皇拿破仑三世接见代表团，表明与英国的立场相同。在德国，德皇威廉一世多次约见使团人员，使团还会见了铁血宰相俾斯麦。在瑞典、丹麦、荷兰等国，因为没有“修约”和棘手的交涉任务，使团在这些国家有些类似于观光。1870年2月2日，使团到达俄国首都圣彼得堡。2月16日，沙皇亚历山大二世接见使团并接受国书。蒲安臣在俄突然发烧，病势有加无减，终至不起，于2月23日在圣彼得堡病故。2月26日，在圣彼得堡的英国教堂内为蒲安臣举行了葬礼。随后，他的遗体被运回美国，在家乡安葬。蒲安臣病故后，使团由志刚主持，继续访问了比利时、意大利、西班牙等国。有意思的是，志刚在觐见三国国君时，也亲递国书，采纳国际通行的鞠躬、握手外交礼节。最后，使团在志刚的率领下于1870年10月回到北京。

蒲安臣使团在一定程度上完成了“笼络各国”的外交使命，得到了美、英等国政府不借“修约”之机提更多要求、不干涉中国内政的承诺。但更重要的是，虽然中国的首位外交使臣由美国人担任，但蒲安臣使团毕竟是作为中国政府出访欧美的第一个正式外交使团，蹒跚跨出了晚清官员走向世界、迈向国际社会的第一步，为以后中国近代外交使节制度的建立开辟了道路，为中国外交礼仪、机制的近代化奠定了第一块基石。

然而，外国使臣谨见中国皇帝不行跪拜之礼，清政府认为有损国体国格，而任命外国人为本国外交使团领导，清政府反不认为有损国体国格。这种愚顽，反映了清廷对“礼”的重视程度，也预示了“礼仪”的现代化历程之艰难。

1873年2月，同治帝亲政，西方使节再次提出觐见皇帝递交国书的要求，对中国来说根本性的“礼仪”问题再也无法回避。这一次，各国使节采取公使团联衔照会总理衙门的方法，提出同治皇帝亲政之时，如果他们不代表本国亲见皇帝、递交国书，就是失职。而且按国际惯例，一国使臣进入某国后，如该国元首不予接见并接受国书，显系不友好的表示。照会威胁与劝告并举：“盖品级崇重使臣赍有国书进入他国，系两邦各睦之证；他国不见，系和睦不极之据。”他们还专门提到《万国公法》：“兹在泰西各国，向为例准，应有优待之处。觐见之礼，最为崇巨，准否施行，有汉译之《万国公法》一书可稽。”①

《万国公法》是一本翻译著作，由美国在华传教士丁韪良（W. A. P. Martin）译自美国人惠顿（Henry Wheaton）的著作《国际法原理》（*Elements of International Law*），同治三年（1864）京师同文馆刊行。此书的出版，在使清政府对当时的“国际法”有最基本了解方面起了重要作用。②要求清政府接受《万国公法》，亦即迫使清政府屈从现代国际关系体系。

对此要求，总理衙门提出，如要觐见必行跪拜之礼，但又为外国驻华使节严拒，于是中外双方开始了为期四个月的有关礼仪的激烈争执。总理衙门大臣奕䜣的奏折中详陈了五国的强硬态度，同时一再说明自己据理力争：“告以惟拜跪之礼最关中国国体，首先议定。此外始可从容拟议。”“反复辩诘，几于舌敝唇焦。”不过，通观他的奏折，他的基本态度其实是知道此事只能按国际惯例办，委

① 《同治朝筹办夷务始末》卷八十九，第30—32页。

② 参见张用心：《〈万国公法〉的几个问题》，《北京大学学报》2005年第3期。

婉主张朝廷通融折中。所以，他对五国照会提出的行鞠躬之礼做出了颇有意思的解释：“所谓鞠躬，即彼国府首立地而叩之礼。”而且，国际惯例是三鞠躬，总理街门要求五鞠躬：“兹拟倍加恭敬，以将其诚。”[①]

由于事关重大，在这四个月之中，各路官员也纷纷发表意见，向朝廷、总理衙门提出自己的看法。不少官员坚决表示绝不能允许不行跪拜之礼，但他们又知理由不足，所以提出“入境问禁，入国问俗”，即“中国出使之臣，在外国则行外国之礼”，外国驻华使节“在中国则行中国之礼”。由于外国不行跪礼，所以中国“出使之臣”不必向外国国君、元首行跪礼，而外国使节在中国必须向中国皇帝行跪礼。

对此，洋务重臣李鸿章也奉命发表意见。其实，早在1868年中英修约之前，他与左宗棠、曾国藩等就对此发表过意见，都认为不必也不可能以中国礼法苛求，甚至提出西方诸国与中国远隔重洋，本非中国属国，现在自不可能向中国行属国的跪拜之礼。现在，李鸿章自然明白中国早已失去“天朝上国”的地位，传统的礼节不可能不改。但此事毕竟事关重大，反对改变者将其上升到事关国体、“乾纲”的地位，而且被改者不是别人，正是皇帝本人。因此，在奏折中他首先不说明自己的观点，而是“肯定”自己坚决反对的昧于时势、坚持要洋人行跪拜之礼的吴大澂等人“所陈各节皆系正论。朝廷体制争得一分，有一分之益。在廷诸臣，共有此心”。其潜在意思是，无论什么观点，无论朝廷是否接受，都是“正论”，都是耿耿忠心为朝廷考虑。接下来他仍不说明自己的观点，而是肯定从咸

---

①《同治朝筹办夷务始末》卷八十九，第29页。

丰九年到现在的十几年间，一直具体经办此事的总理衙门“每以中国礼节相绳，几于唇焦舌敝”，已尽了最大努力，不是亲办此事的人，很难体会其中甘苦。

然后，他以历史为据，指出嘉庆二十一年时英国使臣来华已不行三跪九叩之礼，“盖其国势渐强，而衅端已伏矣”。在崇拜“祖宗”的中国，指出这一点至为重要。行文至此，李鸿章并未明言自己的观点，但其观点又已明确表达。道光、咸丰年间中国已与侵略中国的一些西方国家订立条约，也表明这些国家与中国“俨然为敌体平行之国。既许为敌国，自未便以属国之礼相待”。明确说出这些国家与中国实际已是“敌体平行”而非中国属国，要朝廷放弃“天朝上国”观念，至为不易。因此，“各使臣拘执该国体例，不愿改从中国礼仪，固人情之常，无足怪者”。

对许多人主张的“中国使臣在外国，则行外国之礼，各国使臣在中国，当行中国之礼”的主张，他认为根本行不通。因为“洋人素性狡黠，贪得便宜，岂不知跪拜之输于不跪拜耶”？而且，“中国亦无权力能变其各国之例”。这样，只能接受他们“以敬其国君之礼敬我皇上”这一事实。对此，他提出“取其敬有余而恕其礼不足”，作为一种自我心理安慰。他进一步提醒甚至恐吓说，如果拘泥礼仪而拒不接见外国使节，虽然眼下不至于“遂开兵衅”，但现在“中外交涉事件繁多，为日甚长，洋人好体面而多疑猜”，结果会“积疑生衅，积愧生忿，将来稍有龃龉，必先引为口实”。“倘拒之于目前，仍不能拒之于日后，甚至议战议和，力争而后许之，则所失更多，悔之亦晚矣。”而且，这也并非“圣主包容六合驾驭群雄之志量也”！在对“圣主”的赞扬中，使之难以反对。他进一步提醒朝廷，这种“礼仪”迟早要改，已是历史的趋势，如果“拒之于目前，仍不能拒之于日后”，历史潮流，确难抗拒。

当然，为表明自己实在是为皇上着想，并非完全任外国予取予求，他说自己已与有关大臣定好规矩：“各国使臣来京，只准一见，不准再见；只准各使同见一次，不准一国单班求见。”对那种怕外国使臣当面顶撞皇上的担心，李解释说递交国书只是礼节性见面，使臣“善言称颂，君亦善言慰答”，不会发生外国使臣“面质廷争，毫无顾忌”之事。

由于事关根本原则，所以李鸿章还必须从中国儒学经典中寻找根据。他以孔子的“嘉善而矜不能，所以柔远人”和孟子的“以大事小者，乐天也”来为自己的论点辩护。“嘉善而矜不能”就是说对别人的优点要承认欣赏，对别人的不足要同情宽容，所以在“礼制”上洋人有缺点不足，我们要宽容才能“柔远”。现在中国在这方面迁就洋人，并非丢脸之事，而是孟子所说的“以大事小”的“乐天”表现，也就是朱子所说的“仁人之心”。总之，“礼制”的这一重大变化完全符合圣贤教导。凡事必须符合“本本”，符合圣贤经典，确是中国深厚的传统。

他看出朝廷还有一层担心，即废除洋人觐见皇帝跪拜礼节很有可能导致中国臣民对“跪拜”的怀疑，进而导致对皇权的怀疑，所以他在这篇原本是“对外”的奏折中特又指出：“圣贤特论，交邻国与驭臣下，原是截然两义。朝廷礼法严肃，中国臣庶所不容丝毫僭越者，非必概责诸数万里外向未臣服之洋人。”也就是说中国的“礼法”只能用于“内”而不能强行于“外”，但不行于“外”并不会导致不行于“内”。然后他再次说明内外有别，“洋人”并非中国属国。他强调“礼”要随“时”而变，“我朝向有待属国一定之礼，而无待与国一定之礼”。现在十几个国家在京城和通商口岸驻有使节，

“实为数千年一大变局，不但列祖列宗无此定制，即载籍以来，昔圣昔贤亦未预订此礼经。一切交接仪文，无可援据。应如何斟酌时势，权宜变通，是在议礼制度之天子，非臣等所敢妄拟也”。这里，他明确提出“列祖列宗”和古时“圣贤”都未对现在“大变局”时代的礼仪制度做出规定，所以根据时代变化权宜通变、议定礼法等事应由现在的“天子”决断。可以根据时代变化修改或自定礼法，确是大胆议论。朝廷对此的另一担心是改变体制恐被后世责备，对此他苦口婆心地劝说：“倘蒙皇上俯念各国习俗素殊，宽其小节，示以大度，而朝廷体制自在，天下后世，当亦无敢议其非者。”虽不行跪拜之礼“朝廷体制自在”，“天下后世”也无人敢非议。

最后，他表白说自己与洋人打交道已逾十年，“于洋人要挟毫无情理之事，从不敢附和依违，致乖大体”，并特别提出几年前中英修约时他与曾国藩、左宗棠等各有复奏，“皆请格外优容”。搬出曾、左两位重臣，使自己的观点更有分量、更易为朝廷采纳。①

觐见皇上的礼仪可说是最高的“原则”问题，但李鸿章此折通篇没有也不可能从抽象的“原则”来论述此问题，而是从历史、经典和现实情况这几个方面详细论述不得不改革变通的道理，极具说服力。

时任河南道监察御史的吴可读《请勿责诸使跪拜疏》流传甚广，此疏通权达变，不似那些完全不顾现实的腐儒顽固拒变，却又提出一种能获得自我心理满足、自我圆场的好“说法”，其理论反映出的阿 Q 式心态颇堪玩味。他主张不必强求外国使节跪拜，因为：“孟子曰，君子与禽兽何难”，“彼本不知仁义礼智信为何物；而我必欲

①《同治朝筹办夷务始末》卷九十，第 2—4 页。

其率五常之性。彼本不知君臣父子夫妇昆弟朋友为何事；而我必欲其强行五伦之礼。是犹聚犬马豕羊于一堂，而令其舞蹈扬尘也。然则得其一跪一拜，岂足为朝廷荣；即任其不跪不拜，亦岂足为朝廷辱”。[①] 从夷狄“禽兽”论中，他却推导出外国使臣不必跪拜的结论。

综合内外各情考虑之后，清政府终于允许外国公使觐见同治帝，并行西洋鞠躬礼。但是，此时中国对日本仍有某种“天朝上国”心态，总理衙门大臣恭亲王奕䜣事先会见日本使臣时曾提出，中日为同文之国，日本使臣可否行中国之礼，结果被日本使臣厉声拒绝。

终于，朝廷在1873年6月14日降谕“著准”各国使臣觐见。经过商谈，双方同意各国使节按中国要求行五鞠躬之礼。

1873年6月29日，日、俄、美、英、法、荷等国使节在紫光阁顺序觐见清同治皇帝，未行跪礼，总共约半个小时。有必要一提的是，日本使臣只行了三揖之礼，其他使节则行五鞠躬之礼。

虽只短短半小时，但这见皇上/天子不下跪的半小时却是划时代的时刻，是“天朝”崩溃的标志，所以，必然引起强烈震撼。许多人不愿、无法承认这一现实，于是出现了外国使臣见中国皇帝时恐惧之余足不能动、口不能言、浑身发颤、汗流浃背、连国书都无法卒读，甚至国书数次坠地的种种说法。

当时名士李慈铭日记更说外国使节一见中国皇帝便吓得争先跪拜：“上御紫光阁见西洋各国使臣，文武班列，仪卫甚盛。闻夷酋皆震栗失次，不能致辞；跪叩而出。谓自次不敢复觐天颜。盖此辈犬羊，君臣脱略，虽跳梁日久，目未睹汉官威仪。故其初挟制万端，必欲瞻觐；既许之矣，又要求礼节，不肯拜跪。文相国等再三开喻，

---

①《同治朝筹办夷务始末》卷九十，第35页。

始肯行三鞠躬；继加为五鞠躬。文公固争，不复可得。今一仰天威，便伏地恐后，盖神灵震叠有以致之也。”[①]

所谓外国使臣一见中国皇帝/天子便不由自主下跪的说法，还是来自乾隆年间马戛尔尼使华之事。当时传说马氏本不愿下跪，但一见乾隆皇帝便魂飞魄散，不由自主下跪。清乾隆年间时任户部主事郎中、充军机章京的管世铭曾作诗：“一到殿廷齐膝地，天威能使万心降”，言及此事。

直到光绪十二年（1886），即诸国使节以鞠躬代跪礼觐见同治皇帝十余年后，还有陈康祺者对此耿耿于怀，以管世铭“一到殿廷齐膝地，天威能使万心降”作为论据，指责“通商衙门大臣曲意从之，惜无举前事以相诘责者”。[②] 无疑，陈氏笃信此事，所以要怒责“通洋务”的总理衙门诸大臣不以此“故事”来与洋人相抗争。不过陈氏却未意识到，他的如此义正词严的立论实际是自相矛盾的。既然“天威能使万心降”，能使拒不跪拜而且朝廷也已“恩准”其不跪拜的洋人到时不由自主地“齐膝地”，所以这根本就不成问题，总理衙门“诸大臣”也就根本不必要与之“相诘责”了。

对他们来说，最不能忍受的是最高的礼仪——觐见皇帝的礼仪居然受到了“亵渎”。那些属于化外“生番”的“洋鬼子”作为“贡使”到位居“世界之中”的“朝廷”拜见皇帝即“真龙天子”时竟然拒不跪拜，而只行鞠躬之礼，“是可忍，孰不可忍”。但在洋人的船坚炮利面前，“朝廷”最后无可奈何，只得面对现实听其“鞠躬”

① 朱德裳：《录癸酉谈往》，《三十年闻见录》，岳麓书社1985年版，第209页。

② 陈康祺：《乾隆癸丑英使觐见》，《郎潜纪闻初笔二笔三笔》，中华书局1984年版，第475页。

而不“跪拜”。对此，一些士大夫更是毫无办法，却又不能“视若无睹”，确比朝廷还咽不下这口气，只好再次流播这些洋人“一仰天威”便自动“伏地恐后”的神话聊以自慰。这些，都反映出一种复杂的心态。

鸦片战争后，中国传统精神世界受到的最大震撼便是“华夏中心”世界观逐渐崩塌。这种崩塌不仅仅是国家主权、领土等受到侵犯，而且与以往“夷狄”的入侵不同的是中国文化受到了空前的挑战，传统的纲常伦理、礼仪规范等开始动摇。在“礼仪之邦”“礼教治国”的“天朝”，最高、最严肃、最神圣不可侵犯的“礼”是觐见“天子”之礼。此“礼”不得不从“夷”而变，中国终于从“天下共主”成为“万国”中的一国，放弃“天朝规则”即“天下规则”的观念，开始与“国际接轨”而进入“国际社会”，确实标志着“天朝的崩溃”。

第二章

洋务：在“器物”的背后

一、“师夷长技”的艰难曲折

鸦片战争使中国人第一次领教了西方“船坚炮利”的厉害，但是否承认敌人的武器远胜于我、怎样才能克敌制胜，却引起激烈的争论。

第一章曾写过林则徐开始都认为英国人“腰腿僵硬”“屈伸皆所不便”且不可一日无中国茶叶、大黄。林为当时最为“开通”的官员，他都如此，其他人的认识更具代表性。

1840 年 6 月，第一次鸦片战争正式开始，双方打打停停，但浙江定海于 7 月初失陷。1841 年元月，广东的大角、沙角炮台又被英军攻占。消息传到北京，道光皇帝慌忙派皇侄奕山为靖逆将军，户部尚书隆文、湖南提督杨芳为参赞大臣，调集各省军队一万七千余人开往广东，与英军作战。

杨芳是贵州松桃县人，行伍出身，曾是林则徐部下。他早年从军，以勇敢善战闻名，升甘肃提督，道光初年，历任直隶、湖南、固原提督；平定张格尔之役生擒张格尔，战功卓著，被封三等果勇侯，加太子太保衔；不久又因平定彝族起义而晋封一等果勇侯。此时杨芳已古稀之年。1841 年 3 月初他率先带领大批湖南兵勇进入广州。就在他进入广州之前，虎门炮台失守，关天培牺牲，英舰驶入省河，广州城直接在英军的炮火威胁下。这时，琦善已被革职，即将押解去京，而奕山、隆文尚未到任，杨芳便以参赞大臣的身份主持了一个短时期的广东军务。杨芳武功赫赫，所以他一到前线广州，当地民众如大旱之望云霓，据说所到之处“欢呼不绝”，当地官员也认为他是一道可以倚靠的“长城”，甚至已被解职但仍居广州的林则徐还特地出面为这位老部下祭旗。

3 月 6 日，也就是杨芳到广州的第二天，广州城附近又有两座炮台被英军攻克。时人梁廷枏的《夷氛闻记》记载，杨芳看到夷舰上的大炮总能击中我，但我却不能击中夷；我方炮台还是在陆地固定不动，而夷炮却处是在“风波摇荡中”的舰船上；我主夷客，种种条件都大大有利于我而不利于“夷”，但夷炮威力远在我炮之上，认定“必有邪教善术者伏其内”，于是广贴告示，“传令甲保遍收所近妇女溺器”作为制胜法宝。他将这些马桶平放在一排排木筏上，命令一位副将在木筏上掌控，以马桶口面对敌舰冲去，以破邪术。[①] 此事《粤东纪事》也有记载，杨芳初到广州，“惟知购买马桶御炮，纸扎草人，建道场，祷鬼神”。3 月 18 日，英军进犯，杨芳的这些招术自然完全无用，筏上副将仓皇而逃，英舰长驱直入，杨芳急将部

① 梁廷枏:《夷氛闻记》第二卷，中华书局 1959 年版，第 59 页。

队撤回广州内城，匆忙与英军“休战”。[①]

对杨芳的所作所为，当时就有人以诗讥讽道：“杨枝无力爱南风，参赞如何用此功。粪桶尚言施妙计，秽声长播粤城中。芳名果勇愧封侯，捏奏欺君竟不羞。试看凤凰冈上战，一声炮响走回头。”[②]

其实，倒也不必嘲笑杨芳，这是当时的普遍看法。当鸦片战争烧到浙江，清军大败，镇海失守时，道光皇帝命奕经为扬威将军，前来讨伐“逆夷”。有贝青乔者投效奕经军营，为其幕客。他后写《咄咄吟》，详记当时军情。奕经到宁波后，听说西湖关帝庙灵验，便去拜祷求签，中有“不遇虎头人一唤，全家谁保汝平安”之句。他于是命做很多各色虎头帽，让官兵戴上。但战斗中此方毫无作用，于是又听信投虎骨于龙潭，可激龙起将夷船淹没之说，结果仍是完全无效。[③]

杨芳、奕经的做法，当然不是他们的首创，而是中国的传统之方。明季火炮传入后，即有官、民交战双方用此方的多种记载。哲学家方以智的《物理小识》中就有数则记载：明末四川民变时，官军携炮前往镇压，“裸诸妇向炮，炮竟不燃”；另有“流贼围桐城，城上架炮，贼亦逼人裸阴向城，时乃泼狗血、烧羊角烟以解之，炮竟发矣。故铸剑、铸钟、合至丹药，皆忌裙钗之厌”。[④]由于其来有自、传统深厚，鸦片战争中仍用类似法术确不足为怪。

① 《粤东纪事》，《近代史资料》1956年第2期。

② 《平夷录广东·感时诗》，中国史学会主编《鸦片战争》（三），上海人民出版社1957年版，第410页。

③ 贝青乔：《咄咄吟》，《鸦片战争》（三），第186页。

④ 方以智《物理小识》对此类事多有记载；见《物理小识》第十二卷“神鬼方术类、异事类”，商务印书馆（上海）1937年版，第279—294页。

面对夷狄的先进武器，是坚持已被战争证明无效的“法术”，坚持传统的大刀长矛、弓矢刀剑，还是承认敌人武器先进并进而向其学习？林则徐选择了后者，提出“师夷长技以制夷”。

魏源在受林则徐之托编著的《海国图志叙》中开篇就说：“是书何以作？曰为以夷攻夷而作，为以夷款夷而作，为师夷长技而作。”[①] 什么是夷之长技，他认为是“一战舰，二火器，三养兵、练兵之法”，[②] 强调善师夷就能制夷，不善师夷者则被夷所制。他系统介绍了西方船、炮、枪、水雷等武器的制造图样、技艺，介绍了望远镜做法的资料、用炮测量及测量工具，认为诸如量天尺、千里镜、龙尾车、风锯、火轮机、自来火、自转碓、千金秤之类凡有益于民用者，中国都应当学习引进。

他意识到自己的观点很难被人理解，所以说明要去人心之“寐患”：“去伪，去饰，去畏难，去养痈，去营窟，则人心之寐患祛其一”，人心之“寐患去而天日昌”。[③] 马克斯·韦伯认为启蒙就是理性化过程，其核心就是“祛魅”（disenchantment），即“世界的祛魅”（the disenchantment of the world）。他分析发生在西方国家从宗教神权社会向世俗社会的现代性转型中对世界的一体化宗教性解释的解体。在祛魅过程中，人们不断把宗教世界观及宗教伦理生活中一切带有巫术、神秘性质的知识或宗教伦理实践要素视为迷信与罪恶而加以祛除，人日益从巫术、神秘的“魅”中解放出来，以自己的理性理

---

① 魏源：《海国图志叙》，《魏源集》上册，中华书局1983年版，第207页。

② 魏源：《海国图志·筹海篇三》，《魏源集》下册，第869页。

③ 魏源：《海国图志叙》，《魏源集》上册，第208页。

解世界、获得控制世界的主体性地位。[①]“师夷长技”的提出，魏源所说祛“人心之寐患”，就是现代中国启蒙的开端。或许，魏源自己都没有想到，拉开各种思想大潮激荡不已的一个新时代序幕的，却只是“师夷长技以制夷”这简单几个字。进一步说，如果化繁为简，近代有关“中西体用”的各种使人目眩的观点派别都可说是围绕着“师夷长技”这四个字展开的。

两国交战，知己知彼百战不殆，如果敌人武器强于己方，一定要千方百计学习、仿制，这本是常识，但在近代中国，却是万不可行的罪过。林则徐提出“悉夷”就承受了巨大压力，及至魏源提出“师夷长技”，受到的抨击更为猛烈，“以夷变夏”“溃夷夏之防”“为倡乱之阶”，种种严厉的指责接踵而来。当时即有人说“举世讳言之，魏默深独能著书详求其说，已犯诸公之忌”。[②]梁廷枏在评述第一次鸦片战争的《夷氛闻记》中对林则徐抗英称赞有加，却对“师夷长技以制夷”不表认可，甚至激烈批评：“天朝全盛之日，即资其力，又师其能，延其人而受其学，失体孰甚”，“反求胜夷之道于夷也，古今无是理也”。[③]梁是广州当时对外国了解较多之士，且著书数种介绍外国情况，对师夷之说尚如此批评反对，遑论他人？不久，《海国图志》即被官方所禁。

《海国图志》在中国被禁遇冷二十余年，但是，该书1851年传入日本，到1856年日本就刊印《海国图志》各种版本达二十余种，

① ［德］韦伯著，钱永祥等译：《学术与政治》，广西师范大学出版社2004年版，第168页。

② 姚莹：《轸尘私议》，《鸦片战争》（五），第28页。

③ 梁廷枏：《夷氛闻记》，第169—172页。

对日本的明治维新起了重要的启蒙作用。[①]

1851年,《海国图志》传入日本,传入数量极少,只有几本。由于在介绍欧美各国时必然要提到有的国家信天主教、基督教,虽然有关内容非常少,但幕府严厉禁教,此书被禁。1854年,日本被迫开国,对世界茫然无知的日本急切需要了解世界,此书成为不二之选,立刻解禁,幕府要求各级官员熟读。这本书立刻强烈震撼了日本,到1856年各种版本就达23种之多。有的是原文翻印,有的为了让更多文化程度不高的人阅读,在汉文上下旁边加上训读符号或假名,还有一些日文译本,被称为“和解本”。

面对西方列强侵略,是“锁国攘夷”还是“开国攘夷”,日本国内也有激烈争论。《海国图志》对世界大势的介绍和“师夷长技以制夷”的观点,使“开国攘夷”成为主导性意见。所谓“开国攘夷”,就是“师夷长技以制夷”的翻版。佐久间象山是开国攘夷的代表人物之一,《海国图志》解禁后,他认真阅读,写了大量读书笔记。他开设了“象山书院”,《海国图志》是指定重点读物,培养了吉田松阴等一批开国攘夷的志士。胜海舟、坂本龙马、桥本左内等也深受其影响。

佐久间象山的学生吉田松阴后来主持“松下村塾”,《海国图志》也是指定重点读物。虽然吉田松阴主持松下村塾才短短两年,但这里却成为幕末培养倒幕维新人才的大学校。两年间学生不到百名,但明治维新的风云人物高杉晋作、久坂玄瑞、木户孝允、伊藤博文、山县有朋、井上馨、前原一诚等都出自这里。因主张“倒

① 王晓秋:《近代中日启示录》,北京出版社1987年版,第24—37页。

幕”，在幕府为镇压尊王攘夷志士而制造的“安政大狱”事件中，吉田松阴于1859年11月被处死，年仅二十九岁。后来明治政府奖赏维新功臣时，吉田松阴主持松下村塾两年的不到百名学生中，就有37名获得各级爵位或被追赠官位，吉田松阴本人被追封正四位。1908年由伊藤博文发起，在松下村塾旁建立松阴神社。这里被称为“明治维新的胎动之地”，这些在日本历史上赫赫有名的人物，都曾受到《海国图志》的精神洗礼。

与佐久间象山一同主张、提倡开国的横井小楠曾参与熊本藩及福井藩的开国、改革事业，成效卓著，广获名声。明治维新后，新政府邀横井小楠担任“参与”之职，参与权力中枢。在新政府的领导人中，因他年岁最高，且有改革实践经验，所以他的建议多被采纳，对明治政府的改革大有贡献。但最初，他却是赞同、主张“锁国攘夷”而反对开国的，正是在认真阅读《海国图志》后，才一转而变为坚决的开国论者，与佐久间象山一同为开国、维新奋斗。他反复强调“当今之际唯开国通商方合古来天地公理”，抨击“锁国攘夷论”见识浅陋，只知道空喊“大和魂”，误国误民，毫不足取。他不仅主张使用、仿制西方武器，还主张学习其政治制度。由于日本是被美国打开大门的，所以《海国图志》中的“美国篇”引起了日本思想家的格外重视，横井小楠对美国制度赞赏备至，称赞美国“顺天意息宇内战争”“求智识于世界万国”“大总统之权柄让贤不传子”，华盛顿所追求的共和政治“废君臣之义以求公共和平”，开拓了一条“通往以基于公论的公共之政为目标的国家之路”，推崇华盛顿为“白面碧眼之尧舜”。他由器物、制度，进入到信仰、文化层面。他认为幕府应废除对天主教的偏见，那些偏见其实是日本的浅薄之见，所以应解除教禁，应以中国儒家朱子学“究理”的态度吸收西洋文明，包括天主教在内的先进之处。他还指出近代西方其“文人”未必都信仰耶稣，但他们发明了一种经纶穷理之学，并将其添加于天主教中，这种经纶穷理之学越来越有利于民生。

桥本左内是幕末著名志士，在十八岁时就认真阅读了魏源的《圣武记》，并写有读后感。《海国图志》解禁后，他认真阅读并向他人推荐，对美国和英国部分尤其用心。得益于书中有关美国、英国的介绍，他的思想超越其他开国攘夷论者之处在于，不仅主张仿制西洋武器，而且强调美英等欧美国家是以商立国，强调商业、贸易的重要性。他还介绍分析了外贸中的出口与进口关系，绝无仅有地提出不仅出口有利于本国，而且进口也有利于本国。他还尤其难能可贵甚至超越时代地提出，与外国人交易不仅限于物品交易，而智慧之交易更为重要。“智慧之交易”就是知识、思想的交流。有感于日本社会的固化，下层难以进入上层，才学之士仅因出身下层而无法担任官职，他破天荒提出应以“选举之法”来选拔、任用官员，这也明显是受到了美国、英国的影响。从 1854 年解禁到 1868 年明治维新的十几年中，《海国图志》起了巨大的启蒙作用，正如梁启超 1902 年在日本写作的《论中国学术思想变迁之大势》中所说：“魏氏又好言经世之术，为《海国图志》，奖励国民对外之观念。此书在今日，不过束阁覆瓿之价值，然日本之平象山（即佐久间象山）、吉田松阴、西乡隆盛辈，皆为此书所激刺，间接以演尊攘维新之活剧。”有感于此书在中日两国命运、作用的大不相同，梁氏紧接此句写道：“不龟手之药一也，或以霸，或不免于洴澼絖，岂不然哉！”[①] 林、魏

① 梁启超：《中国学术变迁之大势》，《饮冰室合集》第一册，中华书局 1989 年影印版，第 97 页。

原本要启蒙国人，结果却先启蒙了日本人，而日本恰恰是在明治维新以后走上富国强兵之路，一次次侵略中国。这一历史悲剧确实值得深刻反思。

林、魏之后，中国思想界甚至政治阵营开始以是否“师夷”划分新旧，起初是“是否师夷”，随后是“如何师夷”，而对于“制夷”这一目的的争论则基本不大。所以这种种流派不论彼此攻讦如何激烈甚至于你死我活，无论是坚守“夷夏之防”还是主张“彻底夷化”，目的却都是为了“救国”，因此本质上都可归于广义上的民族主义或“爱国主义”。但不无遗憾的是，长期以来，人们往往只将严守“华夷之辨”、反对“师夷长技”者视为民族主义或爱国主义，而对“师夷长技以制夷”，则抹去其“制夷”的目的，然后便扣以“变夷”“媚外”“崇洋”“卖国”“殖民”等大帽，使其居于道德、政治的绝对否定性境地和劣势地位因而最多只有招架之功，进而自己再倚道德、政治的优势地位对其做义正词严的攻击或批评。这样，在近代思想概念的流变中，所谓“民族主义”便常常带有相当程度封闭排外色彩，实际应称为“狭隘民族主义”。

但近代历史表明，这种“民族主义”却偏偏又对中国真正的繁荣富强起了巨大的阻碍作用，实际误国匪浅，为害甚烈。究竟是杨芳式的坚持中国传统战法更爱国、更能救国，还是林、魏主张师夷长技之法更爱国、更能救中国？对此应有清醒的认识。近代中国的些微成就、终未亡国却恰恰是许多不同时期、不同程度、不同内容地主张“师夷”的中国人的努力结果。

“师夷长技”原本只是为了反对敌人侵略的应对之策，但在中国所发生的实际作用却大大超出、突破了“策略”的范围，实际上牵一发而动全身，迫使人们一点点从器物的比较，进而深入到制度、政治、文化的比较。"闸门一开，关于中西社会、经济、政治、文化的比较研究，必将一发而不可遏止。""在中国近代文化形成史上是划时代的第一枪，是具有行为标准意义的开放的文化观念的初创，是中国传统文化向近代化过渡的首次思想大解放，是中国近代文化思想的最早形态。"①

正如梁启超在1924年所说："所谓'以夷攻夷，以夷制夷，师夷长技以制夷'之三大主义……其论实支配百年来之人心，直至今日犹未脱离净尽，则其在历史上关系，不得谓细也。"②

二、洋枪洋炮从"边缘"突破

尽管"师夷长技以制夷"的主张遭到强烈反对，但清王朝统治者面对接踵而来、一次比一次严重的内忧外患，为生存计还是在二十年后的19世纪60年代不得不实践这一主张，就是以引进现代机器为主要内容的中国的第一个现代化运动——"洋务运动"。为向西方学习打开了一个难得的缺口，首先从军事利器的引进仿制逐渐推广深入到全面学习西方机器大工业所需的科学技术的学理的层次

① 丁伟志、陈崧：《中西体用之间》，社会科学文献出版社2011年版，第24、25页。

② 梁启超：《中国近三百年学术史》，《饮冰室合集》第十册，中华书局1989年版，第323页。

和阶段。

林则徐、魏源早在19世纪40年代就提出用敌人最先进的武器武装清军，从而打败敌人的主张，不仅不被采纳，反而被严责为“溃夷夏之防”，因此清军一直使用传统武器。直到1854年，曾国藩建立湘军，才开始用先进的洋枪洋炮武装军队。

1853年11月，曾国藩组建湘军水师。他向来注重实效，深知武器先进的重要，于是派人到广东买洋枪洋炮。曾国藩性又谨慎，等到1854年年初从广东购买六百门洋炮装备湘军水师到位后，才出发作战。用现代武器武装起来的水师战斗力大大增强，取得了湘潭、岳州大胜，曾国藩事后说，这两次大胜实赖洋炮之力。湘军水师从本质上仍是旧式水师，简单说是旧船新炮。但曾国藩毕竟有水师要“师夷智”的想法，并在水师配备了新式武器后，在实战中对战法不断调整、试验，所以湘军水师所积累的经验，对近代海军的发生、发展有十分明显的影响。

配备了洋枪洋炮的湘军马上显示出威力，在几乎要被太平军推翻的情况下，朝廷看到了洋枪洋炮的厉害，认识到它对于维持政权的重要性，于是允许军队购买、装备来自西洋的先进武器。此时，距第一次鸦片战争已经过去了十四年。洋枪洋炮姗姗来迟，进入国家军队装备，突破点在于湘军组建时并非国家正式军队，而是体制外的边缘，购枪购炮的巨额军饷，主要来自自筹。新事物从体制外的边缘突破，然后向中心挺进、发展，成为中国现代性转型的重要模式。

落后国家与先进国家接触、冲突时，差距最明显、最早地反映在武器装备上，因此落后者可能还认识不到武器背后的种种因素，但出于自保本能，都会尽一切可能装备、使用先进的武器。如土耳其的前身是政教合一的奥斯曼帝国，曾经有过极其辉煌的过去。但在17世纪末，它却遇到了来自欧洲的强劲挑战，尤其是1697年的森塔战役惨败于哈布斯堡王朝，受到强烈震动，开始正视已经超过了自己的西方。这种灾难性失败，使奥斯曼的有识之士开始反思，开始提出要学习西方的船坚炮利。中英鸦片战争引起日本极大的震惊，对鸦片战争的了解使日本认识到西洋列强主要是从海上进攻，依靠船坚炮利，无往不胜。萨摩藩第十一代藩主岛津齐彬兴建了“集成馆事业”。他1851年继位，想方设法通过种种途径获得西方最先进武器，采用西式练兵方法，并以鹿儿岛地区为中心开始了日本第一个近代西式工厂群的建设，生产新式武器和民用物品。岛津齐彬是领导萨摩藩执行富国强兵政策、最终在幕末崛起的领袖人物，并培养出了诸如西乡隆盛、大久保利通等一批后来发动明治维新的英才。有些日本的有识之士主张改革陆军制度，更呼吁要打破三百多年禁造大船的命令。1635年，即宽永十二年，三代将军德川家光执政，颁布了《武家诸法度》，规定禁教、禁止与海外通航，幕府相应地禁止建造五百石以上的大船。现在主张解禁的理论根据，主要还是中国明朝戚继光、俞大猷、茅元仪防“倭寇”“倭奴”的论述。有人以戚继光水战兵法为依据，再三上书幕府，要求解除禁造大船令。中国明代抗倭的海战理论与美国佩里舰队1853年“叩关”，使幕府终于在1853年秋宣布解除建造大船的禁令，并通过荷兰人购进西洋式大型蒸汽船。中国的鸦片战争，使日本在“开国”前就开始了使用、制造洋枪洋炮的“洋务运动”，而经历了鸦片战争的中国，则迟至1854年才使用洋枪洋炮，直到1862年才勉强开始制造洋枪洋炮的洋务运动。

引人深思的是，清在入关前和入关建政前期，却想方设法、不遗余力地要得到最先进的武器，甚至这种武器的名称有对自己的侮辱之嫌。“佛郎机”是15世纪后期到16世纪流行于欧洲的一种火炮，是当时战斗力最强的火炮。16世纪初由葡萄牙传入中国，明代称葡萄牙为佛郎机，所以这种炮被命名为“佛郎机炮”。由于当时称欧洲人为“红毛夷”，所以这种炮又称“红夷大炮”，明末不断从澳门购买并开始仿制，在与农民、少数民族造反军、清军作战中，发挥了重要作用。1626年宁远之战，明将袁崇焕用西洋炮，大败后金（当时清称后金），令努尔哈赤重伤而亡。1627年，在宁锦之战中，红夷大炮再次发挥巨大威力，明军再获大胜。有此教训，皇太极对此炮重视异常，1630年攻陷永平，俘明副将丁启明。丁曾跟从西洋传教士学造炮，后金命令他造炮，于1631年造成。1632年明将孔有德在吴桥兵变，又以诈降陷登州，徐光启会造炮的门生、部下及多门红夷大炮落入后金手中。后金军队开始装备红夷大炮，设有专门部队。“夷”是传统中对包括满族在内的非“华夏”的歧视性称呼，清朝于是将其改名为“红衣大炮”。康熙年间平定三藩时，仍命传教士改装、设计“红衣大炮”，使之轻装，能适用于西南山地作战。

清在入关前想方设法得到“红夷大炮”，没有因为名称含有对自己歧视、侮辱之意而拒绝。入关两百年后，清王朝竟然不许用“夷狄”的先进武器，认为用了就是“以夷变夏”、大逆不道，说明这个政权在夺取政权前，没有任何陈腐观念、条条框框的限制，夺取政权后却渐渐僵化保守，以致如此。

三、晚清政治格局变化与洋务运动

清王朝入关后，建立中央政权，实行高度集权体制。作为少数民族政权，对人口数量占绝对多数的汉族高度警惕，在军权与政治权力方面有种种防范设计与安排。但太平天国之后，清王朝的政治格局发生了重要变化。

咸丰朝以前，地方权力集中于中央，中央权力集中于皇帝一人，地方权力非常有限。为了防止地方权力过分膨胀，清廷在地方权力分配过程中煞费苦心。总督在地位上高于巡抚，但并不能控制巡抚，两者遇事必须上奏，按皇帝的旨意办事。同时，总督主管军政，但也过问行政；巡抚主管行政，但有时也可以过问军事。又有布政使主管地方财政，按察使主管地方司法。布政使、按察使由中央委派。这样，地方的军、政、财权分离，相互牵制。

但这种高度集权平时可以平稳运转，遇有紧急情况，却应对无方。在太平军的压力下，不得不放权地方。因此，自咸丰后，内重外轻的局面被打破，渐成督抚权力日益扩张之局面。主要表现有三：一、军权下移。湘军淮军乘时以起，而这些军队以及后来的北洋新军等从募练筹军到训练指挥都由地方督抚负责，军权逐渐下移。二、财权下移。清代前期与中期，中央掌握财政大权。户部通过制定收支科目和收支标准，保证一切财政收支都作为国家收支，从而实现中央对财政大权的控制。各省布政使司为户部派出机构，代户部掌管一省财政，各省盐运道、粮储道、税收关监督也是户部分支，“一省岁入之款，报明听候部拨，疆吏亦不得专擅”。太平天国控制长江流域富庶省份后，部库、藩库所藏殆尽，无款可拨，各省于是截留税收，自己筹饷。而随着厘金征收、捐纳权限的下放、举借内外债等措施大规模展开，各省获得了前所未有的财政自主权，中枢甚至无法了解各省财政的收支状况。各省这种相对自主的财政控制权，一直持续到清朝覆亡。三、行政人事权下移。清代中叶以前，中央掌握行政人事大权，地方上虽有总督“综制文武，察举官吏”，巡抚“考核群吏，会总督以诏废置”，但每省均为中央派出布政使和按察使各一人，布政使掌一省之财政，管理全省财赋出纳；按察使掌管一省检察大权，“掌振扬风纪，澄清吏治”大权。他们非督抚属员，作为中央的使者具有牵制督抚的作用。咸丰以后，出于镇压农民起义的需要，督抚渐掌军财大权，布政使和按察使亦渐成为地方督抚的属员。支配两司是督抚行政人事权扩张的重要标志。

为了镇压太平军，不能不让地方团练发展壮大，这就扩大了地方士绅的权力。一些地方，地方团练取代了原有保甲组织的功能，也由纯军事组织逐渐转变为政治组织，从而使官方系统对乡村的控制力日益下降。湘军统帅胡林翼曾说自“寇乱”以来，地方公事官已不能离绅士而有为。地方士绅，绝大多数是汉人，这是汉族官员渐有大权的基础。

清朝国家军队八旗、绿营在太平军面前不堪一击，太平军所到之处，督抚不是被俘杀就是自尽殉节，生逃者又被朝廷严惩。而这些地方，主要是被曾、左、李等人收复，自然督抚大权落入他们手中。因此，太平天国之后，与此前相比，汉族督抚比例大大增加，尤其是湘、淮系人马更占优势。1860 年，清军江南大营第二次被太平军攻破，清廷所依赖的八旗、绿营完全瓦解，遂任命曾国藩为两江总督，节制江、浙、皖、赣四省军务，李鸿章、左宗棠、李续宜、沈葆桢分作四省巡抚。此后，湘军将领刘长佑、曾国荃、刘坤一等都成了封疆大吏。

在督抚权力扩张的背景下，以曾、左、李为代表的汉族官僚，得到了此前未有的政、军之权。获得前所未有的地方大权，为他们推行“洋务”提供了可能。

四、器物的“性质”

洋务运动一开始就阻力重重，极不顺利。太平天国农民起义使清政府几临灭顶之灾，但就在这样生死存亡的紧急关头，其对应不应该仿造洋枪洋炮洋轮等“救命之举”竟犹豫不决。今日认为十分“温和”的“洋务运动”，在发轫之时却被指为“溃夷夏之防，为乱阶之倡”，曾遇到今人难以想象、难以理解的反对。以现代大机器生产来造枪炮船舰、通电话电报，明明是统治者在近代要生存就不可少的措施，却遇到统治阶级中冥顽不化者以“夷夏纲常”这类传统的意识形态对其合法性进行强烈反对。“洋务运动”每前进一步、每引进一个新的“器物”，都遇到了巨大的阻力，产生了激烈的争论。有关中国能不能用电报和铁路的争论，颇为典型地反映了如何对待新“器物”的传统观念。

中国早有“顺风耳”的神话，表达了古人对万里之遥却能瞬间互通消息的盼望。如《西游记》中孙悟空闹东海、搅地府之事被告到天宫就有“仙卿”顺风耳。然而，当把“顺风耳”变成现实的“电报”在近代真的要来到中国时，却不仅没有被当作明察远见的

“仙卿”，反因其产生于西方而被斥责为会污染中国文化、破坏中国国家安全的“奇技淫巧”。

所谓“电报”，是后来从日本引进的“新词”、新译名，当时国人更多将其称为“铜线”或“电线”。近代中国外患频仍、内乱不断，时时军情紧急，发展能够瞬息传递万里之外信息的电报无疑是一直身处危境的清政府的当务之急。然而，“电报”却被认为有害，不必说“顽固派”坚决反对，就是以“开明”著称、一心要学习外国“船坚炮利”“师夷长技”的某些“洋务派”官员，一开始也对电报在军事和经济上的重要性缺乏认识。所以在19世纪60年代中期，他们不仅不热心创办电报事业，甚至与顽固派一样表示抵制、反对。专门负责处理与北方“外夷”包括通商在内的各类交涉事宜的“三口通商大臣”崇厚奏称电报“此等事彼族故神其说，以冀耸众听”[①]，后又强调“铜线、铁路”这两件事对于中国毫无所益，而贻害于无穷；江西巡抚刘坤一认为以中国的商贸驿道，根本不需要铁路和电线；福建巡抚李福泰指责电线、铁路都是惊民扰众、变乱风俗的有害之物；甚至曾国藩此时都认为无论是外国商人还是中国商人，只要架电线、修铁路都将使小民困苦无告，迫于倒悬，结果都是以豪强而夺贫民之利，所以不仅不能同意外国人架线、修路，而且同样要禁止中国商人架线、修路。值得注意的是，李鸿章的观点却与众不同，他在1865年3月给总理衙门的信中说：“铜线费钱不多，递信极速，洋人处心积虑要办，将来不知能否永远禁阻。鸿章愚虑，窃谓洋人如不向地方官禀明，在通商口岸私立铜线，禁阻不及，则风气渐开，中国人或亦仿照外洋机巧，自立铜线，改英语为

① 《同治朝筹办夷务始末》卷四一，第27—28页。

汉语，改英字为汉字，学习既熟，传播自远，应较驿递尤速。若至万不能禁时，惟有自置铜线以敌彼飞线之一法。”[①] 然而，李鸿章提出中国自己兴办电报事业的意见没有得到包括其他洋务派官员在内的其他人的支持、赞同，朝廷当然也未采纳他的建议。

事实很快就证明李鸿章判断正确。从 1870 年开始，经过种种活动、努力，清政府同意英国大东公司和丹麦大北公司在海上敷设电报电缆，愚昧地认为不经陆路就对中国主权无损，就不会“惊民扰众、变乱风俗”。英国大东公司获取了在上海以南各通商口岸海口设置海底电缆的权利，不久就将印度经新加坡到中国南部沿海到香港的线路敷通；而大股东是沙俄皇室的丹麦大北公司获取了架设从海参崴到上海、香港的海底电缆，很快也将这一线路完成。到 1871 年 6 月，中国实际上已被纳入世界电报网络之中。这样，外国在中国经商、谈判的各种事项都可以“瞬息万里”传递信息、下达命令，而中国依然故我，不许架设电报，仍靠马匹驿道传递信息、下达命令。在这种“信息战”中，优劣对比委实太过悬殊。

在这种鲜明对比中，原来反对创立电报事业的洋务派官员纷纷改变了自己的观点。1870 年年末出使法国的崇厚就经常用大北海线与“总理衙门”互通电讯，原先反对电报的崇厚体验到电报的好处，开始撰文称赞电报、密码的奇妙，主管总理衙门的恭亲王开始认识到电报的便利。曾国藩在上海租界内实情观看电报，赞不绝口。李鸿章更明确地说电线将在中国盛行，应早改驿传为电讯。1870 年 8 月，总理衙门不得不允准英商设立沪港海线后，时任总理船政大臣

① 台北“中研院”近代史所编:《海防档》丁，电线（一），艺文印书馆（台北）1957 年版，第 8—9 页。

沈葆桢向总理衙门正式提出，如果不能禁止洋人架线，中国也应自办电报，由于中国没有相应的技术人员与设备材料，可由外国人建造，但外商只分其利，主权必须在中国手中。沈的建议，得到李鸿章的支持。

但真正使洋务派下决心架设电报线的直接因素，还是19世纪70年代中期日本对台湾的进犯。1874年日本侵略台湾，清廷派沈葆桢为钦差大臣率兵援台。到台后，他深感台湾孤悬海外，与福建联系极不便利，“欲消息常通，断不可无电线”，[①] 于是上奏朝廷，正式提出中国应设立福州陆路到厦门、厦门水路到台湾的电线。李鸿章在著名的《筹议海防折》中以日本侵台为例，提出：“倘如西国办法，有电线通报，径达各处海防，可以一刻千里。”[②]

在海疆如此紧急之时，顽固派仍然反对兴办电报。如工科给事中陈彝在1875年秋的奏折中坚决表示要禁止架设电线，认为电线可以“用于外洋，不可用于中国”，因为：“铜线之害不可枚举，臣仅就其最大者言之。夫华洋风俗不同，天为之也。洋人知有天主、耶稣，不知有祖先，故凡入其教者，必先自毁其家木主。中国事死如生，千万年未之有改，而体魄所藏为尤重。电线之设，深入地底，横冲直贯，四通八达，地脉既绝，风侵水灌，势所必至，为子孙者心何以安？传曰：‘求忠臣必于孝子之门’。藉使中国之民肯不顾祖宗邱墓，听其设立铜线，尚安望尊君亲上乎？”[③]

几经努力，沈葆桢、丁日昌等在福建、台湾架设电报线的努力

---

① 中国史学会主编：《洋务运动》（六），上海人民出版社1961年版，第325页。

② 《洋务运动》（一），第42页。

③ 《洋务运动》（六），第329—331页。

最终未成。最根本的原因，在于反对派力量一直强大，并掌握话语权，认为是奇技淫巧、外夷“异物”。因此尽管军情紧急，清政府仍一直未能举办电报。

1879 年，为加强海防，也是为了作一试验、探索，李鸿章于大沽、北塘海口炮台试设一条长约 40 英里的电报以达天津，效果良好，增强了他架线设局的信心。1880 年，中俄伊犁交涉军情骤紧，李鸿章不失时机地于这年秋再次上奏，详陈必须立即架设电报线的理由：“用兵之道，必以神速为贵”，所以西方各国“欲通万里海洋，欲通军信，则又有电报之法”。只有中国仍靠驿递，“虽日行六百里加紧”，但与西方电报相比迟速大为悬殊。在俄国彼得堡谈判的曾纪泽数万里之外发电报到上海只需一日，但将电报从上海送到北京，则要从轮船转寄，最快也要六七天，如果海路不通，驿递则须十日。“倘遇用兵之际，彼等外国军信，速于中国”，将对中国大为不利。总之，战争“全赖军报神速，相机调拨，是电报实为防务之必需之物”。他还以上年在天津设电报的实效向朝廷奏报说：“号令各营，顷刻响应”，[1] 劝朝廷打消种种顾虑。

这些理由，今日看来都是“常识”，但那时却是被排斥、有待普及的“新知”。险恶的现实和李鸿章的透彻分析，使清廷终于顾不得电线究竟“孝不孝”“忠不忠”，是不是“奇技淫巧”，是不是“异物”，立即允准李鸿章着手办理电报局。1880 年 10 月，李鸿章在天津设立电报总局，同时设立电报学堂，这是中国近代电讯事业的开始。

从 1865 年李鸿章提出要办电报到 1880 年清廷批准开办电报局，

①《洋务运动》（六），第 335—336 页。

经过了整整十五年之久。然而，对中国应不应该修铁路，双方的争论更长也更激烈。

洋务派造炮造船，当然知道修建铁路的重要，所以从 19 世纪 70 年代起就不断提出修建铁路的主张。1872 年，俄国出兵侵占我国伊犁，李鸿章借机提出改“土车为铁路”的主张，指出俄国侵占伊犁，“我军万难远役”，如果不修铁路，新疆等西北边境就无法运兵，而且不仅俄国想侵占西北，英国同样垂涎云南、四川，如果中国自己开采煤矿、修建铁路，则列强将有所收敛，而中国“三军必皆踊跃”，否则，中国将面临更加紧迫的局面。但这种完全符合实际的救时之策，在当时却遭到一片反对，据说“闻此议者，鲜不咋舌”，视为骇人听闻之论。1874 年，日本派兵侵略我国台湾，海疆告急，李鸿章又乘机提出修建铁路的主张。这年年底，他奉召进京见恭亲王奕䜣时，力陈中国修建铁路的重要，并请先造清江到北京的铁路，以便南北交通。奕䜣向来支持洋务运动，当然同意李鸿章的观点，但他深知修铁路将会遇到顽固派的强烈反对，恐难实行，所以对李鸿章说此事“无人敢主持”，甚至“两宫亦不能定此大计”。[①] 由此可见修铁路的阻力之大。

李鸿章便不再直接谈此问题，转而不断策动他人提修路建议。1876 年，丁日昌担任福建巡抚后，李鸿章要他上疏建言因台湾远离大陆，只有修铁路、架电线才能血脉畅通，才可以防外安内，不然列强总会对台湾垂涎三尺。1880 年，中俄伊犁问题不仅没有解决反而更加紧张，两国之间的大规模军事冲突一触即发，运兵成为重要问题。在这军情紧急时刻，淮军将领刘铭传应召进京，就防务问

① 《朋僚函稿》，《李文忠公全集》卷十二，第 26 页；卷十七，第 13 页。

题提供对策。到京后，刘在李鸿章的授意下上《筹造铁路以图自强折》，正式提出修建铁路的主张，并认为这是自强的关节点。刘折中具体提出应修从北京分别到清江浦、汉口、盛京、甘肃这四条铁路。但由于经费紧张，不可能四路并举，建议先修清江浦到北京线。由于局势的演变和刘折的说理充分，清廷似为所动，命令分任北洋大臣和南洋大臣的李鸿章、刘坤一就此发表意见。

修建铁路是李鸿章的一贯主张，而刘折本就是他的授意，所以他立即洋洋洒洒地写了《妥议铁路事宜折》，约四千言，将压了几年的想法一吐而出。他知道反对修建铁路的最大阻力是“道义”“传统”“祖宗成法”，所以他首先必须进行“意识形态自卫”或“意识形态证明”，论证现在修建铁路与中国古代圣人刳木为舟、剡木为楫、服牛乘马、引重致远本质一样，目的都是以济不通、以利天下。针对顽固派一贯坚持的理论，认为机器是败坏人心的“奇技淫巧”，他强调机器能使“人心由拙而巧，器用由朴而精，风尚由分而合”，而且，“此天地自然之大势，非智力所能强遏也”。然后，他再概述国际局势，强调铁路在列强兴起、强盛中的作用。从国际形势再说到中国面临的险境，自然引申出修建铁路的“九利”，在这“九利”中，经济与军事是富国强兵最重要的。对这“九利”，他不吝文字，详细陈说，以期打动朝廷。具体的修路方案，他完全赞成刘铭传的主张（其实，刘的方案本就是他的方案），先修清江浦到北京线。他当然明白，朝廷必然会担心修路经费和主权问题，所以直陈由于所需资金庞大，无论是官还是商，都难以凑集，只能向洋人借债。但他强调，在借洋债时必须在合同中订明一切招工、采购材料及铁路经营等事，都“由我自主，借债之人毋得过问”，而且还规定不许洋人附股，强调与海关无涉、由日后铁路所收之利归还借款。[①]

然而，顽固派的反对更强烈，力量也更强大，所以清廷于 1881 年 2 月 14 日发布上谕：“叠据廷臣陈奏，佥以铁路断不宜开，不为无见。刘铭传所奏，著毋庸议。”[②] 这次修铁路的争论以洋务派失败结束，中国近代化再次受挫。

但李鸿章并不甘心，一直在寻机重提此事，然而每次都是一片反对、谴责之声。反对派话语体系的主要内容为：

一、“卖国”“资敌”说。有人指责李鸿章、刘铭传主张修铁路说：“观该二臣筹划措置之迹，似为外国谋，非为我朝谋也。”[③]“铁路利不在国，不在民，而在洋人所贿买之奸民；亦不在洋人所贿买之奸民，而仍在居心叵测之洋人。”[④]“大抵其所谓利者，非君上之利；乃外洋之利，非中国之利；乃一二人之私利，非千万人之公利也。”中国修铁路是“尽撤藩篱，洞启门户”，为列强侵华提供方便。[⑤]

二、“异怪”说。这种观点认为：“西洋专奉天主、耶稣，不知山川之神，每造铁路而阻于山，则以火药焚石而裂之，洞穿山腹如城闼，或数里或数十里，不以陵阜变迁、鬼神呵责为虞。阻于江海，则凿水底而熔巨铁其中，如盘石形，以为铁桥基址，亦不信有龙王之宫，河伯之宅者。我中国名山大川，历古沿为祀典，明禋即久，神斯凭焉。倘骤加焚凿，恐惊耳骇目，群视为不祥，山川之神不安，即旱潦之灾易召。”“干天地之和，蹙生灵之命。”

① 《奏稿》，《李文忠公全集》卷三十九，第 20—25 页。

② 《清德宗景皇帝实录》（影印版）卷一二六，中华书局 1987 年版，第 13 页。

③ 《洋务运动》（六），第 149—150 页。

④ 《洋务运动》（六），第 207 页。

⑤ 《洋务运动》（六），第 216、208 页。

更有人将京师地震、地裂、旱灾都归于唐山铁路“轮车的过之处，声闻数十里，雷轰电骇，震厉殊常，于地脉不无伤损。本年夏间，京师地震，畿辅一带被灾尤重”。[①]

三、“夷夏之辨”国情说。铁路“行之外夷则可，行之中国则不可。何者？外夷经商为主君与民共谋共利者也；中国以养民为主，君以利利民，而君不言利者也”。“臣闻夏变夷，未闻变于夷者也。”“奈何以中国礼义之邦而下同外夷之罔利乎？”“中国自强之道，与外洋异。外洋以商务为国本，中国以民生为国本；外洋之自强在经商，中国之自强在爱民。”“夫中国所恃以为治者，人心之正，风俗之厚，贤才蔚起，政事修明也……泰西各国，以商为主，凡所造作，施之彼国则为利，用之中国大抵皆奸黠者蒙其益，而良懦受其害，铁路乃其一也。”如果铁路推广开来“势必驱良懦尽化为奸黠，是足坏天下之风气”。[②]

四、改变神圣传统。主张修铁路者是“开辟所未有，祖宗所未创，无事生事”。“人臣从政，一旦欲变历代帝王暨本朝列圣体国经野之法制，岂可轻易纵诞若此！”“直欲破坏列祖列宗之成法以乱天下也。”“为人臣者敢为邪说以蠹民耶？”[③]

在这套强大的反对话语面前，李鸿章明白修铁路暂时不可能作为一项“国策”，但有可能在他的势力范围内作为一项“地方”的“土政策”施行。就在争论最激烈的1880年，他在修建为北洋水师供应煤炭的开平煤矿时，悄悄开始试探性地动工唐山至胥各庄铁路，以便运煤。前面有成立电报电话局“先斩后奏”的成功经验，他决

① 《洋务运动》(六)，第156、169、225页。
② 《洋务运动》(六)，第152—154、212、216页。
③ 《洋务运动》(六)，第210、150、154、153页。

定修铁路也“先斩后奏”。1881年这条约十公里的短短一段铁路建成，李鸿章深谙国情，知道此事反对力量强大，所以在铁路修成后才正式上奏，且利用当时对“铁路”尚无正式术语，故意把铁路说成是“马路”；同时知道欲速不达，故意不用机车，而用骡马牵引。不久，唐山矿总工程师、英国人金达（C. W. Kinder）用矿上的废旧锅炉改造成一台蒸汽机车拉煤时，却遇到顽固派的反对，马上传到朝廷，朝廷严禁铁路，于是李不得不又改回用骡马拉运煤车皮。1883年中法关系紧张，有可能爆发战争，李鸿章以此为借口，提出要机车运煤供北洋水师，才重获准用机车拉煤。

李鸿章汲取了在几次“大争论”中未得到朝中有力支持而失败的教训，所以在修路的同时积极活动，寻求权贵的支持。此时醇亲王奕譞早已取代恭亲王奕䜣，最为慈禧太后倚重，李鸿章全力做他的工作。他多次给奕譞写信，说明兴办铁路的种种好处，奕譞有所心动，李于是才敢将短短的唐胥路修完。但李一直认为修路应是举国兴办，所以在给奕譞的信中说修铁路在中国“阻于浮议”一直未能兴办，并且明确表示希望由奕譞直接出面“主持大计”。[①]

终于，等来了一个代价极为沉重、高昂的机会。李鸿章利用海军衙门的成立，使朝廷终于同意修铁路。

第一次鸦片战争期间，绿营水师在英国舰队面前不堪一击，此后在镇压太平天国的运动中，湘军在江南多次与太平军进行水战，不得不建设水师，但仍然都是旧式水军。第二次鸦片战争时期，英法侵略军又从海上进攻，最后直入都城，使朝野深受震动，一些人开始认识到近代海军的厉害。19世纪60年代初清廷开始考虑仿造或

①《译署函稿》，《李文忠公全集》卷十四，第25页。

向西方购买军舰，这时，距第一次鸦片战争已经二十年了！而就在这二十年间，西方的海军发生了飞跃性发展，蒸汽舰已逐步取代帆舰成为海军主要舰只。

1874 年年末，李鸿章曾上洋洋万言的《筹议海防折》，使清廷开始较以往重视海军建设，从英国、法国、德国买船买炮，组建现代舰队。北洋海军的初创就是标志。但与中国漫长的海岸线和面临的险恶国际形势相比，清廷对海军的重视显然不够，所以十年来，海军发展很不理想，除北洋海军外，其余南洋、福建、广东三支水师发展极其缓慢。更重要、现在看来也更难理解的是，全国竟然没有一个统一的海军指挥机关。

传统水师，主要是沿江、海、湖的地方官买、造木船，挑水性较好的官兵驾驭，主要是为防范水上盗匪，自然由各地方官指挥。

但北洋、南洋、福建、广东几支现代舰队建立后，各水师仍由当地督抚管辖，这就很难协同作战；而各督抚更将水师看作自己的私产，更难调遣。例如，福建属南洋管辖，南洋大臣名义上有对福建水师的节制权，但 1879 年 5 月两江总督兼南洋海防大臣沈葆桢曾奏请将南洋各省兵轮每两月调至吴淞口会操一次，以便彼此协调，遇到紧急情况才能更好地互相支援作战。对此，福州将军庆春、闽浙总督竟以种种理由推托。南海海防大臣的号令都很难在自己所辖的福建水师中贯彻，全国海军的整体状况便可想而知。简单说，清廷仍是用管理传统水师的方法管理近代海军，根本未意识到近代海军装备技术相当复杂，必须统一、系统管理，远非当年水师可比。何况，朝野许多人都认为建立一个中国传统吏、户、礼、兵、刑、工“六部”所没有，只有“夷狄”才有的新机构，意味着“以夷变夏”。

一手创办福州船政局的左宗棠，对没有全国海军指挥的危害本就十分清楚，几次上奏提出建立统一指挥的海军衙门。对没有统一的海军指挥机关的危害，李鸿章当然也十分清楚，早在 1884 年 2 月末，即中法马江海战半年前，他就曾向总理衙门建议设立“海部”统管全国海军。当时总理衙门想专设一“海防”衙门，沿海七省海军建设大事由一重臣统筹。但这个机构却不设在京师，而外设在烟台，说明其级别之低与实权之小，仅是一地方性大臣。针对此提议，李鸿章专门给总理衙门写了《请设海部兼筹海军函》，认为此议不可取，因为中国海疆辽阔，从旅顺、大连到台湾、海南岛，仅以一地方性大臣主管根本行不通。因为此事“非一人之才力精神所能贯注，而形格势禁”无法“长驾远驭”。他尤其提醒总理衙门，这样会使这位重臣的权力过大，削弱中央权力，“开外重内轻之渐”。而他的意见是，这时应直接在京城设立作为中央机关的“海部”，而不是另建一带有地方色彩的“海防衙门”。他指出，西方各国“外部、海部并设衙门于都城，海部体制与他部相埒，一切兵权、饷权与用人之权悉以畀之，不使他部得掣其肘。海部大臣无不兼赞枢密者，令由中出，事不旁挠”。他知道海军在近代中国是一个新军种，建设地方性近代海军已遇强大阻力，如在“中枢”设立海部，一定会遇到顽固派更强大的反对，指其为“以夷变夏”。所以他特别强调不能因为海军是从外夷传来“而厚非之”，因为“中国议论多不屑步人后尘”，其实我们完全可以“楚材晋用”；他知道总理衙门用“海防”一词而不用“海部”一词也是迫不得已，本意是想“踵其实而避其名”，避开顽固派的反对，但他认为大可不必，应直接用“海部”，因“海防二字顾名思义，不过斤斤自守”，所以不足以张国威而灭敌人的威风，在外患如此严重之时，应该直接在首都设“海部”，才有可能救急。[①] 但清廷仍坚持政府机构不能突破传统，因此李鸿章要设立“海部”这一急迫的建议未得到朝廷赞同。

1884 年 8 月的中法马江战役，是中国近代海军组建以来对外第一仗，却以福建水师几乎全军覆没惨告结束。海军的惨败，才使清廷开始重视海军建设，在 1885 年 6 月发布上谕，承认虽然曾建立造船厂、建有海军，但造船不坚、制器不备、选将不精、筹费不广是失败主要原因。表示“当此事定之时，惩前毖后，自以大治水师为主”，并要沿海各督抚“各抒所见，确切筹议，迅速具奏”。这是十年前“切筹海防”后的再次“筹议”海防。

在所有奏折中，左宗棠和李鸿章的奏折最受朝廷重视。

一手创办福州船政局的左宗棠对没有全国海军指挥的危害本就十分清楚，此次福建水师全军覆没，更以惨烈的事实证明了没有统一的指挥机关，几支舰队彼此之间很难协调、互相支援。左宗棠立即上奏朝廷，提出要成立“海防全政大臣”或“海部大臣”，凡一切有关海防之政，都由该大臣统筹全局，奏明办理。“畀以选将练兵、筹饷、造船、制炮之全权，特建衙署驻扎长江，南拱闽粤，北卫畿辅。该大臣或驻署办事，或周历巡阅，因时制宜，不为遥制，另择副臣，居则赞襄庶务，出则留守督工，权有专属，责无旁贷，庶成效可立睹矣。惟此大臣任大责重，必品望素著，深通西学，为中外倾服者，始可当之。”

收到此折后，慈禧发布“懿旨”：“海防善后事宜，著军机大臣、

① 李鸿章：《为请设海部兼筹海军事复总理衙门函》，海洋出版社 1982 年版，第 31—32 页。

总理各国事务衙门王大臣会同李鸿章，妥议具奏，醇亲王奕譞著一并与议，所有左宗棠等条奏各折片，均著给与阅看。”

朝廷再次“筹议”海防，转机突现。李鸿章自然不会放过这一等了十年才来的机会，立即上了个长折，充分展开、论述了建立全国性“海军衙门”的理由。在这个长长的奏折中，李鸿章并不就事论事，而是详细、全面回顾了近十年来近代海军建设的艰难历程，提出了海军事业的发展蓝图。他把这些年自己的想法与苦水一倾而出，字里行间隐现出对朝廷对海军事业重视不够的不满和对今后得到朝廷的支持的期盼。他分别谈了舰船、舰队、造船、军港、船坞、炮台、学校等几个方面的具体情况。不能不承认，他是清王朝“近代化”的启蒙者。在写到创办培养海军人才的各类学校遇到的种种困难、因而成效有限时，他更是感慨良多，对朝廷的不满甚至溢于言表：“惟朝廷似不甚重其事，部臣复以寻常劳绩苛之，世家有志上进者皆不肯就学。”包括李鸿章在内的“微臣”很少敢在奏折中对朝廷表示不满，然而他之所以在此公开表示不满之情，因为他认为新式海军人才的培养是海军建设的重中之重，必须引起朝廷的足够重视。他知道，“科举制”是妨碍新式海军学校建设的重要原因，人们仍以走科举之路为“正途”，所以他提出必须给海军学校学生以登进之阶，令学成者与正途并重，并提出了“新文凭”与“旧文凭”之间如何“折换”，进而如何补职升官的具体方案。若真正办理海军事业，需要大量资金，所以李鸿章在奏折中还提出了筹集经费的种种办法。

最后，他明确提出建立一个统管全国的海军衙门：西方国家设立水师，无不统以海部，即日本亦另设海军以总理之。而中国分南、北两洋，且各省另有疆臣，调遣困难，意见也不统一，许多规章制度也不同，如果任各省历任疆吏意为变易，操法号令参差不齐，南北洋大臣亦无统辖划一之权。这种混乱状况，怎能打仗？怎能不立即设立一个全国性的指挥机关？还能恪守“六部”旧制以“从夷”之名反对新设海军衙门吗？

收到李鸿章的奏折，清廷认为所言甚有道理，便要他来京，与中枢各位大臣一同商议其事。9月30日，清廷谕令军机大臣、总理衙门王大臣，会同李鸿章妥议海防事宜，醇亲王奕譞也一并与议。最后由总理衙门复奏，提出设立海部或海防衙门，由特派王大臣综理其事。考虑到可供海战之船不多，暂时先从北洋已有船只精练海军一支，等到以后再考虑其他舰队。由于各地督抚的复奏也大都主张统一海防，尽管具体措施有所不同，所以慈禧太后于10月12日发布懿旨，同意成立“总理海军事务衙门”（简称“海军衙门”），由醇亲王奕譞为总理，庆郡王奕劻、李鸿章为会办，曾纪泽为帮办。海军衙门成立后，贯彻先精练北洋海军方针，所以北洋海军有较快发展；1888年10月，清廷批准李鸿章具体负责的《北洋海军章程》，标志着北洋海军正式成军。

有现代化的舰队，就应有现代化的统一管理机构，左、李这种大臣多次奏请，清廷就是不批准，非要一个舰队全被击沉才同意设立海军衙门，足见其识见之短。如此王朝，不亡也难。

1886年，身为海军衙门大臣的奕譞到天津巡视北洋海口，巡阅北洋水师。如此重要的巡阅，李鸿章自然精心准备。看到一艘艘巨大的钢铁战舰在海面劈波斩浪，大炮轰鸣，奕譞格外兴奋。李鸿章向他详细讲解了蒸汽动力的作用，煤作为燃料的重要性，强调必须用铁路运煤才能保证军舰出港航行。奕譞后来说他以前也曾囿于习惯观念，对铁路有很深的偏见，所以反对修路，但经中法战争，自己又亲自到北洋海口，才知道铁路运煤对海军的重要，才知道局外空谈与局中实际判然两途，于是支持修路的态度更加坚决。但以奕譞此时的权位之重，却也不敢大张旗鼓地主张修路，所以在天津巡视北洋海口与李鸿章商议时，也不得不想方设法避开强烈的反对意见。他对李鸿章说，如果修铁路，还必须从已修成的胥各庄一路修起，因为修唐山到胥各庄的铁路是为了运开平矿的煤，关系不大，反对的意见可能会小一些，这样此事才有可能办成。等到政治环境有所改善，自己再以海军衙门的名义上奏，提出海军要修往各港口运煤的铁路。李鸿章也认为事情只有如此才可行，更加在唐胥铁路基础上逐年修建，相当一段时间内所经之地都在他管辖的直隶境内，更易办成。

据此，李鸿章采取一点点来、稳步前进的策略。开平矿务局在李鸿章的授意下就在这一年以要运煤以方便商业为理由，将唐胥铁路延长到芦台附近的阎庄，总长从 10 公里延长到 40 多公里，改称唐芦铁路。同时，李鸿章趁热打铁，成立了开平铁路公司，招集商股 25 万两。1886 年年底，李鸿章又与奕譞相商，提出将唐芦铁路延长修建到大沽、天津。1887 年春，由奕譞出面奏准动工修建，强调这段路是“为调兵运军火之用”，并将开平铁路公司改名为中国铁路公司。此路第二年便告建成，这条从唐山到天津的铁路全长终于达到 130 公里左右。可以看到，从 1880 年修唐胥路到 1888 年延长到天津，几年间李鸿章一直紧锣密鼓、不放过任何可乘之机，硬是一点点修成了铁路。

1888 年 11 月，李鸿章又通过奕譞主管的海军衙门奏请修筑津通路，其理由是津通路将沿海与内陆联结起来，可以“外助海路之需，内备征兵入卫之用”，有利于军事、防务。这一奏请得到朝廷批准，没想到却捅了马蜂窝。顽固派本来可能是对醇亲王有所顾忌，对李鸿章悄悄修路忍而又忍，并未大张旗鼓表示反对，现在他竟要把铁路修到天子脚下，岂可容忍！反对声于是像炸开锅一样，一时弹章蜂起，纷至沓来，掀起了近代关于铁路的又一次大争论。顽固派有的上奏朝廷，有的致函奕譞，想争取他而拆掉李鸿章的后台。

由于此时位高权重的奕譞意识到铁路的重要，尤其是对他所管的海军至关重要，所以坚决支持修路。这样，十几年来赞成派与反对派双方的力量第一次旗鼓相当。面对两派势均力敌的局面，朝廷一时仍拿不定主意，慈禧于 1889 年 2 月 14 日发布“懿旨”，要地方大员也发表意见。但这些“地方官”都谙熟官场的“游戏规则”，知道赞成与反对两派在朝廷各有势力，不能轻易得罪，结果明确表态支持与反对的都是少数，大多数都是含糊其词、态度暧昧。这时，两广总督张之洞经中法战争后已转而赞同洋务，所以明确表态支持修铁路。

最终，清廷于 1889 年 5 月做出修铁路的决定，肯定修铁路“为自强要策”，“即可毅然兴办，毋庸筑室道谋”。[①]

从 1872 年俄国出兵侵占我国伊犁，李鸿章提出改“土车为铁路”的主张起，到 1889 年清廷终于同意修铁路，用了整整十七年的时间。对外患不已、内乱不断的清王朝来说，这十七年是何等重要、宝贵的时光。以李鸿章的权位之重，仍无可奈何，只有最后醇亲王奕譞表示支持才获首肯，可见反对派的力量之强大。反对派的力量之大，最重要的是他们掌握了意识形态的话语权。在十七年数次关于是否要修铁路的争论中，反对派的话语几乎没有变化，足见当时

① 《清德宗景皇帝实录》卷二六九，第 5—6 页。

占主导地位的社会观念、意识形态变化之缓慢，更说明这套话语体系一直十分“孔武有力”。

从电报之争到铁路之争，“顽固派”很少从技术层面论证、反对新事物，而是从政治、道德、意识形态的“高度”来否定新器物的合法性。办电报、修铁路居然能被“上纲上线”到“忠”“孝”的高度，再次说明“泛政治化”“泛道德化”“泛意识形态化”传统的深厚，这种话语使主张架电线、修铁路者长期居于“不道德”的“道德劣势”。在他们这一整套紧抱传统，因此深具权威性的理论面前，不可能突破传统的“礼义纲常”理论的洋务派只有招架之功，只能在违背道统的呵责中一点点推进现代化运动。

这种凡事都先要问“姓什么”、追问物质背后的“性质”、严拒现代新器物的态度和话语体系究竟是维护了传统文化还是耽误了传统文化的发展创新？对统治者有利还是有害？是“爱国”还是“误国”？是促进社会发展还是阻碍社会发展？

五、“特殊性知识”与“普适性知识”的激辩

列强的船坚炮利、电报铁路，是国人对“现代”最早、最直观的感受。但是，人们迟早必然会感觉、认识到这些器物背后的现代自然科学知识，一种对中国来说全新的知识体系。

现代中国要自强，自然要“师夷长技”，要学习外语和声光电

化、船坚炮利等自然科学知识。但中国传统是“形而上者谓之道，形而下者谓之器”，只有苦读圣贤经典、寻章摘句、参加科举考试获得功名才是“正途”，而“技术”一直被视为“雕虫小技”甚至是“奇技淫巧”。换句话说，在中国传统知识谱系中，只有儒学经典处于至高无上的地位，而自然科学知识的地位极低，几乎不被看作一种“合法”的知识。但在现实面前，主张学习西方船坚炮利的洋务派不得不“低头”，提出要学习外语和各种自然科学知识，并创办了学习外语和自然科学知识的学校，但新知识依然没有地位，愿学者寥寥无几。

为改变这种状况，总理衙门王大臣奕䜣等于1866年年底上奏提出要招收“正途”出身人员学习声光电化、天文算学，想提高自然科学知识的地位。他们预料到顽固派会坚决反对，所以在奏折中说：“论者不察，必有以臣等此举为不急之务者，必有以舍中法而从西人为非者，甚且有以中国之人师西人为深可耻者，此皆不识时务之论也。”他们详细说明了学习西法的重要性，指出当今既欲讲求制造轮船、机器诸法，如不借西人、西法为先导，探求机巧之原、制作之本，结果必然徒费金钱，无实际效果。他们特别驳斥了那种以“师法西人”为耻的荒谬论点。奏称：“天下之耻，莫耻于不若人。”“东洋日本近亦遣人赴英国学其文字，究其象数，为仿造轮船张本，不数年后亦必有成……独中国狃于因循积习，不想振作，耻孰甚焉！今不以不如人为耻，而独以学其人为耻，将安于不如而终不学，遂再雪其耻乎？”[①] 他们明确提出学习西方是为了“雪耻”，拒绝学习西方才是真正的耻辱。

①《同治朝筹办夷务始末》卷四六，第44—46页。

同文馆拟添设天文算学馆并招收科甲正途人员的消息传出后，激起了顽固派的强烈反对。监察御史张盛藻首先上折反对，认为若求自强，在朝廷则莫如“整纪纲”“明政刑”“严赏罚”“求贤养民”“练兵筹饷”等，对臣民则只有讲求“气节”，依靠列祖列宗的深仁厚泽，以尧舜孔孟之道进行教育和帮助。至于学习声光电化、造船造炮等，则由钦天监、工部招收工匠学习即可，因为工匠等在传统社会等级低下，技艺也是被传统知识论所不齿的“末技”，不能由科甲正途人员学习。一句话，这种知识只能是边缘性知识。①

张盛藻地位、名望毕竟不够高，顽固派中权势最大、声望最高、管理户部（即全国财政）的文渊阁大学士倭仁于是亲自出马，递上“立国之道尚礼义不尚权谋，根本之图在人心不在技艺”的奏折。他认为天文算学为益甚微，不过是“一艺之末”，而正途人员奉夷人为师，所造就者不过是“术数之士”，古往今来未闻有恃术数而能够起衰振弱的。“天下之大，不患无才，如以天文算学必须讲习，博采痛定思痛旁求，必有精其术者。何必夷人，何必师事夷人？”他又说：目前世道衰微，礼崩乐坏，唯有依靠读书之士讲明义理，或可维持人心，如果科甲正途人员“变而从夷”，正气为之不伸，数年之后，“将尽驱中国之众咸归于夷不止”，所以请求朝廷立罢此议。②倭仁是公认的理学大师，言辞更具煽动性，因此立即在士大夫间形成一股反对学习“西学”的强劲力量。

对此，奕䜣等人上折反驳说，倭仁之论“陈义甚高，持论甚正”，他们在没有办理洋务之前，也是如此见解，但现在他们不敢

① 《同治朝筹办夷务始末》卷四七，第15—16页。
② 《同治朝筹办夷务始末》卷四七，第24—25页。

像倭仁那样一味“空言塞责，取誉天下”。他们认为，设立外国语言文字学馆、讲求机器制造之法、教练洋枪队伍、派人出国考察等，“凡此苦心孤诣，无非欲图自强”。目前奏请开设天文算学馆，实为制造轮船及各机器的基础，并非“空讲孤虚，侈谈术数”。他们指出：洋人敢入中国肆行无忌者，缘其处心积虑在数十年前，凡中国语言文字，形势虚实，一举一动，无不周知；而洋人之举动，我们则一无所知，徒以道义空谈，纷争不已；现在设法了解洋人自强之方，却议论纷纷，一误何堪再误！他们指责顽固派“无事则嗤外国之利器为奇技淫巧以为不必学，有事则惊外国之利器为变怪神奇以为不能学”。他们奏折中还将了倭仁一军：既然倭仁认为决不应设立天文算学馆，自必另有计谋，如果他确有妙策可以制外国而不为外国所制，他们自当追随倭仁之后；如别无良策，仅以忠信礼义为武器，以为这就可折冲樽俎，足以制敌之命，“臣等实未敢信”。①

倭仁当然不服，再次上折，依旧强调自强之道在于朝廷“用人”与“行政”，所以设立同文馆实为多此一举。②

为使清廷鼓励正途出身人员报考，奕䜣等人再递上折、片各一件，进一步阐明学习西方的必要性，强调如仍苟且偷安，不思振作，后患将不堪设想。他们斥责倭仁以“道学鸣高”，故意危言耸听，总以“师事夷人”“奉夷为师”指责别人，其目的无非阻止人们报考同文馆。他们声称，同文馆雇觅洋人不过是讲授天文算学，早已奏明入馆学习者不修弟子之礼，该折业经发抄，倭仁岂有不知？为什么信口开河，肆意攻击？他们继续“将”倭仁的“军”：倭仁不是说

① 《同治朝筹办夷务始末》卷四八，第1—4页。
② 《同治朝筹办夷务始末》卷四八，第10—12页。

“天下之大，不患无才”，中国早有精通天文算学、船坚炮利的人才，只是没有精心访求吗？他们于是提出希望朝廷请旨饬下倭仁保荐数人，即行择地另设一馆，由他督饬。清廷还真接受了奕䜣等人的请求，发布“上谕”，要倭仁保荐几名精通天文算学的人才另行择地设馆，由倭仁负责。在这种情况下，倭仁不得不承认“意中并无精于天文算学之人，不敢妄保”，请求不必另行设馆。但是，他仍坚持认为天文算学只为最不重要，“并非欲自强必须讲明算法也”。[1]

在奕䜣等人的策划下，清廷于是任命倭仁在总理衙门行走，想使他也不能不染指洋务。但倭仁表示坚辞，未获批准，便称病乞假。

当倭仁在洋务派的步步进逼下，处境十分尴尬的时候，候选直隶州知州杨廷熙通过都察院递上《请撤销同文馆以弭天变折》，以“天象示警”来为顽固派辩护。他指说今年春季以来久旱不雨，疫疠流行，是“天象示警”，“京师中街谈巷议皆以为同文馆之设，强词夺理、师敌忘仇、御夷失策所致”。认为总理衙门请求设立同文馆是“不当于天理，不洽于人心，不合于众论”，“溃夷夏之防，为乱阶之倡”。为了“杜乱萌而端风教，弭天变而顺人心”起见，必须“收回成命”，将同文馆予以裁撤，或者禁止科甲正途人员报考天文算学馆。他认为中国欲求自强，只需要“纪纲立，号令行，政教兴”，“作忠义之气于行间，尽教养之怀于民上”，则洋人虽众，枪炮虽利，轮船虽多，亦断不敢肆虐于中国。他强调西方国家乃中国之“敌国”与“世仇”，学习西方的自然科学知识就是“师事仇敌”，“无论偏长薄技不足为中国师，即多才多艺层出不穷，而华夷之辨不得不严，尊卑之分不得不定，名器之重不得不惜”。而科甲正途人员一旦使

---

[1]《同治朝筹办夷务始末》卷四八，第13—15、15、18—19页。

之师事“仇敌”，则“忠义之气自此消矣，廉耻之道自此丧矣，机械变诈之行自此起矣。圣贤之大道不修，士林之节概不讲”，后果非常可怕。他把西学视为洪水猛兽，宁可使中国落后挨打，也决不可向敌人学习。杨廷熙自恃有倭仁为后台，又掌握儒学正统“话语权”，所以在奏折中还肆无忌惮地攻击总理衙门诸大臣，甚至直接涉及清廷最高统治者：“西教本不行于中国，而总理衙门请皇上导之使行”，该衙门大臣“专擅挟持，启皇上以拒谏饰非之渐”。①

从倭仁到杨廷熙，顽固派不仅从抽象的理学角度反驳洋务派，而且把主张学习来自西方的知识说成是“尽驱中国之众咸归于夷不止”“师事夷人”“奉夷为师”“师事仇敌”等类似于“里通外国”“汉奸”等的政治性大帽子。在近代中国屡被西方列强侵略的背景下，这种言辞更易激起人们的义愤，更容易引起人们共鸣。

最后，奕䜣等人只能以自请“开去总理衙门差使”相挟。看到两派势同水火，争论愈演愈烈，继续下去将使朝政瘫痪，清廷便于1867年6月30日发布“上谕”，一方面严批杨廷熙、倭仁等人，一方面又用和解的口吻要倭仁“与国家休戚相关，不应坚持己见”，与总理各国事务衙门王大臣等“和衷商酌，共济时艰”；饬令奕䜣等应“不避嫌怨，力任其难，岂可顾恤浮言，稍涉推诿”，当然没有同意所请开去总理衙门差使的要求。这场争论遂告结束。②

这次历时半年激烈争论的结果，双方各有得失。顽固派反对设立天文算学馆的企图毕竟没有得逞，就此而言，洋务派胜。但在顽固派的影响下，报考同文馆的人数锐减，特别是正途出身人员依然

---

①《同治朝筹办夷务始末》卷四九，第14—24页。

②《同治朝筹办夷务始末》卷四九，第24—25页。

寥寥无几。顽固派的主张在社会上得到了更广泛的支持，形成一股相当强大的舆论力量，“京师各省士大夫聚党私议，约法阻拦，甚至以无稽谣言煽惑人心”。[①] 一时还出现不少对联：“诡计本多端，使小朝廷设同文之馆；军机无远略，诱佳子弟拜异类为师。”“未同而言，斯文将丧。”“孔门弟子，鬼谷先生。”还有作俚语笑骂的，如“胡闹，胡闹！教人都从了天主教”。[②] 名士李慈铭在日记中就写道，“正途”人员学西学是“以中华之儒臣而为丑夷之学子，稍有人心，宜不肯就，而又群焉趋之。盖学术不明，礼义尽丧，士习卑污，遂至于此。驯将夷夏不别，人道沦胥，家国之忧非可言”。[③]

由于反对意见激烈强大，上同文馆的人本来就不多，报考天文算学馆的人数则更少。总理衙门 1867 年 7 月初奏称：“两月以来，投考之人，正途与监生杂项人员相间……共计投考正杂各项人员九十八名”，[④] 临时又有 26 名没有参加考试。参加考试的 72 名中，不少是因为待遇极为优厚才来报考，所以学生质量很差。只得勉强录取了 30 名，第二年就淘汰了 20 名，最后毕业的只有 5 人，不得不入原有旧馆，天文算学馆名存实亡，洋务派提高自然科学知识的计划实际严重受挫。

“不过，不能不看到，正是在关于增设天文算学馆的这场大辩论中，守旧派一方从维护固有道义传统、排拒科学技术的立场出发，尖锐地把文化上的‘本末’关系问题提了出来，从而迫使洋务派也

①《同治朝筹办夷务始末》卷四八，第 14 页。

②《翁同龢日记》，中华书局 1989 年版，第 517 页。

③《同治六年七月三日・函二》，《越缦堂国事日记》第八册，文海出版社 1960 年版，第 81 页。

④《同治朝筹办夷务始末》卷四九，第 30 页。

不得不就此寻求文化观念上的解释，以证明洋务活动的合理性。洋务与守旧之争，从此进入到文化思想分歧的深层。”①

这次关于中学西学的“本末”之争，核心是中国社会转型中西学的价值问题，实质是自然科学知识是否具有“普适性”，即究竟是一种“地方性知识”还是一种“普适性知识”。顽固派坚决反对引入，即认为这种知识不具普适性、不应为“我”所有，而且是对“我”构成威胁的“他者”。洋务派虽不可能清晰认识到、自然也未明言这是一种具有“普适性”的知识，但强调能为“我”用，毕竟是对其“普适性”的初步承认。其实，任何一种知识都产生于具体的“地方”，所以每种知识的源起都具有“地方性”，如果因此认为任何知识都没有普适性，那么所谓交流、交往将没有意义，不同文明之间根本无法沟通，人类也不可能发展进步。发端于西方的近代自然科学知识在近代中国引入之初被称为“西学”，即认为这只是一种“地方性”知识。不过，在中国的现代性转型中，这种“地方性知识”迟早会被承认为“普适性知识”。

六、从“西学”到“通艺”

虽然遇到强大阻力，但声光电化、天文历算这类知识仍一点点

① 丁伟志、陈崧:《中西体用之间》，第72页。

“潜入”。清政府、中国社会，尽管十分被动，却不得不渐渐承认其“合法性”。

要洋务自强就无法避免这类知识，所以洋务派办的学校开始教授自然科学知识；就是同文馆，一些年后仍不得不教现代自然科学知识。1876年的八年制、五年制课程表都列有“数理启蒙”“代数学”“讲求格物”“几何原本”“平三角”“弧三角”“讲求机器”“微积分”“讲求化学”“天文测算”“地理金石”等。①

但是，社会风气变化、读书人开始普遍讲求来自西方的自然科学知识，则是在中国大败于日本的甲午战争后。如此惨败于千百年来以中国为师、为国人所轻视的蕞尔小国，使国人大受刺激，开始向日本那样讲求西学。在维新运动期间，康有为、梁启超、严复等都著书撰文介绍西方科学方法、科学精神。各地读书人纷纷组织各种学会，探讨来自西方的各种新知，从政治、法律到自然科学各学科。据考证，在维新运动期间全国先后组织了七十余个学会、学社，内容、宗旨各不相同，但讲解传播现代自然科学知识，则是许多学会、学社共有的内容。而许多学会就是为了学习、传播自然科学知识而组织起来的，如农学会、算学会、测量会、化学公会、医学会、舆算学会、格致学会、蚕学会等。② 如“新学会”宗旨：“本新学会之设，原为振兴教学、切磋人材起见，集中外通人，讲求天算、政法、兵学、格物各种学术，总其名曰新学。客岁复添算学会。”③ “群学会”宗旨：“天算一门，实为西人化电制造咯学所从出，因亦不揣固

①《中国近代教育史资料汇编（洋务运动）》，上海教育出版社2007年版，第92—93页。

② 闵杰：《戊戌学会考》，《近代史研究》1993年第3期。

③《本学会谨启》，《新学报》第5册。

陋，集同志十余人共联一会”，以讲求算学为主。[①]“化学公会”宗旨：“欲图自强，在兴格致；欲兴格致，先兴化学。”还规定每月进行两次化学实验，借助实验以探究原理，1897 年 11 月该会进行了第一次化学实验。[②]“医学会”（上海）也以探讨西医原理为宗旨，“广购书籍及西医各种器具，以备入会之人随时可以取阅试演”。[③]由华蘅芳、徐建寅等多位科学家发起的“格致学社”更是写道：“大道之学，首在新民，治平之功，基于格物。是格致之学，尽人所宜讲求，而尤为当务之急务也。”[④]

湖南是维新事业开展最为蓬勃的地方，而湖南的维新运动，则是从谭嗣同、唐才常等人 1895 年在浏阳推动“兴算”、创办“算学社”开始的。谭、唐等人在多篇文章中陈述了“算学”的意义。如谭嗣同所说：“盖以西学兴盛之本，虽在议院、公会之互相联络中，互相贯通，而其格致、制造、测地、行海诸学，固无一不自测算而得。故无诸学无以致富强，无算学则诸学又靡所附丽。”[⑤]

1897 年秋，维新运动走向高潮，维新派在北京创办了“西学堂”，后改名“通艺学堂”。其课程除外语、法政外，还有天算、地理、矿、格致、制造等。在维新派的策动下，“新政”对科举考试的内容作了某些改变，不考八股文而考策论，并破天荒地将“中西算

---

① 《杨临致汪康年函》，《汪康年师友书札》第三册，上海古籍出版社 1987 年版，第 2416—2419 页。

② 董祖寿：《化学公会缘起》，《经世报》第五册；《化学会会告白》，《经世报》第十一册。

③ 《上海医学会》，《广智报》第三册。

④ 《格致学社启》，1898 年 9 月 23 日《中外日报》。

⑤ 《浏阳兴算记》，《谭嗣同全集》（增订本）上册，中华书局 1981 年版，第 181 页。

学、声光电化诸学”列入考试内容。在中国的知识谱系中，自然科学知识第一次“合法化”。[①]

然而，慈禧发动戊戌政变后，新法尽废，包括自然科学在内的“西学”也受到影响。科举考试仍考八股时文，自然科学知识合法化尚未施行就流产，首次合法化努力严重受挫。而且，“近月以来，凡都中士大夫有谈及西学新法者，同僚之中均闻而却避。盖恐人指之为康党，以致罹于法网。故自同文馆以外，竟无人再敢言声光化电之学，念爱皮西提之音”。[②] 通艺学堂不得不解散。

只有在经过“庚子”大乱、付出了巨大的代价之后，清廷开始“新政”，兴办学校，自然科学知识才重获朝廷首肯。1904 年元月，清政府颁布了《奏定学堂章程》，这是中国近代由国家颁布的第一个在全国范围内实行、推行的系统学制，是我国现代学制（包括中小学系统）的正式确立的标志。因该年为农历癸卯年，故称“癸卯学制”。《章程》将自然科学知识规定为学校课程，在中国的知识谱系中，自然科学知识最终获得了“合法性”。此时，上距鸦片战争已六十余年，下距清亡仅六七年光景。

现代中国自然科学知识从“西学”到“新学”或“通艺”，再到后来的“科学”，这种名称之变实即“身份之变”，表明现代中国从开始仅认其为一种“地方性知识”，最终十分被动地承认它为一种“普适性知识”的曲折艰难历程。

众所周知，科学、理性，是现代性的主要内容之一。发源于

---

①《中国近代教育史资料汇编（戊戌时期教育）》，第 250 页、第 56—58 页。

②《戊戌变法》（三），上海人民出版社 1957 年版，第 449 页。

17 世纪西欧的现代科学知识体系，对发轫于 18 世纪初期的启蒙运动起了重要的推动作用。启蒙运动强调“人”运用自己的理性独立思考，是一场重要的思想革命运动。因为自然科学取得的巨大成就，给了哲学家、思想家对理性的自信。“18 世纪的哲学家们相信，科学革命正在改变人类的一切活动——不仅仅是自然科学。‘理性’（reason）是正确方法的关键，而理性的典范就是数学。”“在整个启蒙运动中，‘理性’常常与启蒙运动的另一个关键词‘自然’一起，同时受到赞美。”①

中外历史表明，国之兴衰、社会发展之快慢，与对这种“普适性知识”接受的难易确实大有关系。

① ［美］托马斯·L. 汉金斯著，任定成、张爱珍译:《科学与启蒙运动》，复旦大学出版社 2006 年版，第 2、3 页。

第三章

制度困境

一、经济的结构性矛盾

鸦片战争使中国面临现代化挑战，创办大机器生产的近代企业是现代化的主要内容。然而，近代企业在清末的发展却困难重重，使中国的现代化转型步履蹒跚，极不顺利。对面临外患与内乱频仍的晚清统治者来说，无论是反对列强欺凌的“师夷长技以制夷”，还是对内镇压农民起义，从巩固自身统治来说，都应迅速创办近代化企业。在镇压太平天国运动中取得一定权力的汉族地方官员如曾国藩、李鸿章、左宗棠，而不是满族中央“朝廷”，成为“洋务运动”的主要动力，这些封疆大吏在自己的“势力范围”内开始兴办近代企业，即以大机器生产新式武器的军工厂。

以曾国藩、左宗棠、李鸿章的权势之强，且兴办生产新式武器的近代军工企业对镇压农民起义、抵御外侮至为重要，可以说关乎清王朝的生死存亡，但遇到的阻力之大仍超乎想象，如果用机器生产民用品，更无可能。无权无势的普通商人在这种环境中，更不可能兴办近代企业。如19世纪70年代初曾有华侨商人在广东南海设立以蒸汽为动力的缫丝厂，结果却被官方以沿海各省制办机器，均系由官设局，奏明办理，平民不得私擅购置为由，将其封闭、拆除。

应当沉思的是，曾、左、李是官员，办的是“官企”，“所有权”属于官家，朝廷当然有否决的权力，可以说顽固派阻止办近代化工厂愚昧荒诞，但从“产权”上说并无问题。然而民办企业所有权根本不属于官家，按说这类民间企业是用传统方式生产还是用现代机器生产应是企业的自由，官家根本无权过问，然而中国传统，官家就是有权禁其用新式机器，甚至将违令者查封。这说明，私人不能完全自主支配自己的财产，其实只有有限“产权”。产权得不到保障，禁与否，权力全在官方。这并不奇怪，中国传统的产权观即是如此。源于《诗经》的“普天之下，莫非王土，率土之滨，莫非王臣”。韩愈《原道》:“是故君者，出令者也；臣者，行君之令而致之民者也；民者，出粟米麻丝，作器皿，通货财，以事其上者也。君不出令，则失其所以为君；臣不行君之令而致之民，则失其所以为臣；民不出粟米麻丝，作器皿，通货财，以事其上，则诛。”宋代大儒陈亮在《上孝宗皇帝第一书》称:“兵皆天子之兵，财皆天子之财，官皆天子之官，民皆天子之民。”这种传统产权观，为私人产权有限、私人产权的不完全性，提供了正当性。

所以，清末的近代官办企业是历史的“不得不然”。历史地看，这些企业毕竟是近代中国在引进西方科技、文化，培养人才，开创风气方面，起了巨大的进步作用，大机器的引进成为中国近代工业建立和发展的开端。凡此种种，确有历史的合理性与正面作用。

但是，官办企业的弊病也很明显。这些官办企业在体制上也采取衙门式的管理，不是独立经营的企业单位，而是政府的一个分支部门；设总办、会办、提调若干，类似官场职别，并且受总督、巡抚和总理衙门的监督、节制。这种官办企业必然冗员充斥，机构臃肿，许多人因与“官”有关系而挂名支薪，官府也将其作为安排官员位置的地方，贪污腐败严重，管理混乱，生产效率低下。渐渐地，官办企业的正面作用越来越弱，而负面作用则越来越明显。而且，只能用机器生产军工产品，不许生产民用品，更是严重地束缚了中国经济、社会的发展。而晚清财政一直极度困难，官府无法对这些企业提供持久的财政支持。大机器生产军工产品的军用工厂，受财政限制，不仅难以创办新厂，就是原厂也难以扩大，甚至难以维持。

此时，清政府面临巨大矛盾。兴办近代军工企业需要大量资金，而这些企业由于官办的种种弊病成本甚高，更重要的是，军工产品完全靠政府官款生产，产品又直接供给政府军队使用，是政府的自产自用“纯消耗”，不经过市场交换，完全不营利。1872 年年初，洋务运动已创办十年，兴办了不少现代大机器军工企业，但十年来，这些企业消费了大量资金，清政府的财政已无法维持这些企业。

1872 年 1 月 23 日，顽固派官僚、内阁学士宋晋上奏，要求停止造船。“船坚炮利”是近代中国人对西方文明最早也最为直观的认识，所以中国“向西方学习”也是从仿造军舰开始的。中国近代正式有造船工业，是从李鸿章在 1865 年创办的江南制造总局于 1868 年开始建造轮船开始的。紧接李鸿章之后，洋务派的另一重臣左宗棠于 1866 年年底创办了近代中国最早、规模最大的专业造船企业“福州船政局”。宋晋的理由是现在国家财政困难，而仅福州船政局由于连年造船，听说经费已拨用致四五百万两，靡费太重，因此不必在传统水师木船外再造轮船，增加巨额费用。总之，在财政如此紧张之时还殚竭脂膏造这些跟列强打仗很可能还打不过的军舰，殊为无益。他同时提出江南制造总局的情况与福州船政局相同，所以请旨敕令闽浙、两江总督停止福州船政局和江南制造总局两处造船。

对宋晋的建议，朝廷认为不无道理，但此事毕竟事关重大，且与位高权重的曾、左、李都有关系，因此将他的奏折交两江、闽浙等省督抚阅看，酌情议奏。对宋晋的意见，曾国藩表示坚决反对，强调十年来中国制造军舰工业粗具规模，并开始掌握了造船技术，如果停下，中国不知要到何时才能再造轮船。但福州将军兼署闽浙总督的文煜则表示支持宋晋观点，财政困难，无法维持。这使清廷依然举棋不定，便于1872年4月初再发上谕，要李鸿章、左宗棠、沈葆桢三人通盘筹划、悉心筹议。

左宗棠、沈葆桢于5月初先后复奏，坚决反对停止造船，而李鸿章则迟至6月下旬才复奏上折，坚决反对宋晋主张。在此折中，他首先指出中国面临的形势是“合地球东西南朔九万里之遥，胥聚于中国，此三千余年一大变局也”！西方列强之所以能横行中土，中国之所以受制于西方各国，就在于中国传统的弓矛、小枪、土炮不敌彼之后膛枪炮，中国传统的舟楫、艇船、炮划子不敌彼轮机兵船。在这种情况下，不要说“攘夷”，就是维持现在局面也要学习、制造西方的船炮。谋求自强之道在于“师其所能，夺其所恃”，“若我果深通其法，愈学愈精，愈推愈广，安见百数十年后不能攘夷而自立耶”？日本是一小国，为自保而学习西方，结果近年来反而“逼视我中国”，“中国可不自为计乎”？他进而指出：“士大夫囿于章句之学而昧于数千年来一大变局，狃于目前苟安而遂忘前二三十年之何以创钜而痛深，后千百年之何以安内而制外？”这正是要求停止造船论的由来。因此“国家诸费皆可省，惟养兵设防，练习枪炮、制造兵轮之费尤不可省。求省费则必摒除一切，国无与立，终不得强矣”。

由于反对造船者以财政、经费紧张为理由，因此李鸿章在陈述了中国面临的不得不造轮船的历史环境后便具体分析财政问题。他指出，办厂造船是“为国家筹久远之计，岂不知费钜而效迟哉”，但仍应坚持下去，否则前功尽弃，“不独贻笑外人，亦且浸长寇志。由是言之，其不应裁撤也明矣”。接着他提出了解决经费问题的具体建议，其中尤其值得注意的是，他由财政紧张顺理成章地提出解决财政问题的根本是要“求富”，提出不仅要建造兵船，更应建造商船，设立经营民用商业运输企业，要建立用大机器生产的煤矿、钢铁企业，创办民用企业营利赚钱。[①]

清廷将左、沈、李等三人奏折又交总理衙门议奏，总理衙门上折完全支持他们的意见，这场洋务派与顽固派对是否要学习、引进西方科学技术进行的又一场重要争论才告结束。清廷意识到，军工企业决不能废止，但财力已无法支持继续办这类企业。不能停又没有资金，所以不能不同意李鸿章的观点，办新式民用企业赚钱解决资金问题。李鸿章此折借顽固派提出的“财政紧张”，反而提出更为顽固派反对的“求富”主张，使洋务运动从“求强”阶段深化为“求富”阶段，其重要意义自不待言，而李鸿章“借力打力”的技巧端的是老谋深算。

朝廷允准李鸿章办大机器生产民用品的企业，但这类企业需要

① 李鸿章：《奏稿·筹议制造轮船未可裁撤折》，《李鸿章全集》卷十九，第45—50页。

巨额资金，朝廷无法提供，套用现代语言来说，就是“只给政策不给钱”。李鸿章早有准备，提出了“官督商办”的办法。由于中国素有“抑商”传统，政府本就禁商人兴办新式企业，再加上社会上反对新式机器生产的保守力量十分强大，所以中国商人根本不可能办新式工商企业。但一些商人尤其是买办积聚了大量资本，为了赚钱，他们只能依附在洋商名下，如美国旗昌洋行其实一大半都是华商股本。这样的后果是中国政府税收减少，而且华商依附在洋商名下还容易受到洋商的盘剥。李鸿章在给同僚的信中写道：“我既不能禁华商之勿搭洋船，又何必禁华商之自购轮船？”“以中国内洋任人横行，独不令华商展足耶？”他在这封信中指明当前的形势是：“中国长江外海生意，全被洋人轮船夹板占尽。近年华商殷实狡黠者多附洋商名下，如旗昌、金利源等行，华人股分居其大半。闻本利不肯结算，暗受洋人盘折之亏，官司不能过问。”如果设立轮船招商局，则华商可以名正言顺入股，“使华商不至皆变为洋商，实足尊国体而弭隐患，尤为计之得者”。①

提出招商局应采取“官督商办”的形式，即“由官总其大纲，查其利病，而听该商董等自立条议，悦服众商。冀为中土开此风气，渐收利权”。“将来若有洋人嫉忌，设法出头阻挠”，官方可出面交涉，“以为华商保护”。②“所有盈亏，全归商认，与官无涉。”③也就是说，注册是官方的，官方出一定股本，广招商股，由商人经营。创办近代民用企业，需要大量资金和懂得新式经营的人才。当时清政府国库空虚，财政几近干涸，不可能拿出大量资金筹建企业，

①《朋僚函稿》，《李文忠公全集》卷十二，第29、34—35页。
②《译署函稿》，《李文忠公全集》卷一，第40页。
③《奏稿》，《李文忠公全集》卷二十，第33页。

更无人才。在这种情况下，李鸿章瞄准了买办阶层。在为外商服务的过程中，一些买办积累了一定的近代工商经营管理的实际经验和能力，同时也积累了大量财富。把他们连人带资本从洋商中“挖过来”，确是解决问题的可行方法。

李鸿章、郭嵩焘等开明大员，已经认识到西方列强船坚炮利的后面是经济发达，经济之所以发达是广兴私人工商业。但这种思想刚有所表露，立即遭到反驳:“中国天下为家，已更数千载，政令统于一尊，财富归诸一人，尊卑贵贱体制殊严”，“夷狄之道未可施诸中国也。中国制治必须朝廷操利权。利不足操朝廷之权，然后可冀效诚于商贾；使富商大贾视官宦如帝天，偶一盼睐便以为至荣极宠，斯匍匐以献其财力而惟恐不纳矣”。[①] 李鸿章无力从根本上改变制度，只能以“官督商办”的办法曲折突破体制性障碍。他的建议终于得到朝廷的批准，轮船招商局是洋务派创办的第一个从“军工”转向“民用”、由“官办”转向“官督商办”的企业，因此意义非同寻常。在新式大机器生产和民间资本面对国内的重重阻力和外面的巨大压力的情况下，“官督商办”这种由商人出资认股、政府委派官员经营管理的模式在当时对新式民用企业的建立、民间工商资本的发展起了重要的推动作用。此后开办了开平矿务局、电报局、上海纺织织布局等一系列大型企业，因为此时若无官方的保护和扶持，大型新式企业如轮船、采矿、电报、纺织等根本建立不起来。由于有政府的保护、支持并取得了相当的垄断权，官督商办企业获利丰厚，并在一些方面开始与外资竞争。

---

① 刘锡鸿:《读郭廉使论时事书偶笔》，中国史学会主编《洋务运动》（一），上海人民出版社 1961 年版，第 296—297 页。

兴办民用品的工厂，使洋务运动从“求强”深化为“求富”。重要的是，生产民用品，就要经过市场交换，追逐利润，这种企业就更具有资本主义性质。追逐利润，就要核算成本，加强企业管理，现代企业管理制度的引进，由此开始。“官督商办”主要是靠颇为现代的发行股票募集商股方式兴办，刚开始商人大都对此持观望态度，但随着轮船招商局等几个企业的经营成功，商人对“官督商办”企业的信心大增，社会视听为之一变，人们争先恐后抢购股票，许多买办纷纷从洋行撤资，入股利润更加丰厚的中国“官督商办”企业。19世纪80年代初，中国社会出现了第一次投资新式企业的热潮。以官督商办的方式经营近代企业，促使中国第一批资本主义民用企业脱颖而出，中国最早的资本家便是由这些投资者（主要是商人、买办、地主、官僚）转化而来。因此，其功不可没。

但与官办企业一样，随着社会与时代的发展，这种模式的负面作用越来越明显。“官督”是官督商办企业的成功之处，但同时也埋下了失败的伏线。其最大的问题是“所有制”问题，即“产权不明”，究竟是官府所有，还是民间所有。“官”给了官督商办企业诸如垫款、借款、减免税厘以及一定的垄断权种种好处，这些企业必然也要受“官”管辖，由官府委任的督、总、会办管理，这样，许多人都是亦官亦商，具有“官”“商”双重身份。如果管理者按商场规则经营，则企业发展顺利；如果以官场逻辑行事，企业很快衰败。早期由于“官”不知究竟结果如何，因此多以“商”为主，这些企业“商”大于“官”，所以发展很快。随着这些企业带来丰厚的利润，“官”见有大利可图，于是加强了对企业的“管理”或曰干预，将这些企业视同“官产”。官场的任人唯亲、贪污腐败在这些企业中迅速蔓延，安排的许多“总”皆不在其事，但挂名分肥而已。

官督商办中的“商”，多数是从买办中招聘而来，郑观应就是其中之一。他是官督商办企业最重要的操盘手之一，却从一开始就担心这类企业产权不明，今后有可能为“官”剥夺、没收。

1879年，为加强海防，也是为了做一试验、探索，李鸿章未向朝廷请示就于大沽、北塘海口炮台试设电报以达天津，效果良好。1880年，中俄伊犁交涉军情骤紧，李鸿章不失时机于这年秋再次上奏，详陈必须立即架设电报线的理由。险恶的现实和李鸿章的透彻分析，使清廷终于允准李鸿章着手办理电报局。1880年10月，李鸿章在天津设立电报总局，同时设立电报学堂，这是中国近代电讯事业的开始。

天津电报局成立，开始紧张地机构设置与线路架设，首先架设的是津沪线，一切开支，都从淮军军饷内拨付，自然是官办。但李鸿章内心的办理模式却不是官办，他知道官督商办体制的功效远较官办体制为佳，所以应官督商办。李鸿章任命盛宣怀为总办，商人郑观应于1881年5月被李任命为上海电报分局总办。以天津为“总局”，上海“副之”，盖因上海电报分局为南路各局总汇，并且上海也是外国在华电报的汇集之地。

1881年12月，津沪线即将开通，李鸿章着手企业改制，将电报局由官办改为官督商办。具体经办的盛宣怀拟定了《电报局招商章程》，开篇写道:“中国兴造电线固以传递军报为第一要务，而其本则尤在厚利商民，力图久计。前蒙北洋大臣阁爵督宪奏明，先以军饷项下垫办，俟办有成效，招商集股，分年缴本，即由官督商办，是使商受其利，而官操其权，实为颠扑不破之道。”① 具体规章共

①《郑观应集》下册，上海人民出版社1988年版，第1007—1010页。

十二条，主要是详细规定了商股与官费的比例、计息、提取利润的方法，总体上于商有利，体现了官对商的“体恤”。当然也规定了电报局应以军机大臣、总理衙门大臣、各省将军督抚、各国出使大臣所寄洋务、军务、公务电讯永不收费的方式“报效”官方。

之所以在官督商办中仍特别强调官方体恤，强调“官操其权”，是因为盛宣怀深谙国情，知道中国风气是重官轻商，创设电线之初，保护电杆电线不被盗窃至关重要，民众若知道此是官家之事，不敢妄动，如果是商家之事，则沿线安全难保；电线数千里，跨越数省，完全靠各地官员巡守，地方官知道是国家之事，则不敢不认真巡守。所以，“若尽委之于商，虽商出数倍看守之资，而无益于事”。

拟就章程后，盛宣怀就南下与上海分局的总办郑观应商量。郑观应曾经是买办商人，又参与官督商办轮船招商局和开平煤矿的管理，深懂现代企业管理，同时也深谙国情。在《致总办津沪电线盛观察论招商办电报书》中，他明确说明了自己的观点、看法。对具体规章，郑观应大体并不反对，但是对章程中规定的官本永远存局、加添官股成本等规定，认为“似未稳妥”，不表赞同。作为现代商人，他对官家资本有着本能的不信任和警惕。反对“官本永存”，意味着他认为今后是完全的商办。

他最为反对的，则是前面几条过多体现官方体恤，尤其是“商受其利，而官操其权”这种表述。他认为电报发达之后，一定利润丰厚，招商人入股并不难，但他担忧的是官方可能会政策有变。因为官方见到利润越来越高，很可能会不断压榨企业，免费官方电信会越来越多。稍不如意，官方就会肆意刁难勒索，根本原因在于：“中国尚无商律，亦无宪法，专制之下，各股东无如之何，华商相信洋商，不信官督商办之局，职此故也。”因此“官督商办之局不占公家便宜，只求其保护，尚为地方官勒索；若太占便宜，更为公家他日借口”。

他特别提醒，今天商家有李鸿章的支持，但李不可能永远在此职位，不能保证李的继任者也有与李同样的见识，支持商家。所以章程前半部分及强调“官督商办是商受其利，官操其权等语，似皆有流弊，想执笔拟章程者意重利商，求易于招股，未曾有深思远虑耳”。[①]

郑观应的意见得到电报局其他人的赞同，因此盛宣怀对此章程做了修改，稍微淡化了一些“官”的色彩，电报局在1882年4月18日起正式改为官督商办。

盛宣怀与郑观应思路、观点的侧重显然不同，吊诡之处在于二人的思路、观点都是基于对国情的深刻了解与认识，这是一种深刻的、难以解决的悖论，反映了中国经济的结构性矛盾。中国风气重官轻商，创办之初，电线电杆遍及千里，如果不强调官方色彩、没有官方巡护，确易被割被砍；如果不是朝廷事业，沿途几省地方官也不会认真负责派兵巡护。简单说，不重官则电报局确难成事，这是盛宣怀对国情的准确判断。另一方面，中国官权甚重，官对商几乎为所欲为，商家确易受官勒索甚至被收为官有，这是郑观应对国情的准确判断。

历史证明了郑观应的远见：1902年，电报局被收为官办，郑当年的远虑成为现实。清政府直到1904年才颁商律，直至覆亡都没有宪法。郑观应二十余年前对“中国尚无商律，亦无宪法”因此私人产权得不到保障的担忧，说明他认识到只有制度、法治才是商

① 《郑观应集》下册，第1003—104页。

家的基本保障。

盛宣怀是李鸿章的心腹幕僚，精明超常，本身即是官员，对官、商两界都非常熟悉，深谙为官之道与经商门路。不是买办出身，却精通现代企业经营。李鸿章乃至后来张之洞创办企业，都对他十分倚重。他于1885年担任招商局督办，与前任相比，他主政时的“官督”大为加强，官的色彩较浓；但与那些要完全官办的人相比，他又是“商”的代表，坚决反对“官办”。这种亦官亦商的两面性，在他的官、商生涯中表现得非常明显。

早在1894年2月初，他奉李鸿章之命接办因大火损失严重的上海机器织布局时，担心此“局”办好盈利后被官方收回，向李建议：股商远虑他日办好，恐为官夺，拟改为总厂，亦照公共章程，请署厂名，一律商办。以前的企业都是“局”，“局”乃官方机构名称，“厂”则是企业名称。由“局”改“厂”，一字之易，却大有讲究。李鸿章同意盛的方案，将其改为“华盛机器纺织总厂”。1901年，由于棉花价格猛涨，工厂亏本，盛宣怀串通两江总督刘坤一上奏称由于亏损严重，自应准其另招新商顶替，改换厂名，再接再厉。经清政府批准后，1901年2月盛宣布旧股票一概作废，将其以银210万两全盘出售给集成公司。集成公司实际上是盛及其家族、亲友为收购华盛专门而设，3月即将其转租给又新公司经营，又新公司主要经理人员均为盛的亲戚。集成、又新的实际控股人就是盛宣怀。企业改名为“集成纺织公司”。

上海机器织布局——华盛机器纺织总厂——集成纺织公司，此厂终于从产权不明的“官督商办”经过逐步改制变成了产权明晰的盛氏“私产”。这种改制是“合法”还是“非法”，是否“化公为私”或曰“侵吞国有资产”，一直争议不断。吊诡的是，这两种观点确实各有道理，正说明了在社会转型期造成了“制度灰色地带”，很难以简单的非黑即白来判断。无论怎样评价，管理层收购（MBO）据说是20世纪七八十年代欧美的发明，其实首创权可能是20世纪初中国清末无师自通的盛宣怀。

由于早就担心这些“官督商办”企业可能被收归国有，盛宣怀在经营轮、电两局时就多次想方设法将盈利及各项收入转为商股，以便万一将来政府按票面价值将轮、电二局购归国有时，包括他在内的股东利益不至损失太大。

清政府从上到下都有官员将这些官督商办企业视为己产，予取予夺，经常无偿征索。如轮船招商局不得不经常低价甚至免费为清政府运兵运械，电报局对官府电报必须免费……更重要的是，这些企业必须向清政府提供“报效”，其实就是官府公开的财政勒索。如1894年为庆祝慈禧六十大寿，清政府命令招商局“报效”五万五千余两、开平矿务局“报效”三万两。尤其有意思的是，正是那些反对办任何新式企业的顽固派对这些企业的勒索最厉害。据统计，从1884年到1911年的二十八年间，轮船招商局和电报局这两个企业给政府的“报效”共三百五十万两，相当于两局股本总额的60%。

予取予夺还不算，更强大的力量是清政府内反对官督商办的顽固派，一直想将这些企业完全收归国有。“轮电之争”中的“轮”，是指“轮船招商局”。1877年山西道御使董儁翰奏请“轮船招商局关系紧要，急需整顿”，提出要收归国有，由南北洋大臣统辖。招商局成立以来，参劾招商局的奏本便一直不断，此奏一出，更得到许多官员响应，纷纷要求收归官办，起码要加强政府的监督控制。面对这汹汹群情，李鸿章立即坚决反驳，他提出办招商局是为收回中国利权起见，商局关系国课最重，如果任意干扰，殊于中国商务大局有碍。在首先强调招商局对国家富强的意义之后，他接着辩解说招商局全是商股，创办时就奏明盈亏全归商认，与官无涉。诚以商务由商任之，不能由官任之也。轮船商务，牵涉洋务，更不便由官任之也。由于李鸿章的坚决反对，此次收归国有之议不了了之。1880 年国子监祭酒王先谦又上奏弹劾招商局，认为企业归商不归官，局务漫无钤制，流弊不可胜穷，再次提出要收归官办。这一次弹劾，引起的呼应比上次要强烈得多。李鸿章知道最为反对者忌恨、最为朝廷所担心的是这类企业对统治者的政权所起的作用究竟是巩固还是削弱，所以他首先详细列举几年来该局的成就，证明正是招商局使洋人在长江水运所得之利大为减少，因此强调其利固散之于中华，关于国体商务者甚大，当然使统治者的政权更为巩固。李鸿章从有关章程、规定说明政府应遵守早先订立的章程，如果朝令暮改，则凡事牵掣，商情涣散，已成之局，终致决裂，洋人必窃笑于后，益肆其垄断居奇之计。是现成生意，且将为外人所得，更无暇计及东西洋矣！值得注意的是，他强调政府遵守章程必要性的立论基础主要不是政府也必须遵守条约的“契约论”，而是一旦违约、生意受损的后果将是洋人垄断得利这种“民族主义”话语。因为他很明白，朝廷根本不会将政府与私人所订之约放在眼里，不会将此作为一个决策的参考因素，只有这种与朝廷根本利益有关的“民族主义”话语才是打动、说服朝廷的最有力的理由。所以，他强调一定要坚持“商为承办，官为维持”，如果开始垫有官款，则缴清公款后商本盈亏与官无涉。当然，他又一再表明并非一缴公帑，官即不复过问，而是强调官仍要尽督管之责。其实，这类企业的问题就在于政府从未放弃管制，干预太多，只是顽固派要求国家所有制应纯而又纯、容不得丝毫私人因素才会认为“商”的权力过大。李鸿章的观点，得到权力越来越大的总理衙门的支持，轮船招商局仍维持官督商办，而未被收归官办或官商合办。十几年后，即甲午战后的1896年，李鸿章因甲午大败为万民所指，被清廷投闲散置，大权尽失。这时，御史王鹏运认为时机来临，上奏请特派官员到招商局“驻局办事”，虽未明说，实际意图仍是收归官办。但总理衙门以若无商局，则此利尽属洋商，该局收回利权，实明效大验反驳了王鹏运的建议，维持了官督商办原状。

所谓“电”，是指创办于1880年的“电报总局”。1902年秋，李鸿章病逝未及一年，新任直隶总督、北洋大臣的袁世凯开始设法要将轮船招商局和电报总局收归国有。袁以强硬著称，主张“强政府”，由政府兴办新式企业，所以想将“北洋”的官督商办企业都收归国有，增强政府，同时也增强自己的实力。此时“商人思维”的盛宣怀面对“强政府思维”的袁世凯，袁根本无意按股票票面价值将官督商办企业收归国有。1903年1月中旬，袁世凯被清廷派为电务大臣接收电报局。袁世凯以政府资金紧张、无法全付商股为由，表示商人仍可“附股一半”，而另一半商股则以大幅度杀价“购回”。此法一出，商情哗然，但毫无办法。然而此时清政府因要支付巨额“庚子赔款”，连超低价的“价购”都付不起，在降旨袁世凯接收之时宣布：“该局改官办之后，其原有商股不愿领回者，均准照旧合股”，对这种完全的“商股官办”，朝廷还说是在维护即有体制之中“寓体恤商情之意”。无论盛宣怀及众商人多么不满，想出种种办法，都无法改变收归官办的命运。袁世凯的基本思路是：取之于商，用之于官。

接收完电报总局，袁世凯紧接着就强迫盛宣怀辞去招商局督办之职，派自己的亲信杨士琦担任该局总理。这样，袁世凯通过电报局收归官办、轮船招商局由他派人督办，将这两个大型企业实际收归己有。

官督商办几十年，最后如此结局，郑观应愤而写下长长的《商务叹》："富强由来在商务，商出农工须保护。商律颁行宜认真，精其事者管商部。""轮船招商开平矿，创自商人尽商股。办有成效倏变更，官夺商权难自主。总办商董举自官，不依商律由商举。律载大事应会议，三占从二有规矩。不闻会议集众商，股东何尝岁一叙？""国家维持报效多，试看日本何所取。""电报贬价归国有，不容商董请公估。轮船局权在直隶，商欲注册官不许。总办商董举自官，不依商律由商举。""名为保商实剥商，官督商办势如虎。""华商因此不及人，为丛驱雀成怨府。"[①] 这些企业明明是商人股份占多数甚至绝大多数，但企业的总办、商董等领导人并不是按照商律由商人选举，而是朝廷、官府任命。轮船招商局被官方收回后，一些商人还想注册新的轮船公司，但未获官方批准。这些企业不断向政府"报效"，与日本政府大力支持私人企业正好相反。当袁世凯规定商人必须按远低于原价将股权让与官府时，这些大股东表示难以接受这个价格，最后提出要开全体股东大会"公估"来决定是否接受，但被官府完全否决。最后的结论是："名为保商实剥商，官督商办势如虎。""华商因此不及人，为丛驱雀成怨府。"他的愤懑，代表了整个商界的情感、态度。

导致清王朝灭亡的因素当然很多，从经济层面上说，先是为民营经济发展设置重重障碍，而后虽允许民营经济发展，但政策却极不稳定，经常大幅度摇摆，不能不说是重要原因之一。经常的大幅

---

① 《郑观应集》下册，上海人民出版社 1988 年版，第 1369 页。

度摇摆，根本原因是清政府面对社会转型、面对从农业经济向近代工商经济转型这种深刻的结构性变化、面对新崛起的近代工商阶层，完全不知所措，因此制定不出一个基本稳定的经济政策，更谈不上基本稳定的制度建设。经济政策和制度是最重要、最基本的社会政策和制度，能否制定出大致稳定的经济政策和制度，是统治者执政是否成熟的基本标准。由于没有稳定的政策和制度，结果必然是"人治"。而政坛风云向来变幻莫测，今天赞成商办的官员得势，政策自然是"商办"导向；明天力主国有的官员上台，政策立即转向"国有"。没有大致稳定的经济政策和制度，人民不会安居乐业，社会没有安定和谐，统治者的政权基础自然也不可能巩固，清末的历史再次证明了这一点。

二、甲午战争与现代国家建构

"唤起吾国四千年之大梦，实自甲午一役始也。"[①] 这是梁启超对甲午战争对中国影响的评论，确实如此。甲午中日之战中国惨败于日本，然后是签订割地赔款、丧权辱国的《马关条约》。自第一次鸦片战争后的半个多世纪，中国屡败于西方列强，但实在未想到会

① 梁启超:《改革起原》,《饮冰室合集·专集之一》，中华书局 1989 年影印版，第 113 页。

被千百年来以中国为师、为中国向所轻视的“蕞尔岛国”日本打败，自然大为震惊，群情激愤，痛心疾首。战争，尤其是大规模战争，是两国军事力量的较量，更是两国经济、政治、社会制度，甚至文化的较量。“天朝上国”被“岛夷”所败，当非偶然。简略对比此时的中日国家制度，日本基本上是“现代国家”，而中国总体仍是“前现代国家”。

在政治制度方面，以明治天皇为首的新政府于1868年4月6日发布具有政治纲领性的《五条誓文》，宣布：一、广兴会议，万机决于公论；二、上下一心，盛行经纶；三、官武一途以至庶民，各遂其志，人心不倦；四、破旧有之陋习，基于天地之公道；五、求知识于世界，大振皇基。二十余年后，1890年11月29日，日本第一届众议院、贵族院开议，正式开设议院。正如康有为在《日本变政考》中强调：“日本改定国宪，变法之全体也，总摄百千万亿政事之条理，范围百千万亿臣民之心志，建斗运枢，提纲挈领，使天下戢戢从风，故为政不劳而后举。”在书后的“跋”中，他总结说明治维新“其条理虽多，其大端则不外于：大誓群臣以定国是；立制度局以议宪法；超擢草茅以备顾问；纡尊降贵以通下情；多派游学以通新学；改朔易服以易人心数者”。甲午战争时，中国的政治制度仍是传统的皇权专制，不是现代国家政治体制。

在经济制度方面，日本之明治维新的重要内容是开商法公议所、办商法学校和“帝国劝业博览会”，鼓励工商。日本现代经济发展的一个重要方面，是将原与中国洋务运动类似的“官营”企业出售给私人，由政府对私人企业提供资助。1874年政府颁布股票交易所条例，允许公债的转让与股票交易，东京和大阪股票交易所于1878年开业。1869年确定了修建铁路的方针，1870年设立铁道事务局，东京—横滨铁路于1872年首先通车。电信业开始于1869年，首先在东京—横滨之间开通电报业务，以后发展迅速，开始只供政府专用，1878年以后允许民间使用。1872年从法国购进机器，建机械缫丝厂，由法国专家指导。1880年11月，制定了《廉价处理官营工厂概则》。1884年，政府再次规定以极低的价格和无息长期分期付款的办法出售，才使处理官营企业顺利实施，大大促进了日本现代经济的发展。中国洋务运动在顽固派强大的反对下举步维艰，禁止民办现代企业，因此现代企业一直是官办或官督商办。

在金融体制方面，明治维新不久就于1871年颁布“新货币条例”，开始统一币制。1870年以后，开始引进欧美现代银行制度。1878年，有一百多家银行；到1879年国立银行有153家，政府决定停止国立银行的发展；到1884年，私立银行与类似金融机构多达955家。1881年引进欧洲发达国家的中央银行体制，发行公债，极大地提高了融资能力。而中国一直未建立现代化的金融体制，因此清廷完全没有现代融资手段与能力。中国虽然地大物博、幅员辽阔、人口众多，但没有现代金融体制，这些要素并不能自然而然地成为政府的“财富”，更无法解决迫切、紧张、巨大的战时财政问题。中国第一家现代银行“中国通商银行”，则是甲午战争惨败后才于1897年5月27日成立。

在军事体制方面，甲午战争时，日本早在十几年前就在考察学习西方兵制（先学法兰西，不久改学普鲁士）的基础上进行了全面的兵制改革，实现了武器的标准化和编制现代化，陆军以师团为基本战略单位，并有现代后勤体制保障。而此时的中国军队，由传统的八旗、绿营和勇营三部分组成。太平天国时就证明八旗兵和绿营兵已经腐朽不堪，所以在甲午战争中没有起到什么实际作用。清军在甲午战争中的主力是勇营，始于湘军的勇营之制所实行的将帅自招的募兵制度，从武器装备到编制仍处从“传统”向“现代”过渡之中。军官主要仍是靠“武举”选拔，没有现代军事，甚至看不懂军事地图。从曾国藩几十年前首用洋枪洋炮起，清军现在终于进步到尽可能用最先进武器。然而，有先进的大炮，军官不知道如何布阵；有先进的步枪，朝廷根本不知道要“标准化”，清军的步枪居然有几个国家十几种枪型，后勤根本无法配送子弹。所以，陆军只是开始抵抗一时，迅速溃败，根本无法形成有效抵抗。北洋水师之所以能打了几场气壮山河的海战，因为管带大都是留学生，懂得现代军事知识。日军对北洋水师造成的两次重大打击，还是从陆上攻克北洋水师的基地旅顺、刘公岛。

在教育方面，日本也为中国的维新改革者提供了范例。日本明治维新后，1871 年成立文部省，聘请西方学者参与教育改革。1872 年颁布了《学制》等一系列有关教育制度的规章，兴办了现代的东京大学，全力办好小学，强调教育平等、强制教育，初步建立了现代教育体系。1885 年，文部省颁布了大、中、小学令和师范学校令，建立起完整的国家教育制度。中国的新教育艰难起步，阻力巨大，一直蹒跚而行，未获得正统地位。

甲午战争时，中国仍属“非现代国家”，而日本已基本完成“现代国家”建构，这是中国惨败的根本原因。然而，甲午战争前，只有少数中国人知道日本经过明治维新，已今非昔比，迅速强大。从朝廷高官到普通百姓，对此仍一无所知。战败之后，震惊之余，百思不得其解。此时此刻，一本有关日本之书突然面世，解答了世人的疑惑。

1895 年秋冬，中国在甲午战争中刚刚惨败于向为中国轻视的日本，丧权辱国、割地赔款的《马关条约》墨迹未干，群情激愤，痛心疾首，广州民间书局羊城富文斋印行了曾任中国驻日参赞黄遵宪的《日本国志》。此时此刻，此书甫一出版自然洛阳纸贵，风行天下。人们惊讶地发现，这部中国近代第一部深入系统地研究日本的著作，居然在八年前的1887年就已成书，然而一直未能出版。曾有人指责黄：如果此书早就出版，国人了解日本，主战派大臣就不会轻易言战，于是战争赔款“偿银二万万可省矣”。《日本国志》当然成为维新派的重要思想资源，1896年，梁启超为《日本国志》写的后序开篇就是“中国人寡知日本者也”，而今天因黄遵宪的书才知道日本，才知道日本强大的原因。但他也“懑愤”责备黄说，他“成书十年之后，谦让不流通”，迟不出版，使中国人一直不了解日本，不以日本为鉴、不以日本为祸患，没有准备、没有警惕，才有今天的结果，人们才知道中国成为弱国的原因。

其实，他们真是冤枉了黄遵宪。写完《日本国志》后，黄就一直在想方设法出版此书，但就是无人认识到此书价值，因此始终未获出版。透过黄遵宪与《日本国志》的遭遇，人们对晚清的认识可能会更加深刻。

黄遵宪（1848—1905），广东嘉应州（今梅州）人，字公度，别号人境庐主人，1876年中举。1877年秋，日本明治十年，二十九岁的黄遵宪以参赞身份随首任出使日本国大臣何如璋前往东京。到日本不久，他立即深深感到日本明治维新以后发生了根本性的变化，已绝非中国传统所蔑视的“岛夷”“蕞尔小国”，而国人对此却一无所知。因此，从1878年开始，公务之余的时间，他几乎全都用来搜集资料，广泛接触日本社会各界，研究日本政治、社会、历史，特别是明治维新以来的变化。1882年，黄遵宪完成了《日本国志》初稿，被调往美国，任驻美国旧金山总领事，在美期间他仍继续撰写《日本国志》。不久，他对官场失望，认为完成《日本国志》更为重要、更有意义，于是告假回乡，潜心写作，终于在1887年夏季在家乡完成书稿。

黄遵宪坦承，写《日本国志》的动机是日本对中国的了解比中国对日本的了解多得多："余观日本士夫类能谈中国之书，考中国之事。而中国士夫好谈古义足以自封，于外事不屑措意。无论泰西，即日本与我仅隔一衣带水，击柝相闻，朝发可以夕即，亦视之若海外三神山，可望而不可即。若邹衍之谈九州，一似六合之外，荒诞不足议论也者。可不谓狭隘欤！"[①]《日本国志》四十卷约五十万言，包括卷首年表和国统志、邻交志、天文志、地理志、职官志、食货志、兵刑志、刑法志、学术志、礼俗志、物产志、工艺志十二种志，从各个角度深入系统地研究了日本的历史和现状。进一步说，这本书对明治维新后所实行的各项制度作了特别介绍。开篇他即明言这本书所述内容"检昨日之历，以用之今日则妄，执古方以药今病则谬，故杰俊贵识时，不出户庭而论天下事则浮，坐云雾而观人之国则暗，故兵家贵知彼。日本变法以来，革故鼎新，旧日政令百不存一。今所撰录皆详今略古，详近略远；凡牵涉西法，尤加详备，期适用也"，[②] 在一首诗中吟咏道："草完明治维新史，吟到中华以外天"，点明这本书其实就是记述、研究明治维新之作。因为明治维新后日本的制度、文化无一不取法于泰西，他惊叹此后日本进步之速，为古今万国所未有，乃信其改从西法，革故取新，卓然能自树立。

① 黄遵宪:《日本国志·叙》，上海古籍出版社2001年版。

② 黄遵宪:《日本国志·凡例》。

他详细记述了明治维新的过程，反复强调维新的重要举措是宣传民权学说、要求召开国会，认为“庶人议政，倡国会为共和”是日本转向强盛的关键之处。日本的经验使他相信万国强由变法通，明确希望中国也学习日本实行变法。

写完此书，黄遵宪便想出版此书。首先他想将此书呈送主管涉外的总理衙门出版，由官方出版影响最大，最有可能影响国家政策。但他的级别低且已回乡家居，无资格向总理衙门呈递公文，而当年他的上司、曾任驻日公使的何如璋早因中法战争指挥失当而被罢官治罪，黄便于 1888 年秋将此稿呈送主管外事且对他有好评的重臣李鸿章，希望他“移送总署，以备查考”，向总理衙门推荐出版。总理衙门当时有将出使大臣的日记、见闻刊刻出版的惯例，黄遵宪在呈李鸿章禀中开篇就引多年前总理衙门奏定出使章程时要求“东西洋出使大臣，将大小事件逐日详细登记，咨送臣衙门备案查核，以资考证”的规定。何况，1879 年初黄还任驻日参赞时，将自己的《日本杂事诗》交总理衙门，几个月后总理衙门就将其刊印；1884 年，总理衙门又刊行了曾任出使日本随员的姚文栋的《日本地理兵要》。显然，黄希望，并认为应该且很有可能由总理衙门来出版《日本国志》。

李鸿章将书稿连同黄遵宪禀文转至总理衙门，并作了推荐。他在“禀批”中说自己“详加披览”，认为此书“叙述具有条理”，“如职官、食货、兵刑、学术、工艺诸志，博精深考，于彼国政法从西原委，订正尤为赅备。意在于酌古之中，为医时之具，故自抒心得，议论恢奇，深协觇国采风之旨”。当然，他认为虽然日本努力学习西方也仅得形似，所以并不能从这一部专写日本的书中看清世界大势。但他仍认为这部书对日本的“政教图经，言之凿凿，如在目中，亦有志之士矣”，并将此书与备受佳评的明隆庆间赴朝使臣黄洪宪归国后所作《朝鲜国记》相提并论，且称赞《日本国志》细密完备，“足与前贤颉颃也”。[①]

但总理衙门并未理会李鸿章的推荐。半年过去，未闻音讯的黄遵宪心有不甘，于是在1889年春夏又将此书稿呈洋务后起重臣、两广总督张之洞。张之洞将此稿转总理衙门时也高度评价说：“详阅所呈《日本国志》，条例精详，纲目备举，寓意深远，致力甚勤，且于外洋各国风俗、政事，俱能会通参考，具见究深时务。”张之洞还将此书与总理衙门几年前印行的姚文栋《日本地理兵要》略作比较，认为互有短长，“二书皆有用之作”，但“惟详备精核，则姚不如黄，实为出使日本者必不可少之书，自应代为咨呈，以备查核”。然而，此书仍未获总理衙门刊印，一直被束之高阁。[②]

又等了半年有余，仍未得到任何消息。有李鸿章、张之洞两位如此位高权重的高官推荐也得不到总理衙门的首肯印行，黄遵宪终于对官方刊印不再抱希望，于是转而寻求民间出版。此时，他被任命为驻英使馆二等参赞，1890年年初出国前他将此书稿交广州羊城富文斋书局由自己出资出版。但羊城富文斋书局不甚重视此书，加上黄又不在国内，因此也一直未将书稿付印。富文斋书局不出此书，说明民间认为有关日本之书不值得出，反映了民间的对日认识。

1894年年末，甲午战争已爆发数月，中国军队接连大败，水陆军皆已溃不成军，最终败局已定。黄遵宪此时卸任回国，此书才安

① 台北“中研院”近史所档案馆藏“总理各国事务衙门清档”，01—34—003—09—001—003—005。

② 台北“中研院”近史所档案馆藏“总理各国事务衙门清档”，01—34—003—09—001—006—007。

排出版。近一年后,《日本国志》终于艰难问世。

就这样，具有高度前瞻性的《日本国志》“事前”无法出版，只到结局底定、大祸已至才姗姗来迟，确不能不令人遗憾万分，大发“此书可抵银二万万两”“以至今日也”之慨叹。然而，这类“先见之明”最终成为“马后炮”，却非偶然，晚清的政治、社会状况决定了屡屡如此。

李鸿章、张之洞都推荐了《日本国志》，但总理衙门却将其束之高阁，并未理会，却是事出有因，与近代清王朝的逻辑一脉相通。早在此事十余年前，清王朝第一个驻外使臣郭嵩焘1877年年初赴英国就任，应总理衙门的要求，将自己从上海到伦敦途中在西方这五十一天两万多字的日记稍加整理润色，定名为《使西纪程》，抄寄一份给总理衙门，1877年春由总理衙门刊印出版。由于书中赞扬了西方现代物质文明与制度文明，总理衙门刚将此书刊行，立即引来朝野顽固守旧者一浪高过一浪的口诛笔伐，一时间群情汹汹，有人痛斥他对外国“极意夸饰，大率谓其法度严明，仁义兼至，富强未艾，寰海归心……凡有血气者，无不切齿”。“嵩焘之为此言，诚不知是何肺肝，而为之刻者又何心也。”[①]“殆已中洋毒，无可采者。”[②]有人上奏对郭弹劾，严谴郭“立言悖谬，失体辱国，请旨立饬毁禁其书，以维国体而靖人心”，因为郭书“其中尤谬者，至谓西洋立国二千年，政教修明”；中国被列强侵略，郭书中却指出它们有长处，“一再称扬，种种取媚，丧心失体，已堪骇异”。内外臣工“皆思卧

① 李慈铭:《越缦堂国事日记》，光绪三年六月十八日。
② 王闿运:《湘绮楼日记》，光绪三年四月廿八日。

薪尝胆，以国家自强为期，为异日复仇雪耻之地”，但今日郭嵩焘的言论“岂止损国体而生敌心，直将隳忠臣匡济之谋，摧天下义愤之气”，他是“有二心于英国，欲中国臣事之”。[①] 还有人上奏要求将郭嵩焘撤职调回：“今民间阅《使西纪程》者既无不以为悖，而郭嵩焘犹俨然持节于外”，“愚民不测机权，将谓如郭嵩焘者将蒙大用，则人心之患直恐有无从维持者”。[②]

最后，由慈禧在 1877 年 6 月中旬对总理衙门下发将此书毁版谕旨。李鸿章给友人信中大发感叹：“筠仙（郭嵩焘）虽有呆气，而洋务确有见地，不谓丛谤如此之甚，若达官贵人皆引为鉴戒，中土必无振兴之期，日后更无自存之法，可为寒心。”[③]《使西纪程》的遭遇，确令人感到“中土必无振兴之期”。

十年前介绍西方强大的《使西纪程》引发的大风波和深刻教训，中国被英国一败再败，使总理衙门更不敢刊刻出版高度赞扬明治维新的《日本国志》。何况，当时举国上下仍认为日本是落后的蕞尔小国。更令人失望的是，黄遵宪请李鸿章、张之洞推荐《日本国志》时，距《使西纪程》风波已十年有余，然而当时的政治环境并未改变。1890 年，即李、张转黄遵宪书一年之后，被罢官归家已久的郭嵩焘病逝，李鸿章以其学行政绩上奏，希望能够援例立传赐谥，但为朝廷否决：“郭嵩焘出使西洋，所著书籍，颇滋物议，所请着不准行。”[④] 十几年后，《使西纪程》仍是郭的罪名，总理衙门对朝廷的政

① 郭廷以：《郭嵩焘先生年谱》，第 666 页。

② 张佩纶：《请撤回驻英使臣郭嵩焘片》，《涧于集》(一)，第 11—12 页。

③ 李鸿章：《复周筱棠京卿》，《李鸿章全集》第三十二册，安徽教育出版社 2008 年版，第 86—87 页。

④《德宗实录》卷二九九，第 17 页。

治态度了然于胸，判断非常准确，所以尽管有李、张的推荐，根本不可能印行与《使西纪程》类似的《日本国志》。

甲午战争使中国的先进者认识到落后小国日本突然强大、打败老大帝国的秘密就在于立宪。所谓立宪，就是通过议会、国会，限制皇权。一个重要之点，就是限制皇家任意花钱。强大的北洋水师被日本海军打败，原因当然很多，重要的一点是海军经费被挪用。

慈禧挪用巨额海军军费为自己修建颐和园并兴建"三海工程"（北海、中海、南海），是晚清政局腐朽透顶的一个最明显的标志。在内忧外患不断、财政几濒破产、统治岌岌可危可说已到朝不保夕的险境之中，她竟能动用巨额军费，为满足自己"颐养"、游乐之欲而大兴土木、修建奢华园林，且无人敢于劝阻，不能不说大清王朝的"气数"将尽了。

不过，以慈禧的权柄独操、连皇帝都可玩弄于股掌上的"独尊"地位，从来是"朕即国家"、视举国为其私产，完全可以从各方各面拨钱为自己建园修海，为何独独"看中"创建伊始的海军，偏偏要动用海军军费？个中缘由，颇耐人寻味。

慈禧性喜享乐，曾几次想重修刚被英法联军焚毁的圆明园，但终因花费实在太巨且遭到恭亲王奕䜣、醇亲王奕譞及李鸿章等一批王公大臣或明或暗的联手反对而不了了之。此后，"修个花园"始终是她的一个"情结"。到了1877年冬，在慈禧的几次打压下奕䜣已经失势，奕譞却日渐得宠。或许是为了弥补当年曾经反对重修圆明园之"过"，使自己在慈禧面前更得宠幸，奕譞就想以在昆明湖边设机器局的名义为慈禧重建与圆明园一同被焚、原建于乾隆年间的清漪园，但也为人所阻，未得实现。不过，奕譞此后却一直惦记着为太后“修园”邀宠。耿耿此心，将近十年。

1886年，慈禧借口即将结束垂帘听政，想建个花园以“颐养天年”，而这时早已主持军国大计、受命总理新成立不久的海军衙门事务的奕譞奉慈禧之命巡阅北洋海防时，赶忙上了《奏请复昆明湖水操旧制折》。原来当年乾隆皇帝以为母亲祝寿、兴修水利和操练水师之名，将京城西北的瓮山泊扩改为“昆明湖”，健锐营、外火器营曾在昆明湖进行水上操练。在昆明湖练水师当然是“形式”大于“内容”，颇有些皇家观赏、娱乐性质，所以此制后来便被废除。但据此，奕譞却在奏折中提出：“查健锐营、外火器营本有昆明湖水操之例，后经裁撤。相应请旨仍复旧制，改隶神经营，海军衙门会同经理。”他知道，要找出这样的“历史依据”更有合法性。上奏当日，即奉“依议”的慈禧懿旨。①

这样，一年前刚刚成立的海军衙门就负责起恢复在昆明湖“水操”“练兵”的旧制。名为“水操”，实为给太后修园。在昆明湖“水操”，皇上和皇太后自然要“临幸”，各种设施自然不能简陋，所以奕譞在另一份奏折中“顺理成章”地写道，因见沿湖一带殿宇亭台半就颓圮，若不稍加修葺，诚恐恭备阅操时难昭敬谨，所以准备将万寿山及广润灵雨祠旧有殿宇台榭并沿湖各桥座、牌楼酌加保护修补，以供临幸。修园就在恢复水操旧制和筹建昆明湖水师学堂这种冠冕堂皇的名义之下正式开始，经费自然从海军出。他与奕劻一同策划，奕劻托人转告军机大臣、主管财政的翁同龢。翁在日记

① 《清末海军史料》，海洋出版社1982年版，第395页。

中写道："庆邸晤朴庵，深谈时局。嘱其转告吾辈，当谅其苦衷。盖以昆明湖易渤海，万寿山换滦阳也。"庆邸即奕劻，朴庵即奕譞。"渤海"指北洋水师的主要防区，"滦阳"是承德的别称，指实际是以海防为代价修建类似避暑山庄一样的行宫别馆。以奕譞、奕劻权势之大都有"苦衷"，权倾一时的翁氏也只敢在日记中发泄自己的不满而不敢公开反对，足见"修园"来自何方。[①]

1887年1月末，昆明湖水师学堂的开学典礼竟"不避嫌"，与专门为慈禧太后过生日受贺而建的金碧辉煌、气势宏大的排云殿上梁典礼同日举行；3月中旬，清廷以光绪的名义发布上谕，将清漪园改名为颐和园，不久水师学堂的内、外学堂先后竣工，还安装有电灯、锅炉房等"现代化"设备。给"老佛爷"造园当然是头等大事，有关官员自不敢有丝毫怠慢。1889年，朝廷命令李鸿章将部分北洋水师官兵和水师学堂新毕业的学员共计三千多人调来昆明湖，将"湖水浅"的昆明湖当成"汪洋大海"，用小火轮作"战舰"在湖面驶来驶去，水兵们做各种表演，与岸上的陆军同向坐在南湖岛岚翠间的"阅兵台"上的慈禧摇旗呐喊，欢呼致敬。这次"阅兵"既显示了慈禧对海军的关心和作为全国军队最高统帅的绝对权威，使其虚荣心又一次得到满足，同时又带有相当大的娱乐性，使性喜游乐的她兴奋不已，更企图以此向世人表明"修园"并非为己享乐，真的是为了大清海军的建设！可谓一箭数雕。

为了"修园"，由海军负责修建的战备铁路，经费也被挪用，在甲午战争前就不得不停工。

---

① 《翁同龢日记》，光绪十二年十月二十四日。

1889年，慈禧在醇亲王奕譞和李鸿章的运作下同意修铁路。但令李鸿章大感意外的是，朝廷修建的第一条铁路竟然是张之洞提出的“卢汉线”。他知道，张之洞的建议明显是为限制自己的北洋系势力进一步扩张，而朝廷决定也明显扬张抑己，所以又有深受打压之感，时有怨愤。不过，李并不甘心自己的计划落空、势力受损。他知道，要修长达三千华里的卢汉路谈何容易，约需三千万两白银，几乎是朝廷年收入的一半。所以他在给其兄的信中不满地说张之洞“大言无实”，最后“恐难交卷，终要泻底”。因此，他对修卢汉路采取袖手旁观的态度。但张之洞不愧是洋务运动的后起之秀，也是官场高手，岂能让李鸿章作壁上观，想方设法也要让李鸿章“上马”为我所用，所以向朝廷建议卢汉路分几段修筑，先修南北两段：南段从汉口到信阳，由他负责；北段从卢沟桥到正定府，由李鸿章负责。他还提出以十年为期，前几年先建铁厂、钢厂，后几年再开始修建铁路，两端并举，一气完成。对此主张，李鸿章大为愤怒。更没想到的是，慈禧又同意了张的意见，谕令李鸿章负责北段修路事宜，李只得以自愧年衰力薄推辞。但慈禧不为所动，坚持要李修北段铁路。

就在李鸿章辞就两难之际，沙俄加紧修建东方铁路，直接威胁到“龙兴之地”我国东北的安全；日本则早就在朝鲜制造事端。李鸿章立即意识到东北亚将不平静，有战争的可能，于1890年3月会同总理衙门上奏朝廷，提出东北、朝鲜受到日本、俄国严重威胁，因此建议缓建卢汉路，先修打通山海关内外、具有战备意义的“关东铁路”以加强防务。因为唐津铁路已修至滦州的林西镇，李鸿章提出关东铁路由林西造干路出山海关至沈阳，再到吉林，再从沈阳造到牛庄、营口的支线。朝廷立即意识到问题的严重性，所以此奏立即得到朝廷批准，谕令李鸿章督办一切事宜。李鸿章大喜过望，再不以年衰力薄推却，并迅速派人前往测量堪路。以当时形势而言，确应先修关东铁路，而李鸿章也确实善于“把握机会”扩大自己的势力。关东铁路实行官办，由海军衙门负责，将原来修卢汉路的每年二百万两移作关东铁路之用。

但修路并不顺利，早在 1887 年 3 月中旬，清廷将清漪园改名为颐和园，不久水师学堂的内、外学堂先后竣工，还安装有电灯、锅炉房等“现代化”设备。给慈禧造园当然是头等大事，有关官员自不敢有丝毫怠慢。如从外国购买、安装电灯等多着李鸿章经办，而海军衙门当时还兼管铁路，所以李在 1891 年给海军衙门催要具有战略意义的关东铁路拨款信中，不能不首先详尽报告为颐和园买灯器的情况：“颐和园电灯、机器全分业经分批解京，并派知州承霖随往伺候陈设”；他强调这批电灯是趁广东水师学堂的德国鱼雷教官回国休假时“令其亲往德厂订购，格外精工，是西洋最新之式，前此中国所未有”。这些灯具“鸿章逐加披视，实属美备异常”，“机括巧密，料件繁多”，虽然“承霖原是安设电灯熟手，惟此系新式，与寻常不同”，因此还非这位德国教官亲自到颐和园安装不可；而颐和园附近西苑“更换电灯锅炉各件”是由一洋行代办，不久就可运到天津，“闻器料尚属精美，一俟到齐，即派妥员解京以备更换”。最后才说到路款将尽，而“要工待用正殷”，亟望拨款。

然而就在修路的关键时刻，醇亲王于 1891 年元月病逝，李鸿章此时在山海关设立了北洋官铁路局，生怕此事因而生变，所以格外提醒新任海军衙门总理大臣奕劻等人要追思醇贤亲王临终之恨，未睹斯事之成，大家都是这一提议的发起人，更加责无旁贷。他表白自己之所以敢于不畏劳苦、甘冒舆论反对担此重责，一因欲报醇贤亲王之知遇之恩，另外也是自尽当官之职事也。从李鸿章先报告颐和园路灯情况再要路款，可见要款之不易。然而，路款仍未如数拨到。

当林西至山海关段一百多公里长的铁路于1894年春建成通车后，户部决定挪用关东铁路经费给慈禧太后作六十寿辰庆典之用，“商借”海军关东铁路经费二百万两，因每年筑路专款恰为二百万两。奕譞的去世使李鸿章在朝中失去了强有力的奥援，只能遵从停建之命。已修至山海关、购地已至锦州、具有重要军事意义的关东铁路在甲午战争爆发前的关键时刻停建。

从1886年到1894年，颐和园一直修园未停，究竟动用了多少海军经费，准确数字已难考订，因为统治者其实也“做贼心虚”，唯恐为世为人所知，所以早就由海军衙门奏请，将其各项杂支用款不用造册报户部核销。准确数据，将成为永远的秘密。后世史学家根据相关史料研究推算，差额颇大。总之，北洋海军在1888年正式成军时，其实力大大超过日本海军，然而此后至甲午战前的六年，由于经费紧张便未再添置一舰，未再更新一门火炮。1891年4月，户部干脆明确要求停购舰上大炮、裁减海军人员。以后，正常维修都不能保证。相反，这六年中，日本平均每年添置新舰两艘，日本天皇甚至节省宫中费用，拨“内帑”以充造船、买船费用。两相对照，夫复何言！也正是在这几年间，世界海军造舰水平和舰载火炮技术都有飞速发展，舰速与火炮射速都有大大提高。到甲午海战时，日本舰队的航速与火力都超过了北洋舰队。其实，中日海战的胜负在此时已经判定。

甲午战争的惨败，是制度性失败，挪用海军军费为太后“修园”则是这种制度失败的最明显的表现。制度变革、构建现代国家，顺理成章地被提上了日程。

三、制度变革的尝试与挫败

在所有变革中，制度变革最为重要，但也最为艰难。在面临现代化转型的近代中国，政治体制如何从传统伦理型的皇权专制转为现代契约型的立宪国家，更为艰难。

晚清种种变革至为被动，甚至连李鸿章、左宗棠等地方大员建立起现代化海军、多次要求中央政府成立指挥全国的“海军衙门”时，主动提出将自己的部分权力上交“中央”，对朝廷有利无害，结果竟被朝廷一次次拒绝。只有在付出一个舰队的代价之后才不得不同意成立海军衙门，足见清廷识见之短、变革之被动，若由它来领导政治体制变革，确难想象。增加一个有利无害的行政部门都如此困难，阻力都如此之大，如果进行真正的行政改革、政治体制改革，所遇困难、阻力之强之大，可以想见。

甲午战争惨败于千百年来为中国人所轻视的“蕞尔小国”日本，给国人的心灵造成强烈震撼。以康有为、梁启超为代表的一些有识之士认识到日本迅速崛起、强大的根本在于明治维新，实行了“君主立宪”，因此开始了以宪政为核心的近代中国政治体制改革的初次努力。

维新派的基本观点是认为“民权”为致强之本，而洋务派的失误在于仅以为船坚炮利、机器制造就可以富国强兵，而未认识到使西方各国富强的“西学西政”的奥秘在于“伸民权”。当然，他们认为中国“伸民权”的最佳具体形式只能是“君主立宪”，而不是“民主共和”。

1895年春夏，康有为和梁启超在北京参加会试时传来将签订《马关条约》的消息，群情激愤，他们利用此机会联络在京士子集会上书请愿，提出拒和、迁都、变法建议，史称“公车上书”。随后几年，康有为往来北京、上海，推进维新运动。维新派知道自己力量弱小，所以积极组织学会、开办学堂、创办报刊，发动民间力量。一时间舆论轰动，学会林立，声势甚大。

1897年年底，德国强占胶州湾，正在上海的康有为急忙赶到北京，鼓动变法。经过种种努力，光绪皇帝终于接受变法建议，在1898年6月11日发布了“明定国是诏”，宣告国家开始维新变法。从6月11日到9月21日的一百零三天中，光绪皇帝颁发了一系列除旧布新的诏旨，史称“百日维新”。

虽然维新派一直宣传民权、开国会，但在“百日维新”之中，他们深知反对力量的强大，此时如果提开议院是取乱之道。而在政治改革方面，“维新”实际所做的不过是减汰冗员、裁撤机构、设立制度局等“行政”方面的措施，并没有颁布关于定宪法或开议会的谕旨。康有为曾说，当谭嗣同、林旭入为军机四卿后曾想提开议院，但他以守旧力量强大阻止此议。或者说，他们想从行政改革入手逐渐进行政治体制改革。但这一改革，也必然要侵犯一些人的既得利益，其中使“百官震骇”的便是裁减机构与官吏，而这恰是百日新政中比较重要的一项。

在第一次被光绪皇帝召见时，康有为建议就皇上现在之权，行可变之事，力主行政改革的“变官制”而不是政治体制改革。其行政改革的主张也非常谨慎，甚至被批评为“保守”。其主要内容是不裁撤旧衙门，唯增设新政所需要的新衙门；不黜革旧大臣，只提拔维新的小臣。他后来上折，提出了分别“官”“差”的具体措施。“官”即官位，高官虚位让老臣旧官去做，使老官僚仍稳坐官位，不减俸禄，以减少他们的反对。“差”即差使，地位虽不如官高，但经办具体实事，所以重要差使一定要委派“才能”即维新派人士担任。他认为许多不合时宜、已经无用的旧部门虽应裁撤，但也强调，如果现在裁撤必将激化矛盾。所以，“百日维新”期间光绪皇帝颁布的新政主要是经济、军事、文教方面的改革。在行政改革方面主要是起用了一些新人、新设了农工商总局，然而对行政改革起关键作用的“制度局”却因守旧派的强烈反对根本未能成立。他们原计划“既立制度局总其纲，宜立十二局分其事”；这十二局是法律局、度支局、学校局、农局、工局、商局、铁路局、邮政局、矿务局、游会局（专管游学与学会）、陆军局、海军局。

虽然不撤旧部，但旧部官僚当然明白自己的实权将因新部之设而大打折扣，旧军机大臣愤怒异常，认为开制度局就是废我军机，表示宁可悖忤皇上圣旨，也不能开办制度局。一时朝论大哗，认为一开制度局，百官皆废矣。京师甚至谣传康有为欲“尽废六部九卿衙门”。军机处和总理衙门干脆以“不必更立名目，转滋纷扰”为理由，拒绝开制度局。这些“旧臣”得到紧握实权的慈禧太后的坚决支持，根本不把光绪皇帝放在眼中。设立制度局的主张，终成一纸空文。最终，只成立了个农工商总局。由于新设制度局遭到旧部群臣的坚决反对，而各项“新政”又需费孔急，朝廷财政一直困难，左支右绌，于是光绪只能不顾康有为不撤旧部的意见，谕令内阁，裁撤詹事府、通政司、光禄寺、鸿胪寺、太仆寺、大理寺六衙门，归并到内阁及礼、兵、刑各部办公；外省裁撤湖北、广东、云南三省巡抚，以总督兼巡抚事；裁东河总督，所办事宜归河南巡抚兼；各省不办运务之粮道，向无盐场仅管销售之盐道等，均着裁汰。此令一下，朝野震骇，以为此举“大背祖宗制度”，皆请慈禧太后保全，收回成命，甚至有老臣在慈禧面前伏地痛哭。所裁衙门奉旨后“群焉如鸟兽散”，如太仆寺的印信、文卷立刻无人过问，甚至门窗都被拆毁无存，犹如经历了一场浩劫，以此作为对裁撤的抵制、抗议。

简言之，百日维新的行政改革，主要就是起用了一些新人、设立了农工商总局、裁撤了部分闲散衙门这三项。然而，这些行政改革也使从京中的许多内阁大学士、军机大臣、六部尚侍，到地方上的一些督抚、将军大表反对，他们集结在慈禧太后周围，“不谋而同心，异喙而同辞”，使慈禧的政治力量空前强大。一些守旧大臣最终上书慈禧，请太后“训政”。在强大的旧官僚群体支持下，慈禧终于发动政变。随后立即将“百日维新”期间所裁撤的衙门及各省冗员悉数恢复，还恢复了被裁的广东、湖北、云南三省巡抚，而将新成立的“农工商总局”废去。

所谓“维新”，在政治方面其实只是非常有限的行政改革，还是因触犯既得利益集团而以失败告终。他们不仅未提立宪，而且连“废科举”都未提出，只是提出改革考试内容，以“策论取士”取代“八股取士”，但却遭到了强烈反对。维新派被骂为“名教罪人”“士林败类”“首倡邪说，背叛圣教，败灭伦常，惑世诬民”……清政府以十分“激进”的手段来对待如此温和的变革，“六君子”喋血菜市口，康、梁等被迫流亡海外，新政尽废。当清政府连“体制内”的改革者都不能容忍，把他们推向“体制外”时，社会变革的动力便又往下移，“体制外”的社会下层如留学生、会党便不可避免地成为变革的主要动力。一旦“体制外”的力量成为社会变革的主要动力，就很难在旧体制的框架内进行平和的改革，这种体制外的力量一定要用暴力从根本上打破、推翻旧体制。这样，清政府实际是自己将自己的可控空间再次紧缩至微乎其微，至多只有“一线希望”。然而对这“一线希望”，清廷亦未珍视，一场社会革命便难以避免了。

第四章

国家观念：从伦理到契约

一、两种国家观念

所谓国家观念，实质是关于国家的权力来源，即国家权力的"合法性"（Legitimacy，又译作"正统性"、"正确性"、"正当性"或"合理性"）问题。政治学中国家权力来源的"合法性"并非指符合法律条文，不在于统治者自己宣称统治的合法性，而是指一整套全社会——包括统治者和绝大多数被统治者——认可、认同的道理、规则和行为标准体系。马克斯·韦伯认为，被统治者服从统治者的支配有暴力、经济等因素，但是"除了这些以外，通常还需要一个更深层的要素——对正当性的信仰"。每个权力体系"都会试图建立并培育人们对其正当性的信仰"。[①]

① ［德］马克斯·韦伯著，阎克文译：《经济与社会》第一卷，上海人民出版社2010年版，第319页。

在人类历史上，先后出现了两种国家观念，即对国家权力“合法性”的两种话语。一是传统的以伦理为基础的国家观，由皇权神授推衍出“朕即国家”，而国家（统治者）是家长，被统治者是子民，“家长”对“子民”理论上具有无限的管理权与责任。二是现代以契约论为基础的国家观，认为国家、社会主要是以自然法为理论基础的人民联合起来订立契约，出让部分个人权利成立国家，以保护人的自然权利。这种在人民全体一致同意基础上签订契约成立的国家，是国家生成和存在的合法性来源。

中国传统的国家观则是家国同构的伦理论。长期的农业社会，使传统中国一直处于以“宗法为本”的社会结构，在这种传统的社会结构中，任何个人都不是一种独立的个人存在，而是存在于严密的“三纲五常”之中，君为臣纲，父为子纲，夫为妻纲。在这种金字塔形的等级秩序结构中，君主高高在上，位于最顶端，是“天子”，其权力来自“神授”，因此不容置疑，其权威神圣不可侵犯；“个体”无条件地受其宰控，没有个性，更没有自由。这样，社会关系完全成为一种依附性“伦理”关系。以儒学为重心的传统文化从家族伦理中推衍出国家政治秩序，“国”不但与“家”紧密相连，且被看作“家”的扩大。

在这种伦理性国家观中，理想的“国家”正如儒家经典《礼记·礼运》所说：“故圣人耐以天下为一家，以中国为一人者，非意之也，必知其情，辟于其义，明于其利，达于其患，然后能为之。”其意是，圣人把整个天下看成是一个家，把整个国家当成是一个人，这并不是他们凭主观妄为的，而是能深入剖析其中的义理，明白其中的利害关系，擅长处理其中的种种弊端，然后才会有所作为。虽然期望“大道之行也，天下为公”，但毕竟是以“家”

来喻“国”。《尚书》中有“天惟时求民主”“简代夏作民主”，意为作民之主，为民之主，且将统治者与被统治者的关系定义为“父母”与“子女”的伦理关系：“惟天地万物父母。惟人万物之灵。亶聪明作元后。元后作民父母。”所谓“元后”就是君主；“天子作民父母，以为天下王”，君主对人民应该“若保赤子”。董仲舒《春秋繁露·郊祭》说：“天子父母事天，而子孙畜万民。”总之，上天将民托付给“天子”，要天子像父母照顾、管理幼儿那样照管人民。但这实际上又为帝王将“天下”视为“家天下”“一姓之天下”提供了合法性理论。

陈寅恪先生在《王观堂先生挽词·序》中认为东汉班固的《白虎通·三纲六纪》确立的三纲六纪是中国文化的“定义”，意义为抽象理想最高之境。“三纲六纪”从“男女有别”生出“夫妇有义”；“夫妇有义而后父子有亲，父子有亲而后君臣有正”。由父慈子孝推衍出君礼臣忠，从家庭伦理关系逐渐推衍出国家政治原则，个人与国家的关系犹如与家庭的关系一样，是一种无法摆脱的伦理关系。所以“天之本在国，国之本在家”，因此具有国家家族化的特点。这样，对家族的尽孝与对国家的尽忠便一以贯之，具有内在的逻辑关系，治国之道便与治家之方等同起来，“修身齐家治国平天下”成为传统士大夫梦寐以求的抱负。在这种家国一体的体制中，所有人都被纳入父子、君臣、夫妻这“三纲”之中，一张伦理纲常之网将个人紧紧束缚、镶嵌，将全社会紧紧笼罩起来。

现代国家观，是指产生于西方、以契约论和人民主权论为主要内容的国家观念。

西欧中世纪占主导地位的是神权国家观念。奥古斯丁（St. Augustine）提出了影响极大的“上帝之国”和“人间之国”这种

“双国”理论。“上帝之国”即基督教所说的天堂或天国，是上帝建立的光明的“神之都”；“人间之国”是魔鬼建立的世俗国家，是黑暗的“地之都”。所以“上帝之国”高于“地上之国”，教权高于王权，世俗政权必须服从以教会为代表的神权。在奥古斯丁之后，托马斯·阿奎那（Thomas Aquinas）则从国家起源和国家目的这两方面把国家“神化”。他认为人天然是社会的和政治的动物，社会和国家正是适应人的天性需要的产物。但上帝是人和人的天性的创造者，所以从根本上说只有上帝才是国家和政治权威的创造者和最高主宰。另一方面，他认为国家的目的是使人类过一种快乐而有德行的生活，通过有德行的生活达到升入天国、享受上帝的快乐，因此从最终目的来说世俗国家也应服从教权。

但从 13 世纪下半叶起，现代国家观念开始出现，到 16 世纪末已基本完成。现代国家观念以理性和经验论为基础，其主要内容是使“国家”摆脱中世纪的神权，反对君权神授观念，认为国家是人们根据自己的需要创立的，强力才是国家和法律的基础。这种观念在马基雅维里（N. Machiavelli）的《君主论》中表现得非常明显，而集大成者，则是 16 世纪法国思想家布丹（Jean Bodin）。布丹在《国家六论》中从人类历史经验出发，全面阐述了世俗化的国家起源论，认为国家起源于家庭，是许多家庭联合而成的集合体，所以家庭是国家的基础。而把家庭团体联合起来有两个重要因素：一是暴力，战胜者通过战争成为君主，把各小团体联合起来形成拥有主权的国家。另一重要因素是契约，他认为仅有暴力远远不够，还不足以建立国家。国家的建立还要有各家庭为了共同利益相互订立契约、共同承认一个主权。这种暴力论和契约论混合的国家起源论，否定了国家神创论，并为契约论的发展埋下伏笔。而布丹最重要的贡献，是对国家“主权”（sovereignty）理论的阐发。他提出国家主权是在一个国家超乎公民和居民、不受法律限制的最高权利，主权是绝对的和永久的，具有统一性和不可分割性，是国家的最高权利，也是国家的本质特征，而掌握国家主权的人就是主权者。他进而提出了三种政体，即主权掌握在多数人手中的民主政体，在少数人手中的贵族政体和在一个人手中的君主政体。他认为君主政体是最好的政体形式，因此主张君主集权制，提出一国之君既是主权的所有者又是主权的行使者，为“绝对王权”辩护，并以此反对教会特权和贵族的封建割据。同时，他认为公民的权利也应得到尊重，其中最重要的是自由和私有财产权，二者是先于国家的自然权利，而不遵守神法和自然法的君主则是可以被推翻的暴君。虽然布丹没有具体论述、发挥君主如何受自然法的限制、约束，但在“主权者”之上还有一个更高的存在、主权要受神法和自然法约管的思想虽然当时并未引起注意，但使后人可以据此得出国家主权要受国际法约束的推论。此点至关重要。

在布丹之后，英国思想家霍布斯（Thomas Hobbes）则从人性论和自然法角度，提出了较为完整的社会契约论。他用理性剔除了布丹理论中仍有一席之地的“神法”，论证了国家主权的统一性、不可转移性和不可分割性。他生活在英国资产阶级革命时代，国内长期战乱不已，因此他认为人性是自私、冷酷的，如果没有一个绝对的“主权者”，社会将陷入纷争不息的战乱之中，即人人平等但互相为敌的“自然状态”，永无宁日。但是，个人有自我保护、维护自己利益的理性，而正是这种理性产生了“自然法”。在这种“自然法”的引导下，人们为了永远结束战争状态，过上和平宁静的生活，彼此签约，放弃自己的权利，产生使所有人慑服的共同权力，形成最高权力，即主权者的绝对统治，如此才可能有和平与安全。虽然霍布斯是个绝对专制论者，但其论点的意义在于："正是霍布斯第一个确立了政府的合法性来自被统治者的权力而不是来自君主的神权或统治者自然优越地位的原则。"[①] 实际上，从国家是为了所有人安全的理论中，依然可以推出如果"主权者"不能保证人民的基本生存权时，人民便可弃约或不服从主权者的思想。

虽然布丹和霍布斯都主张绝对君主专制，主张"朕即国家"，但他们理论的意义在于从人的眼光而不是从神的眼光看待国家，把国家看作实现纯粹世俗目的的纯粹世俗的政权，重要的是消除了国家的神圣性。主权论和契约论的提出，为以后的"主权在民"理论提供了基础。此后的几百年间，西方许多思想家以此为平台，论证了"主权在民"才是国家合法性的来源。

洛克（John Locke）与霍布斯一样用自然法理论说明国家起源，但认为自然法的主要内容是人们有保护自己生命、自由和财产不受侵犯的权利，人们订契约形成国家的根本目的是保护自己的自然权利。同时，被授予权力的统治者也是契约的参加者，也要受契约束缚，如其违约，也要受惩罚，人们有权反抗，甚至重新订约，另立新的统治者。依据自然法则，伏尔泰（Voltaire）提出"人人自由，人人平等"理论。卢梭（J. Rousseau）的社会契约论明确提出国家主权应该永远属于人民。甚至政治观点一向谨慎的德国思想家康德（Immanuel Kant），也提出国家应建立在三个理性原则之上，即每个社会成员作为人都是自由的，作为臣民彼此是平等的，作为公民是

① [美] 弗朗西斯·福山著，黄胜强等译：《历史的终结及最后之人》，中国社会科学出版社 2003 年版，第 174 页。

独立的。因此有关个人与国家间的自由、平等、独立三原则也是公民承担国家政治义务的根本依据。

当然，这些思想家的思想、观点有许多重大不同和差异，但却有最基本的共同点，就是反对“王权神授”、主张国家的“主权在民”，从契约论、主权在民论证国家的合法性，这也是现代国家观念的主导思想。也就是说，如果一个国家的主权不在人民手中，也就丧失了合法性，人民可以重订契约。

二、“通上下”

鸦片战争之后，现代国家观随着西方的“船坚炮利”的传入，也由少到多、由浅到深，一点点传了进来，是从对西方国家现代政治制度、机构的零星介绍了解开始的。追根溯源，仍要追踪到徐继畬的《瀛寰志略》和魏源的《海国图志》。

在《瀛寰志略》中，徐继畬对英、法、美、瑞士等国的选举制、议会制和君主立宪制，甚至对议会的组成、职权范围等都作了一定程度的介绍。法国分立由贵族组成的“五爵公所”和由绅士组成的“公局”，召开会议决定国家大事“如刑赏征伐之类，则令公所筹议；事关税饷则令公局筹办。相无权，宣传王命而已”。或许因为中英鸦片战争，或许因为知道英国是最早实行议会制的国家，他对英国议会制的介绍格外详细，英国首都设“公会所”（即国会），公会所分别由“爵房”（上院）和“乡绅房”（下院）组成。对上下院议员的当选条件、两院的功能都有介绍。与法国一样，刑赏征伐等由贵族决定，而税收等则由乡绅决定。如果“民间有利病欲兴除者”，首先将自己的提案交乡绅房讨论决定，再交爵房讨论，然后交首相，再上呈国王。最后他作结论说：“此制欧罗巴诸国皆从同，不独英吉利也。”他称赞瑞士“推择乡官理事，不立王侯”，是“西土之桃花源”。他最推崇的，则是华盛顿和美国政治制度，充满赞扬之情：“华盛顿，异人也，起事勇于胜、广，割据雄于曹、刘，既已提三尺剑，开疆万里，乃不僭位号，不传子孙，而创为推举之法，几于天下为公。骎骎乎三代之遗意。其治国崇让善俗，不尚武功，亦迥与诸国异。余尝见其画像，气貌雄毅绝伦。呜呼！可不谓人杰矣哉！”“米利坚，合众国以为国，幅员万里，不设王侯之号，不循世及之规，公器付之公论，创古今未有之局，一何奇也！泰西古今人物，能不以华盛顿为称首哉！”[①]

魏源的《海国图志》的五十卷本和六十卷本成书早于《瀛寰志略》，均无西方政治制度介绍，但在晚于《瀛寰志略》的一百卷本中，他摘录了《瀛寰志略》中有关西方政治制度的介绍。

徐、魏之书长期遇冷，直到二十年后，才有人重新提起西方政治。19世纪60年代初，冯桂棻在《校邠庐抗议》中提出了著名的中国“四不如夷”论，其中一点是“君民不隔不如夷”。至少，他承认中国政治体制在“通上下”方面不如西方。但是，他认为解决这“四不如夷”的办法仍是“惟皇上振刷纪纲，一转移间耳”。[②]几无

① 徐继畬：《瀛寰志略》卷七、卷五、卷九，第202—212页、156—161页、263—291页。

② 冯桂棻：《校邠庐抗议》卷上。

对西方政治体制的介绍，不仅未超徐、魏，甚至不如。从 19 世纪 60 年代末到 70 年代初，少数中国官员被派“出洋”，对外国议会略有介绍，但影响甚微。1876 年，清政府派郭嵩焘出使英国，郭对西方政治制度进行了深入的观察，他的言论，产生了较大影响。他认为英国“官民相与讲求国政”，“大兵大役，皆百姓任之，而取裁于议政院”，富强的根本在于本末兼资、君民上下同心。①

但是，郭恰因为公开主张学习西方而受到迫害。不过，随着时代的发展，在郭之后出现了越来越多的介绍西方政治制度的文章。

因曾上书太平天国而流亡香港甚至英国的王韬在英期间专门到议会参观。他介绍“集议院”是“国中遇大政重务，宰辅公侯，荐绅士庶”群集于此“参酌可否，剖析是非”之处，“实重地也”。“国家有大事，则集议于上下议院，必众论佥同，然合举行。如有军旅之政，则必遍询于国中，众欲战则战，众欲止则止，故兵非妄动，而众心成城也。”他进一步对西方政体形式作了研究介绍：“泰西之立国有三：一曰君主之国；一曰民主之国；一曰君民共主之国。”对这三种政体形式，他分析了各自利弊：“君为主，则必尧、舜之君在上，而后可久安长治；民为主，则法制多纷更，心志难专一，究其极，不无流弊。惟君民共治，上下相通，民隐得以上达，君惠亦得以下逮，都俞吁咈，犹有中国三代以上之遗意焉。”② 他的杰出之处在于明确提出了中国也应实行这种政治制度。他认为西方的客观自然条件都远不如中国，但现在却强于中国，只因中国的政

① 郭嵩焘:《养知书屋文集》卷一一，卷一三。

② 王韬:《漫游随录》,《走向世界丛书》，岳麓出版社 1985 年版，第 111—112 页;《纪英国政治》,《弢园文录外编》，辽宁人民出版社 1994 年版，第 156—158 页。

治制度使“上下之交不通，君民之分不亲，一人秉权于上，而百姓不得参议于下也”。如果中国也实行西方这种“通上下”的政治制度，“今我朝廷诚能与众民共政事，同忧乐，并治天下，开诚布公，相见以天，责躬罪己，与之更始，撤堂帘之高远，忘殿阶之尊严，除无谓之忌讳，行非常之拔擢，将见民众激励一生”，“我中国自强之道，亦不外乎是耳”！“中国欲谋富强，固不必别求他术也，能通上下之情，则能地有余利、民有余力，闾阎自饶，盖藏库帑无虞匮乏矣。”[①]

几乎与王韬同时，生于广东香山、世居澳门、后到上海为外商当买办的郑观应写了《易言》一书，于1880年出版。在此书中一篇不到五百字、名为《论议政》的文章中，郑观应也向国人介绍了西方的议会制度，认为这种通上下的君民共主之制与中国三代法度相符，所以：“冀中国上效三代之遗风，下仿泰西之良法，体察民情，博采众议。务使上下无扞格之虞，臣民泯异同之见，则长治久安之道，固有可预期矣。”[②] 在中法战争期间，他曾上书清政府，要求开议院，但被清政府斥为“狂妄”。

参加洋务运动的官员薛福成在1890年出使欧洲后，对议会制度也较之前有了更深的认识。在出国前，他认为西方国家的富强在于工商发达。到欧洲后，他进一步认为工商的发达与民间资本容易组成大公司有重要关系，而这些的基础则是议会：“西洋各邦立国规模，以议院为最良。”议会“用乡举里选，以设上下议院，遇事昌言无忌。凡不便于民者，必设法以更张之……无一夫不得其所，则上

---

① 王韬：《与方铭山观察》，《弢园尺牍》（十二卷本）；《达民情》，《弢园文录外编》，第96—98页。

② 郑观应：《论议政》，《郑观应集》上册，第103页。

下之情通矣”。他认为，“地球万国内治之法，不外三端：有君主之国；有民主之国；有君民共主之国”，君民共主是最佳治国形式，中国三代之治即君民共主的典范。[①]

同时代的马建忠、陈虬、陈炽等人也对议会作了不同程度的介绍。这些介绍，使国人对西方的议会制度有了初步的了解。

但是，他们主要仍是从中国传统“通上下”而不是从现代宪政限制君主权力的角度来理解议会制度的。王韬在《纪英国政治》中对英国议会制度百般称许，认为是君民共治，上下相通，民隐可以上达，而君惠可以下逮，收君民上下互相联络之效，这样君主于上、民主于下，于是“上下之交固”，无内乱外侮。[②] 陈虬在1892年编就的《治平通议》一书中宣传变法、发展工商，但对议院也认为仅是“通上下之情”。[③] 陈炽在1893年写就的《庸书》中对外国议会对君主财政的限制略有介绍，但最后还是从议院使国家“如身使臂，如臂使指，一心一德，合众志以成城”，终使国家强大，而且“民气日舒，君威亦日振”的角度来论述议会制度的。[④]

直到1894年，郑观应感到十几年前写的《论议政》有明显不足之处，专写《议院》一文，详论议院作用与功能。这篇文章表明十几年后，他对西方议会制度的认识更加完整，也较前更为成熟，

① 薛福成：《出使英法义比四国日记》，《走向世界丛书》，岳麓出版社1985年版，第197、802—803、286、538页。

② 王韬：《纪英国政治》，《弢园文录外编》，第156—158页。

③ 陈虬：《治平通议》，中国史学会主编《戊戌变法》（一），上海人民出版社1957年版，第228页。虽然他认为议院只是“通上下之情”，但仍认为中国不宜仿行。

④ 陈炽：《庸书》，《戊戌变法》（一），第246页。

代表了那个时期国人对议院认识的最高水平。[①] 他对几个重要西方国家议院的组织结构、上下院的不同作用、议员选举方法等都作了空前详细的介绍。他再次强调中国也应该设立议院，选举议员。虽然他认为议院能使“昏暴之君无所施其虐，跋扈之臣无所擅其权，大小官司无所卸其责，草野小民无所积其怨，故断不至数代而亡，一朝而灭也”，已包含某种程度的对权力的限制因素，但他仍主要是从“通上下”的角度来理解议院：“议院者，公议政事之院也。集众思，广众益，用人行政一秉至公，法诚良、意诚美矣。无议院，则君民之间势多隔阂，志必乖违。”对中国面临的存亡危机，他强调只有“先立议院，达民情，而后能张国威，御外侮”，议院的主要作用是“君相臣民之气通，上下堂廉之隔去，举国之心志如一”。

从这些论述中可以看到，随着时间的变化，一些先进之士对西方议会制度的了解逐渐加深，已开始触及对政府权力的限制。但是，总体上他们仍是从君民“通上下”而不是从限制君主权力角度来理解议院的，所以认为议会制是使君主制度更加完善的工具性机构，而不是与君主专制对立的制度，现代议会制度与中国传说中“三代”的良法美俗并无本质区别，甚至有人认为就是来源于中国上古。因此，他们的国家观念仍没有突破传统以伦理为基础的国家观。或者说，他们是新旧两种国家观念的中介，已经走到边缘，只要往前跨进一步，就由旧入新、从“伦理”到“契约”。

---

① 郑观应：《议院·上》，《郑观应集》上册，第 311—313 页。

三、权利观念的引入

从伦理论国家观到契约论国家观这关键一步，是在戊戌维新时以引入现代权利观念跨出的。

甲午战争，中国惨败于向来以中国为师的“蕞尔小国”日本，给中国人以莫大的心理刺激。日本君主立宪的制度，促使中国思想界在国家观念上跨出了本已到边缘的最后一步。

在维新时期，梁启超发表了一系列政治论文，批判旧的国家观念，介绍西方新观念。他说中国自秦始皇建立专制体制以后，法禁日密，政教日夷，君权日尊，而个人无权，举国无权，结果是国威日损；而西方之所以民富国强，关键在其兴民权、开议院，人人有自由之权，国事决于公论。他认为：“今之策中国者，必曰兴民权。”[①]“国之强弱，悉推原于民主。民主斯固然矣。君主者何？私而已矣；民主者何？公而已矣。”[②]“西方之言曰：人人有自主之权。何谓自主之权？各尽其所当为之事，各得其所应有之利，公莫大焉，如此则天下平矣。”相反，中国传统是：“使治人者有权，而受治者无权，收人人自主之权，而归诸一人，故曰私……使以一人能任天下所当为之事，则即以一人独享天下人所当得之利，君子不以为泰也。”他特别强调：“地者积人而成，国者积权而立。故全权之国强，缺权之国殃，无权之国亡。何谓全权？国人各行其固有之权。何谓缺权？国人有有权者，有不能自有其权者。何谓无权？不知权之所在也。”[③] 虽然他是从强国的角度来宣传议院，但强调“人人有自主

---

① 梁启超：《论湖南应办之事》，《饮冰室合集·文集之三》，第41页。

② 梁启超：《与严幼陵先生书》，《饮冰室合集·文集之一》，第109页。

③ 梁启超：《论中国积弱由于防弊》，《饮冰室合集·文集之一》，第99页。

之权”“国者积权而立”，可以说开始触摸到契约论国家观的实质。在湖南时务学堂的学生课卷批语中，梁启超更明确就君、臣、民三者关系提出新见解，君、臣都是为民办事者，君主好比店铺总管，臣相是店铺掌柜，人民则是股东，国家的真正主人其实是人民。

谭嗣同写道：“生民之初，本无所谓君臣，则皆民也。民不能相治，亦不暇治，于是共举一民为君。夫曰共举之，则非君择民，而民择君也。……夫曰共举之，则必可共废之。君也者，为民办事者也；臣也者，助办民事者也。”赋税都是取之于民，作为“为办民事之资”，“如此而事犹不办，事不办而易其人，亦天下之通义也”。但在漫长的历史中，君主将国变成自己的私有财产，“国与民已分为二，吾不知除民之外，国果何有？无惑乎君主视天下为其囊橐中之私产，而犬马土芥乎天下之民也”。[①] 所谓“私天下”是矣。所以一姓私有之国必须变为由民所共有之国；“民”不值得也不应该为一姓之私的国而死。

严复在《原强》一书中指出：西方之富强，质而言之，不外“利民”二字，“然政欲利民，必自民各能自利始；民各能自利，又必自皆得自由始；欲听其皆得自由，尤必自其各能自治始；反是且乱。顾彼民之能自治而自由者，皆其力、其智、其德诚优者也。是以今日要政，统于三端：一曰鼓民力，二曰开民智，三曰新民德”。[②] 强调民众自己的利益、民众的自由。

将现代权利观念引入中国，引入到有关国家与人民关系的话语，以现代权利观念来划分君、国、民彼此关系，是维新派思想家的重

① 谭嗣同：《仁学》，《谭嗣同全集》增订本下，中华书局1981年版，第339、341页。

② 严复：《原强》，《严复集》第一册，中华书局1986年版，第27页。

要贡献，是中国思想史尤其是国家观念的实质性突破。

当然，引入权利观念，必须解决“人人有自主之权”的权利来源问题。谭嗣同、梁启超都从“历史”寻找权利的合法性来源。谭的“生民之初，本无所谓君臣，则皆民也。民不能相治，亦不暇治，于是共举一民为君”，与霍布斯的理论颇有相似之处。所谓“民不能相治，亦不暇治”类似于霍的永无宁日的“自然状态”，因此民众才共同选举产生君主。梁启超在《论君政民政相嬗之理》等文中，也从“历史进化”的角度来论述人民权利的起源，论证并提出民权代替君权是历史发展的必然趋势。他将西方现代政治理论同中国古代公羊“三世”说及刚刚通过严复知道的“进化论”等结合起来，提出人类社会制度的演变发展有其规律可循，从多君为政之世经一君为政之世再进化到以民为政之世，与之相应的是公羊说的“据乱世”、“升平世”和“太平世”。同时，他又从新近引入中国的“进化论”角度来论证民权的必然性：“大地之事事物物，皆由简而进于繁，由质而进于文，由恶而进于善。有定一之等，有定一之时。”他转介了严复对“Democracy”的译介：“德谟格拉时者，国民为政之制也。德谟格拉时又名公产，又名合众。”他又以地质、地层的演变引起的火山喷发这种突变为例，反对民主制“西方有胚胎，而东方无起点”的观点：“日本为二千年一王主治之国，其君权之重，过于我邦。而今日民义之伸不让英德，然则民政不必待数千年前之起点明矣。”他由此进一步强调现代民主宪政并非西方的专有的普适性：“盖地球之运，将入太平，固非泰西之所得专，亦非震旦之所得避。吾知不及百年，将举五洲而悉惟民之从，而吾中国，亦未必能独立而不变。此亦事理之无如何者也。”[①] 他强调随着历史的发展，全世界所有国家、民族，不论现在多么落后，都将实行民主宪政：“民主之局，乃地球万国古来所未有，不独中国也”，西方也是一百多年以来才有民主宪政，如果中国现在变法，几十年后将与西方一样强大，与西方一样“进入文明耳”。从当时的观点来看：“泰西与支那，诚有天渊之异，其实只有先后，并无低昂。而此先后之差，自地球视之，犹旦暮也。地球既入文明之运，则蒸蒸相逼，不得不变，不特中国民权之说即当大行，即各地土番野猺亦当丕变。其不变者，即澌灭以至于尽。”[②]

如前一章所述，从鸦片战争开始，中国就面对着声光电化等自然科学知识究竟是“地方性知识”还是“普适性知识”的激烈争论，此时，又开始进入对民权等究竟是“地方性知识”还是“普适性知识”的激烈争论。而这种争论，将远较自然科学知识的争论更加激烈、长久。

戊戌维新失败，康、梁等维新人士逃亡海外。流亡日本期间，梁启超及越来越多的留学生、国内的新式知识分子，对现代国家理论有了更多、更深的了解。

梁启超已不从公羊“三世说”的角度论证民主制度的合理性。他认为在人类所有文明的原始阶段都有“自由性”，“无论何种人，皆有所谓自由性”。不过，原始的“自由性”是没有约束、不受制裁的“自由性”，因此是“野蛮之自由”。“凡人群进化之阶级，皆有一定”：人类社会发展经“野蛮自由”阶段进入“贵族帝政”时

① 梁启超：《论君政民政相嬗之理》，《饮冰室合集·文集之二》，第7—11页。

② 梁启超：《与严幼陵先生书》，《饮冰室合集·文集之一》，第109页。

代，再进入“君权极盛”时代，最后进入民主的“文明自由”时代。“此数种时代，无论何国何族，皆循一定之天则而递进者也。”所以，“吾以为民主制度，天下之公理，凡公理所在，不必以古人曾行与否为轻重也”，明确提出“自由民政者，世界上最神圣荣贵之政体也”。①

梁启超在1902年就写文章分辨了中国儒学传统的“仁政”与西方近代“自由”的区别，认为“此两者其形质同而精神迥异”，仁政虽然强调保民、牧民，但统治者仍然权力无限，因此只能论证应当保民却没有如何能够保民的办法。所以，“虽以孔孟之至圣大贤”舌敝唇焦传播其道，“而不能禁二千年来暴君贼臣之继出踵起，鱼肉我民，何也？治人者有权，而治于人者无权”。只有“贵自由、定权限”，才能长治久安，“是故言政府与人民之权限者，谓政府与人民立于平等之地位，相约而定其界也”。他尤其强调的是人民与政府地位平等，而不是“政府界民以权也”，因为人民的权力如果是政府给予，那么政府说到底也可以“夺民权”。②

在此期间，梁启超对国外现代国家、社会理论等有关知识作了较前远为系统的输入、介绍和普及。梁启超发表了《霍布士学案》《斯片挪莎学案》《卢梭学案》《法理学大家孟德鸠之学说》《乐利主义泰斗边沁之学说》《近世第一大哲康德之学说》《政治学大家伯伦知理之学说》《生计学学说沿革小史》等一系列文章，对他们的思想学说作了初步的介绍。国人对现代政治的核心是主权在民和对统治者的权力制衡的了解、理解因此更加深入。

---

① 梁启超:《尧舜为中国中央君权滥觞考》,《饮冰室合集·文集之六》,第22—27页。

② 梁启超:《论政府与人民之权限》,《饮冰室合集·文集之十》,第5页。

这种观念的影响之深之广，从此时改良与革命两派为中国前途已近白热化的争论即可看出。双方虽然视对方为仇敌，但尊重、张扬个人权利，主张限制公权却是一致的。

但在学理上贡献、影响最大的，则是严复在1903年翻译出版的英国思想家穆勒（John Mill）的《论自由》（*On Liberty*）和1909年翻译出版的法国思想家孟德斯鸠（Baron de Montesquieu）的《论法的精神》（*Spirit of Law*）。这两部公认的现代自由主义经典之作，严复分别译为《群己权界论》和《法意》。其实质，就是“公权”与“私权”的划分问题。

分权理论是现代政治的基础，英国思想家洛克的《政府论》和孟德斯鸠的《论法的精神》是公认的奠基之作。简言之，洛克首倡分权之说，孟氏进一步论证、深化此说，更重要的是将其具体细分为行政、司法、立法三权分立形式。严复之所以付出极大的心血和精力翻译这两部巨著，并写了三百多条按语直接表明自己的观点，就是希望国人对西方制度、法理、文化和历史成因有真切的了解，在此基础之上，融汇中国传统，建立以三权分立为形式的现代社会。

现代政治的重要一点是法治，因此严复坚决反对君主专制的人治，主张法治。法律面前人人平等是法治的灵魂，严复认为中国法律的特点是“以贵治贱”。“以贵治贱”虽然统治者“仁可以为民父母”，但“暴亦可为豺狼”。在这种制度下，如果是圣主明君，也可能达到天下太平的盛世，但终不能长久。因为这种体制下“刑罚”最终无法长期非常公正，“而侥幸之人，或可与法相遁”，最终是人民道德的败坏。结果“虽有尧舜为之君，其治亦苟且而已。何则？一治之余，犹可以乱也”。对此，严复非常重视，甚至可说“敏感”。当孟氏原书说大赦是治国良策之一，但专制之国以恐怖治国因此不可能实行大赦时，严复在评论中立即表示不能同意，不客气地说“孟氏论赦之言浅矣，故与历史之事不相合也”，强调自己认为恰恰是“有道法立”之国“可以无赦”，“而用赦之滥，乃至为国民之大患者，皆见于专制之朝者也。夫专制之君，亦岂仅作威而已？怒则作威，喜则作福，所以见一国之人，生死吉凶，悉由吾意，而其民之恐怖慑服仍乃愈至也”，所以孟氏所说的赦免理论“去于事情远矣”！只有人人平等，才能实行法治，他由此认为这是欧洲与亚洲之所以一盛一衰的原因：“夫欧亚之盛衰异者，以一其民平等，而一其民不平等也。”他明确说中国现在满汉不平等、优待满族，最后满族也将深受其害。[1]

在公权与私权的关系上，严复非常警惕公权对私权的侵犯。面对国家危亡之局，严复在为公权、私权划界时不能不考虑及论述爱国、救国的时代课题，而此问题的核心就是个人与国家的关系，用严复的话来说，就是“小己”与“国群”的关系。他认为人人爱国只能来源于人人享有权利，格外强调这种权利—义务关系。

在当时的中国“救亡”语境中，严复当然要思考焦虑“爱国”与公民自由、“小己”与“国群”的关系，在他的理论中，这些概念充满高度紧张。在他的论述中，公民、个人权利更为重要，是公权的基础，所以在提倡爱国、“小己”为“国群”牺牲时又总担心执政者会以此为借口过度侵犯公民私权。他所谓爱国不是无条件的，而是有条件的，即只有立宪之国才是国民之国，国民才能爱。他从立宪使国家权力为每个国民自己所有，因此国民爱国、救国就是爱自己、救自己的角度，来论述爱国、论述“小己”与“国群”关系。

① 严复：“《法意》按语”，《严复集》第四册，第969、953、962页。

简言之，个人、为己、“私”仍是他爱国话语的论述主轴。

显然，权利观念、公民理论引入中国并成为现代中国国家话语建构的基柱之初，即不同程度地被现代思想家们将其与“救亡”“强国”联系起来。无疑，这是当时中国面临“亡国灭种”危局时接受这种观念、理论自然而然的最初反应。进一步说，也只有面临生死存亡的局面时，才为权利观念、公民理论“进入”中国思想界打开了一道缝隙，它们才可能被人接受。历史的吊诡在于，因“救亡”而入，亦易因“救亡”而失。但是，以此理论作为救亡图存的思想资源，取代传统的“忠君爱国”论，恰恰说明权利观念、公民理论开始产生影响，更说明中国面临从传统社会到现代社会的转型。

四、“立个人”

从“臣民社会”开始转型，是社会的根本性变化，确是“三千年未有之大变局”。但“黎民百姓”如何从数千年的“臣民”变为现代的“公民”，洵非易事。在公权与私权、国家权力与个人权利的划界中，“个人”是核心。因此，必须为“个人”正名，促使“个人”觉醒。“个人主义”（Individualism）观念，开始进入中国，成为启蒙话语的重要内容。

如前所述，中国漫长的皇权专制社会形成了一整套系统严密、以儒学绝对忠孝为支柱的意识形态结构。每个人都不是独立的个人，而是在君臣、父子、夫妻关系之中，所谓“父子君臣，天下之定理，无所逃于天地之间”。站在金字塔顶端的是“至高无上”的皇帝，全社会都在他的脚下绝对忠于他。他不仅支配人们的生和死，还要支配人们的想和说；他一个人否定了其他所有的人。人的欲望是邪恶的，应“存天理，灭人欲”，应无欲无望地做统治者得心应手的工具。

如果没有每个个体自我的觉知，意识到自己存在的价值，以“个人”为核心的现代性政治体制就无法建立，所以启蒙思想家提出了个人主义。梁启超要每个人“除心中之奴隶”，“今日欲言独立，当先言个人之独立，乃能言全体之独立”，“为我也，利己也，私也，中国古义以为恶德者也。是果恶德乎？”“天下之道德法律，未有不自利己而立者也。……故人而无利己之思想者，则必放弃其权利，弛掷其责任，而终至于无以自立。”“盖西国政治之基础在于民权，而民权之巩固由于国民竞争权利寸步不肯稍让，即以人人不拔一毫之心，以自利者利天下。观于此，然后知中国人号称利己心重者，实则非真利己也。苟其真利己，何以他人剥夺己之权利，握制己之生命，而恬然安之，恬然让之，曾不以为意也。”在他们的话语论述中，个人是社会的基本单位，因此一反中国轻视个人、抹杀个性的传统，大力提倡被视为大逆不道的个人主义，启发人们为做一个真正的人而战斗。他们甚至还从中国古代哲学中为个人主义找出论据，“昔中国杨朱以为我立教，曰：‘人人不拔一毫，人人不利天下，天下治矣。’吾昔甚疑其言，甚恶其言”，[①] 而今却认为，“一部分之权利，合之即为全体之权利；一私人之权利思想，积之即为一国家之权

---

① 梁启超：《十种德性相反相成义》，《清议报》第82、84期，《辛亥革命前十年间时论选集》第一卷上册，第9—14页。

利思想。故欲养成此思想，必自个人始。人人皆不肯损一毫，则亦谁复敢撄他人之锋而损其一毫者，故曰天下治矣，非虚言”。[①] 激进的革命派刊物《浙江潮》发表未署作者名的《公私篇》，以现代公权私权分界理论严厉分析、批判中国传统的“公”的观念，强调：“人人不欲私其国，而君主乃得独私其国矣！”“盖私之一念，由天赋而非人为者也。”“人人有自私自利之心，于专制君主则不便甚。”文章充满激情地大声疾呼：“自私自利一念，磅礴郁积于人人之脑灵、之心胸，宁为自由死，必不肯生息于异种人压制之下之为之力也。可爱哉私也！”“西语曰：‘人生之大患，莫不患于不自助而望人之助我，不自利而望人之利我。’”[②]《河南》杂志发表文章认为法国革命是 18 世纪欧洲启蒙思潮的产物，而启蒙思潮的特色就是理性主义与个人自由主义，并十分干脆地说：“佛郎西革命之精神，一言蔽之曰：重视我之一字，张我之权能于无限尔。易言之曰：个人之自觉尔。”[③] 个人主义的核心价值是个人权利是目的，国家、群体权力只是手段、工具，因此才能建立起契约型国家。以上论述表明，他们对个人主义的理解已相当深入。

面对仍在皇权专治统治下、没有权利意识的“臣民”，这些启蒙者既哀其不幸，又怒其不争，为此，他们从现代西方哲学中汲取力量和思想资源。此时决心“血荐轩辕”的青年鲁迅以西方哲学、文学思想为个人主义张目：“个人一语，入中国未三四年，号称识时之

① 梁启超：《新民说》，《新民丛报》第一、三、六、七、八、十、十一期，《辛亥革命前十年间时论选集》第一卷上册，第 132 页。

② 《公私篇》，《浙江潮》第一期，《辛亥革命前十年间时论选集》第一卷下册，第 492—496 页。

③ 旒其：《兴国精神之史曜》，《河南》第四期，《辛亥革命前十年间时论选集》第三卷，第 299—301 页。

士，务引以为大诟，苟被其谥，与民贼同。意者未遑深知明察，而迷误为害人利己之义也欤？夷考其实，至不然矣……久浴文化，则渐悟人类之尊严；既知自我，则顿识个性之价值；加以往之习惯坠地，崇信荡摇，则自觉之精神，自一转而之极端主我。且社会民主之倾向，势亦大张，凡个人者，即社会一份子，夷隆实陷，是为指归，使天下人人归于一致，社会之内，荡无高卑。”他认为：“欧美之强，莫不以是炫天下者，则根柢在人，是故将生存两间，角逐列国是务，其首在立人，人立而后凡事举；若其道术，乃必尊个性而张精神……中国在昔，本尚物质而疾天才矣……个人之性，剥夺无余。”提出“非物质”“重个人”。蔑视群众、鼓吹“超人”哲学的唯意志论哲学家尼采，骄傲地认为“只有最孤独的人才是最强有力的人”的戏剧家易卜生，都曾经给他们极大的精神力量。他们服膺尼采的学说，推崇易卜生的思想，力图最大程度地振奋人的精神。甚至第二次世界大战后流行欧美的存在主义哲学的先驱、丹麦哲学家克尔凯郭尔的学说也被介绍进来。鲁迅写道：“丹麦哲人契开迦尔（按：即克尔凯郭尔）则愤发疾呼，谓惟发挥个性，为至高之道德，而顾瞻他事，胥无益焉。”[①] 这些思想，确实促使人们由自在者变成自为者，由消极者变成积极者，由被动者变成主动者。

尤应得一提的是《游学译编》1903 年发表的《教育泛论》一文，明确提出应把个人主义作为教育的纲领。此文强调“贵我”是从事教育者不可不知的两大主义之一，因为“人人有应得之权利，人人有应尽之义务”是“颠扑不破之真理，放之四海而皆准者也”，并

① 鲁迅：《文化偏至论》，《鲁迅全集》第一卷，人民文学出版社 2005 年版，第 45—58 页。

进一步论证个人能自由行使自己的权利、对自己行为负责才是道德的来源。而且，就权利来源而言，不是“全体”决定“个人”、重于“个人”，而是“个人”重于“全体”、决定“全体”；“个人之权利，即全体权利之一分子也，一人失其权利，则全体之权利已失一分矣”；如果个人失权互相牵连，结果是“全体之权利，遂荡尽无余矣”。文章还以宗教、学术、社会、国家的发展为例，说明“其所以变迁发达之故，无不基于人类利己之一心”。个人主义的重要一点是个人独立，文章认为这才是教育的宗旨：“人而无独立之精神，是之谓奴隶。任教育者，而不能养成国民独立之精神，是之谓奴隶教育。以教育为己任者，安可不知此意也！”强调个人主义、独立精神是教育的宗旨，必然与在中国奉为金科玉律的传统儒家教育思想发生冲突，作者批判说：“古来儒者立说，无不以利己为人道之大戒，此不近人情之言也。剥丧人权，阻碍进步，实为人道之蟊贼，而奉为圭臬，无敢或逾。”①

确实，强调个人权利、个人自由、以自我为中心，必然要与传统的纲常名教发生激烈冲突。因此，有文章公开喊出了“谋人类之独立，必自无圣始”的口号，把批判的矛头对准几千年来的“大成至圣先师”孔子。②有人根据自然人性论，认为“吾心中之有理与欲，如磁极中之有南与北，如电性中之有阴与阳”，批判“存天理，灭人欲”违背人性，而且统治者“以为公者天理也，私者人欲也，理欲战于中，往往天败而人胜，于是乃借克己复礼之说，穿凿

①《教育泛论》，《游学译编》第九期，《辛亥革命前十年间时论选集》第一卷上册，第400—404页。

②凡人：《无圣篇》，《河南》第三期，《辛亥革命前十年间时论选集》第三卷，第261—271页。

而附会之，谓欲复天理者，必克人欲”。认为道德有“天然”与“人为”之分：“有天然之道德，有人为之道德。天然之道德，根于心理，自由、平等、博爱是也。人为之道德，原于习惯，纲常、名教是也。天然之道德，真道德也。人为之道德，伪道德也。”“中国数千年相传之道德……皆伪道德，非真道德也。”据此提出自己的人生观：“人生观之最终目的何在耶？……人生观概要二：曰身体之快乐，曰精神之快乐。”[①] 人们应该勇敢地追求幸福，这就否定了禁欲主义的“天理”。

此时，思想解放的程度达到前所未有的阶段，有人激烈批判孔孟之道、三纲五常等封建思想体系。“仁之实为事亲，义之实为从兄，胥此道也，则犯上作乱之事息矣；礼以缚民身，乐以和民气，胥此道也，则人人自由之言息矣”，并沉重地叹息：“异哉夫支那，乃有所谓三纲以钳缚其臣民，钳缚其子弟，钳缚其妇女，何栽培奴性若此其深也！”[②] 有文章把君为臣纲、父为子纲、夫为妻纲列为宗教迷信，把人人平等、父子平等、男女平等列为科学真理，指责孔子“在周朝时候虽是很好，但是在如今看起来，也是很坏”。[③] 周作人此时也写长文比较中外文化，认为：“孔子为中国文章之匠宗，而束缚人心，至于如此。”[④] 梁启超甚至公开反驳自己的老师、此时

① 剑男：《私心说》，《民心》第一期，《辛亥革命前十年间时论选集》第三卷，第 816—821 页。

② 《广解老篇》，《大陆》第九期，《辛亥革命前十年间时论选集》第一卷上册，第 429 页。

③ 君衍：《法古》，《童子世界》第三十一期，《辛亥革命前十年间时论选集》第一卷下册，第 529—533 页。

④ 独应（周作人）：《论文章之意义暨其使命因及中国近时论文之失》，《河南》第四、五期，《辛亥革命前十年间时论选集》第三卷，第 306—330 页。

一心尊孔保教的康有为，从“教非人力所能保”“孔教之性质与群教不同”“今后宗教势力衰颓”“信教自由”“保教之说束缚国民思想”“保教之说有妨外交”“论孔教无可亡之理”“论当采群教之所长以光大孔教”八个方面提出反对意见。总之，他强调“居今日诸学日新、思潮横溢之时代，而犹以保教为尊孔子，斯亦不可以已乎”，“保教妨思想自由，是本论之最大目的也”。①

显然，这时期以个人权利为核心对儒学的批判，开了五四时期“打倒孔家店”的新文化运动之先河。

以个人权利为基础的契约论国家观，只能“通过立宪性契约，人们同意受统治”的方式才能实现。依此理论，“宪法与政府共存：如果要有政府，毫无疑问就需要宪法”，进一步说需要宪政。②

以契约论国家观取代伦理论国家观，对现代中国的观念冲击、心灵震撼是巨大的。即便是君主立宪论者，亦承认“君主”也是契约的产物，“君主”也只是一种工具性价值，剥去了“君权神授”的神圣性。这样，无论是君主立宪还是共和立宪，都只是一种工具性选择，选此选彼，只有“势所必至”，而无“理所当然”。

特别应当强调的是，他们阐述、宣扬的契约论国家观对后来的“新文化运动”有着明显、直接的影响。陈独秀曾发人深省地说：“要问我们应当不应当爱国，先要问国家是什么。原来国家不过是人

① 梁启超：《保教非所以尊孔论》，《新民丛报》第二期，《辛亥革命前十年间时论选集》第一卷上册，第163—172页。

②［美］路易斯·亨金著，邓正来译：《宪政·民主·对外事务》，三联书店（北京）1996年版，第6—7页。

民集合对外抵抗别人压迫的组织，对内调和人民纷争的机关。”[①] 高一涵在《新青年》上连续撰文，介绍各种国家学说，探讨国家的起源与本质。他认为国家“乃自由人民以协意结为政治团体”，“故国家惟一之职务，在立于万民之后，破除自由之阻力，鼓舞自动之机能，以条理其抵牾，防止其侵越。于国法上公认人民之政治人格，明许人民自由之权利，此为国家唯一之职务，亦即所以存在之真因”。[②] 很明显，他们的国家观念是以契约论为基础的，即认为国家是人民意志协约的结果。从契约论国家观出发，就必然得出“国家非人生之归宿”的结论。他们认为，“国家者，非人生之归宿，乃求得归宿之途径也。人民国家有互相对立之资格，国家对于人民有权利，人民对于国家亦有权利；人民对于国家有义务，国家对于人民亦有义务”。[③] 这样，他们拒绝了国家高于一切、位居人民之上的观点，明确提出了国家与人民是两个具有同等资格的权力主体的论点。

而且，高一涵还进一步区分了国家与政府的职能，他写道：“人民创造国家，国家创造政府。政府者，立于国家之下，同与全体人民受制于国家宪法规条者也。执行国家意思，为政府之责，而发表国家意思，则为人民之任。”[④] 政府实际上只是一个执行机构。在中国传统国家观中，并无国家与政府的区分。统治者就是国家的化身与代表，至多是“为民做主”的清官明君。把国家与政府区分开来，其潜台词是，对政府的批判与否定并不意味着爱国与否。进一步说，

① 陈独秀：《我们究竟应当不应当爱国？》，《独秀文存》，安徽人民出版社 1987 年版，第 431 页。

② 高一涵：《一九一七年豫想之革命》，《新青年》第二卷五号。

③ 高一涵：《国家非人生之归宿论》，《新青年》第一卷四号。

④ 高一涵：《共和国家与青年之自觉》，《新青年》第一卷一号。

创造国家的人民有权监督、更换作为执行机构的政府。根据契约论精神，高一涵得出了“吾人爱国之行为，在扩张一己之权利，以措拄国家。牺牲一己之权利，则反损害国家存立之要素，两败俱伤也”的结论。[①] 也就是说，扩张个人权利就是爱国行为，而以国家名义牺牲个人利益，终将损害国家利益。这一观点或有其偏颇之处，但却是对长期以来集体本位，无视个性、个人权利的中国传统伦理观的彻底否定，表明了“新青年”的觉醒。陈独秀则更为激动地说：“我们爱的是国家为人民谋幸福的国家，不是人民为国家做牺牲的国家。”[②] 甚至认为“国家者，保障人民之权利，谋益人民之幸福者也。不此之务，其国也存之无所荣，亡之无所惜”。[③] 个人与国家之间并没有一种“天生的”必然关系，当国家违背人民意愿时，人民亦有权背弃国家；国家与个人之间的垂直纵向关系改变为一种平面的横向关系。他们反复强调，国家本身并不是目的，只是“鼓舞群伦，使充其本然之能”，“谋充各得其所之境”的手段。[④]

新文化运动思想家的这些言论观点，与辛亥前启蒙者的思想确实如出一辙，别无二致。

---

① 高一涵：《国家非人生之归宿论》，《新青年》第一卷四号。

② 陈独秀：《我们究竟应当不应当爱国？》，《独秀文存》，第 432 页。

③ 陈独秀：《爱国心与自觉心》，《甲寅》第一卷四号。

④ 高一涵：《一九一七年豫想之革命》，《新青年》第二卷五号。

第五章

崩溃

一、庚子遗产

政治事件往往环环相扣。守旧力量镇压了维新变法，却产生了一个新问题：光绪皇帝仍是皇帝。为了根绝隐患，慈禧等守旧派决定废除光绪，另立新君，但这一计划遭到西方列强的强烈反对而未能实现。对守旧派来说，光绪的存在确是潜在的巨大威胁。他们知道自己没有力量，便想依靠华北民间以农民为主体、提出“扶清灭洋”的义和团的“民心”“民气”，同时又相信义和团的各种“法术”真能刀枪不入，打败拥有现代化武器装备的洋人，于是决定用义和团来杀灭“洋人”，达到废立的目的。而义和团本身的落后性，也为这种利用提供了基础。

由于有了政府的明确支持，义和团情绪高涨，迅速向更极端、更非理性的方向发展，对传教士和教民不分男女老幼，一律打杀。

1900年春夏义和团进入京津后，情形更为恐怖，许多传教士和外国人、中国教民被杀，甚至他们要消灭一切带“洋”字的东西，铁路、电线、机器、轮船等都在捣毁之列；有用洋物者必杀无赦，若纸烟，若小眼镜，甚至洋伞、洋袜，用者都处以极刑。在一些顽固派的指使下，他们还一度冲入宫禁要捉拿光绪皇帝，外国使馆和外交人员也受到威胁。在这种情势下，西方列强以保护使馆的名义组成“八国联军”发动又一次侵华战争。

这时，清政府必须对是和是战做出正式决定。1900年6月16日到19日，清廷连续召开四次御前会议，讨论和战问题，主战、主和两派进行了激烈辩论，但主和的五名大臣不久被慈禧处死。6月19日，清廷决定“向各国宣战”，给北京义和团发放粳米二万石、银十万两，并命令清军与义和团一同攻打使馆区。经过两个月的激烈战斗，中方终因武器落后而不敌八国联军，义和团所有的神功怪术在现代化的枪炮面前统统失灵，北京城于8月14日被攻破，第二天慈禧太后挟光绪等向西仓皇出逃。就在八国联军血洗北京、残酷屠杀义和团团民之时，西逃途中的慈禧已开始与列强议和。为尽快与列强达成和议，清廷从9月7日起连续发谕，下令剿杀义和团：“此案初起，义和团实为肇祸之由，今欲拔本塞源，非痛加铲除不可。”[①] 经过清政府地方官的严剿，一些零星小股义和团也被最后扑灭。为了求和，慈禧基本按照列强的要求严厉惩处了支持义和团的亲贵和重臣。1901年9月初，清廷与列强签订了赔款、丧权的《辛丑条约》。

义和团的经验和教训的确是深刻、多方面的。从清政府方面

---

① 中国史学会主编：《义和团》（四），上海人民出版社1960年版，第52页。

来说，最初利用义和团时只想到“民心”“民气”可用，而没有看到当民众的怒火被点燃后，政府便很难控制其方向、规模，最终很可能是自己被灼伤。“民心”“民气”固然可贵可用，但对统治者而言却是柄双刃剑，稍有不慎就会伤及自身，所以定要慎之又慎。从义和团方面来说，本来就有满腔怒火正待喷发，一朝得到官方支持，更一发而不可收，而没有想到自己只是清政府的一种工具，一旦情况有变或超出官方允许的范围，自己首先会成为牺牲品。因此，面对官方的支持，民众也一定要保持清醒的头脑，不要以为有官方的支持就可为所欲为，其实到头来自己很可能成为“替罪羊”！总之，官、民双方都应从义和团事件中汲取应有的经验和教训。

庚子剧变的一个重要后果是“东南互保”。所谓“东南互保”，简单说来就是战时东南地区的地方不服从中央，不仅不服从，反而与敌国签订“和约”。地方之所以敢于如此而且能够如此，是晚清地方权力崛起、经济社会结构变化、新式绅商阶层产生的结果。同时，这也在某种程度上预示了十年后的辛亥革命。

长达十四年之久的太平天国运动给清王朝以沉重打击，一个重要后果是迫使清政府的权力结构发生了重大变化。为了维持王朝的存在，中央政府不得不被动地放权督抚、调整满汉关系，结果使地方督抚的军事权、财政权、用人权迅速膨胀。这一方面对维护清王朝的存在至关重要，另一方面又造成了内轻外重的局面，形成了尾大不掉之势。自咸丰后，内重外轻的局面被打破，渐成督抚专政之局，主要表现在军权下移、财权下移与行政人事权下移。

太平天国运动不仅使清王朝的权力格局发生重大变化，还使社会层面发生了重要变化。为了镇压太平天国，朝廷不得不号召地方举办团练保家自卫、维护地方秩序。这些地方团练成为打击太平天国的重要力量，但同时也大大扩充了地方士绅的权力。地方士绅的崛起，是太平天国的一个重要的客观后果。而更重要的则是新式、现代绅商的诞生。

1862年开始的洋务运动，主要在江南进行，东南沿海更为集中，但费用几乎直接由地方自筹，加速了地方经济的发展，也加速了地方的离心倾向与可能。洋务运动后几十年，一系列当时中国最大、最强、关系国计民生、牵一发而动全身的企业全在江南，在1900年分别为刘坤一、张之洞、盛宣怀控制，这是“东南”敢于叫板中央的底气。

洋务运动在1872年从单一“军工”生产转向同时生产“民用”，由“官办”转向“官督商办”，从“求强”深化为“求富”。这些企业参与市场交换，以追逐利润为首要目标。而1895年之后，由于允许外国资本在中国内地投资设厂，就不能继续限制中国私人投资新式企业。在取消对私人投资资本主义企业的限制后，中国民族资产阶级较前迅速发展，东南沿海民族资本、民族资产阶级比其他地区更加强大，参政欲望更加强烈。这种新式、现代绅商的产生，是“东南互保”的重要社会基础。

正是几十年来江南，尤其是东南地区在经济上的崛起及随之而来的新社会阶层的产生、壮大，使之能在危急时刻敢于且能够置朝廷圣旨于不顾、脱离中央集权控制，实现“东南互保”的基础。

对义和团，两江总督刘坤一、湖广总督张之洞、两广总督李鸿章、山东巡抚袁世凯一直都坚决主剿。东南经济发达，官员主张剿灭义和团，因此义和团在东南未能发展，更未形成规模。在朝廷向各国正式宣战之前，以刘坤一、张之洞为核心的东南地区督抚感到大局已难挽回，于是开始大胆筹划以“保境安民”为主旨的“东南互保”。张之洞、刘坤一多次与外国驻汉、驻沪领事馆和有关洋人联络，一再表示决不愿与洋人开战，坚决保护洋人生命财产安全、维持一方平安的主张。英国担心他们无力保持局势稳定，提出可以派军舰进入长江协助，但为张、刘拒绝，表示自己有足够的力量保持长江流域稳定。同时，张之洞还致电一些驻美、日大臣，要其劝说两国仿效英国，不对中国东南动武，“共保东南大局”。在刘坤一、张之洞的指示下，早有此意的盛宣怀在东南官员之间、中外之间四方联络，积极奔走，成为“东南互保”的穿针引线者。李鸿章、袁世凯也对东南互保表示坚决支持。

皇家向来视天下为“家天下”，“理所当然”地认为皇位承继“此朕家事”，不容他人置喙。偶有反对者，也是体制内的王公大臣从“家天下”长治久安出发，提出不同意见。慈禧太后处心积虑意在废除光绪皇帝的“己亥建储”，万未想到第一个公开表示反对、抗议的，竟然是一位居于“四民之末”的商人。

这位敢于第一个公开表示抗议慈禧建储的商人，是时任上海电报局总办的经元善。1900 年 1 月 24 日，他接到立储电诏后，第二天就以上海电报局总办的职名领衔，发出了上海绅商各界，包括马裕藻、章炳麟、蔡元培、唐才常、黄炎培等 1231 名旅沪维新人士和绅商的抗议电。

“己亥建储”的消息传来，“末代状元”张謇更是愤怒异常。此时他已有丰富的政坛经历，与京城高官尤其是东南大员交往颇深，因此他没有公开表达不满与愤怒，而是在官员中积极奔走活动，筹划具体的反对方案和措施。张謇创办实业的时间并不长，在东南士绅、商人中却名望甚重，如与何嗣焜、汤寿潜、沈曾植、郑孝胥、赵凤昌、陈三立等上海和东南士人相交游，与绅商来往甚多；他的从政生涯也不算久，却与许多位高权重的大臣交往颇深，尤其与刘坤一、张之洞等东南督抚一直保持着密切联系。事实上，他织就了一个庞大的社会关系网，尤其是东南政、商精英社会关系网，他是这个网络中的一个重要枢纽。只有他，在关键时刻可以沟通官民，甚至在关系复杂的官员中沟通彼此。在相当程度上参与了戊戌维新，且是帝党成员的张謇，自然认为光绪在位是国家最后的希望，他与平素来往甚多的士绅一致认为应当营救光绪皇帝。他了解到两江总督刘坤一对"建储"非常不赞同，而且刘是湘军首领，对慈禧长期重用以李鸿章为首的淮系颇为不满，于是动员与刘往来较多的绅商及刘的属僚劝刘表态反对，他自己更是当仁不让，亲自劝刘。东南互保意味着抗旨，张謇等知道非张之洞、刘坤一、李鸿章联手不可，而抗旨又是高度危险、敏感之事，必须张、刘、李三人互相高度信任不可。但张、刘、李三人宦海多年，也多有矛盾，关系并不和睦。张謇等商量何等人能与此三人密切沟通，张謇本人的"任务"是说服与他来往密切的刘坤一。经过他们一番工作，刘坤一终于同意公开上疏朝廷，表示反对。刘坤一著名的《上太后训政保护圣躬疏》就由张謇起草。《上太后训政保护圣躬疏》公开后，政坛震动强烈。

对朝廷的"建储"，绅商经元善公开联名抗议，绅商张謇等对刘坤一上疏反对起了重要作用，绅商对皇位继承如此敏感、"神圣"的绝大问题竟然开始或公开表态，或起实际作用，这是绅商力量崛起、从自为走向自在的一个重要标志。在随后的大动荡中，他们将起到更重要的作用。

东南互保，战时敢和中央不一致，甚至"通敌"，最重要的，当然与刘坤一、张之洞、李鸿章等一干东南督抚的识见、胆略和对时局的把握大有关系。但东南绅商的作用也不能低估，他们最早提出这一大胆设想，并奔走串联，纵横捭阖，几乎成为这些督抚的智囊团，用今日话说，是无智库之名的智库。更重要的是，他们为东南互保提供了坚实雄厚的社会基础，如无此基础，东南互保也难以成功。

如果说张謇代表着士绅与体制内重臣合作以改变现实政治格局，并非从根本上改变中国政治体制的话，一些士绅名流在上海成立的“中国国会”则标志着士绅的另一种倾向、趋势，即要求改变政治体制，甚至表现出“走向革命”的可能。

戊戌政变后康、梁亡命日本，一直积极从事力促慈禧归政光绪的“保皇”活动，此时孙中山正在海外推行革命，双方在反对慈禧集团方面有一定共识。当北方义和团运动进入高潮，清王朝政治顿时一片混乱。康有为、梁启超认为时机已到，决定“武装勤王”，即用武力救护光绪皇帝，使其重新执掌大权。年轻的维新志士唐才常，主动承担了这个危险而艰巨的任务。

1867 年出生的唐才常是张之洞创办的武昌两湖书院的学生，因学习成绩优秀，很得张之洞器重。而张在甲午之后痛责李鸿章卖国，则使唐对张之洞钦佩异常。由于思想观点一致，性情相投，又是湖南浏阳同乡，因此唐与谭嗣同更是刎颈之交。戊戌政变发生、谭嗣同被杀的消息传来，唐才常失声痛哭，准备赴京为谭收葬，后知谭的尸骸已经南运，于是折回家乡，不久辗转到日本。在日本，他不仅积极参加康有为、梁启超的各种“保皇”活动，还经人介绍结识了孙中山及一大批中国留学生。

1899 年深秋，他与一批留学生回国，为发动武装起义做准备。他从日本回到上海后，立即组织了“正气会”；1900 年春，当义和团在北方兴起时，他将“正气会”改名为“自立会”，并组织自立军。他的活动重点，从鼓动士林的“正气”、依靠读书人，转为侧重运动会党，开始联络和组织秘密会党，准备在长江中下游地区发动武装暴动。当八国联军开始入侵、慈禧向各国宣战时，唐才常以挽救时局、保种救国为名在上海召开“国会”，选举容闳为会长、严复为副会长。同时，他加紧购置军火，组织力量，自立军迅速发展到两万人，分为七军；另联络了湖北、湖南、安徽和江西的会党领袖，共十万余人，准备在安徽大通、安庆，湖北汉口和湖南常德同时起义；康、梁则在海外负责筹款。其宗旨，还是“武装勤王”，使光绪皇帝归位。

在唐才常的计划中，起义定在 8 月 9 日，以汉口为中心，其余几处同时响应。然而，由于康、梁海外筹款未到，武器严重不足，故决定推迟起义。但此时安徽大通方面消息已经走漏，引起清军警觉，而且安徽方面未得到起义推迟的决定，所以按计划于 9 日起义。几天后，安徽自立军孤军奋战，被镇压下去。安徽自立军起义消息传出后，武汉方面经过一番准备，认为虽然海外武器、军费仍未到达，但整个自立军已完全暴露，再加上北京已在 8 月 14 日被八国联军攻陷，慈禧挟光绪皇帝西逃，形势已如在弦之箭，不得不发，因此决定 8 月 23 日在武汉发难，然后进军西安，救出光绪皇帝。

唐才常将起义活动、指挥中心设在汉口，有多种因素。首先，武汉是九省通衢，交通发达，进退方便。其次，他联络的会党，也以两湖地区为多。还有一个重要原因，则是唐与一些回国的留日学生对张之洞抱有希望，企望能够拥张宣布两湖独立。据说，自立会成员留日士官生傅慈祥等八人曾组成回国请愿团，先后在南京和武昌秘密见到“东南互保”的核心人物两江总督刘坤一和湖广总督张之洞，劝他们干脆将“自保”改为独立，结果遭到刘坤一严斥，但张之洞却未置可否。本来他们就对以“开明”著称的张之洞抱有好感，此事使他们对张印象更佳。直到最后时刻，唐才常都未放弃对张的希望，还通过一位在武昌的日本人劝说张之洞趁北方局面大乱宣布独立，张仍未表示反对，给唐造成张“似非全无好意者”的印象。

几个月来，唐才常的自立军在以两湖为中心的长江中下游发展迅速，而且汉口是自立军总机关所在地，也是自立军起义的指挥中心。这些活动都在镇守武昌的湖广总督张之洞眼皮底下进行的，由他指挥的湖北“新军”中还有些士兵和下级军官秘密参加了自立军。对此，张之洞早有所闻，但他一直没有采取镇压行动，只是多招了两千名兵丁，设置了特殊的江河巡逻，加强对自立军的防范。其实，正因为张之洞的容忍甚至可说某种程度的放纵，自立军才可能短短时间迅猛发展。

在此局势大乱之际，老谋深算的张之洞深知任何事情都不可轻举妄动，对自立军，他也采取了静观局势发展的方式，相机行事。在慈禧、光绪最终谁能掌权的局势未明朗以前，他采取了“明”“暗”两种手法。在明面上，他大张旗鼓地宣扬拥护慈禧；暗地里，他又容忍了自立军明目张胆的反慈禧活动。何况，自立军标榜的是“助外人攻团匪以救上”，也就是协助列强攻打义和团、从慈禧手中救出光绪，不以洋人为敌不会破坏张最重视的“东南互保”；另外如果八国联军乘胜追击，光绪很可能重新掌权，自立军的“救上”很可能成功。因此，他只能静观时变，不能贸然行动。

局势很明朗：8 月 15 日，慈禧太后挟光绪帝仓皇出逃，但联军并未派兵追缉太后，途中慈禧还不断发布命令。张之洞明白，清王朝的大权将仍在慈禧手中。从 8 月 18 日起，大批会党成员潜入武汉，准备 23 日起义。在这千钧一发的关键时刻，张之洞终于做出最后的抉择，赶在自立军起义之前于22日清晨突然行动，将唐才常、林圭、傅慈祥等起义领袖二十多人一网打尽，并在当晚就将这二十多人斩杀！之所以要如此迅速斩杀唐才常等人，只因要杀人灭口，不能让朝廷知道自立军曾经与他有过联系、他对自立军曾经采取静观甚至纵容的态度。事后，在上报朝廷的奏折中，除唐才常因是主犯不能不具名上报外，对其余人张之洞却故意含糊其辞、隐匿不报，因为这些被杀者中许多是他创办的两湖书院的学生，若朝廷细究，肯定于己不利。湖北、湖南和安徽三省因自立军先后被杀者总数上千。

“自立军”事件标志着维新派也趋于激烈，而温和的维新派都开始“武装勤王”，更表明社会氛围渐趋激烈的变化。镇压自立军、杀害对己深抱好感与希望的学生，是张之洞审时度势、权衡利害之后冷静而冷酷的决断。他确是当时体制内最为开明的大臣，唯其如此，当他都以如此残酷的手段对待一心“勤王”“救上”的自立军时，表明清王朝自我改革的决心与能力其实非常有限，甚至表明清王朝的自我改革之门正在迅速关闭。改革之门越窄，革命之门越宽；改革之门紧闭之时，就是革命之门敞开之日。

这种种变化，都为后来的“革命”提供了一个阶梯。

1900年，从一个商人对皇位废立公开抗议到东南绅商策动战时对抗中央的“东南互保”，到发起全国性的赈济战争灾民活动，标志着绅商的崛起，成为中国政治生活中不可忽视的重要力量。这支力量迅速改变、重塑了清末社会的势力格局。经过1900年的锻炼和考验，他们更加成熟，因此才有两年后，1902年“上海商业会议公所”的宣告成立，这是近代中国首个商会。在未来的十年，他们的作用越来越重要，甚至是决定性的。

1900年，张謇为两江总督刘坤一起草了《上太后训政保护圣躬疏》；1912年，张謇又为直隶总督兼北洋大臣袁世凯替清王朝起草了《清帝退位诏书》。或许，这就是庚子遗产，这就是1900年的意义之一。

1900年，对于革命者孙中山，更是关键之年。这年秋天，他认为时机已到，发动了惠州起义。虽然惠州起义与五年前的第一次广州起义同样失败了，但经过1900年，这两次起义给孙中山的感受完全不同，预示了中国的未来。在1901年春，惠州起义失败几个月后，他对人谈到自己决定发动惠州起义的原因："当外国人劫掠了京城，亵渎了神明，皇权的威信扫地以尽，位于北京中心的神圣不可侵犯的皇宫遭到侵略铁蹄的蹂躏的时候，变革的时机就在成熟了。"[①] 后来他在比较这两次起义后说："经此失败而后，回顾中国之人心，已觉与前有别矣。当初之失败也（按：指1895年广州起义），举国舆论莫不目予辈为乱臣贼子，大逆不道诅咒谩骂之声，不绝于耳；吾人足迹所到，凡认识者几视为毒蛇猛兽，而莫敢与吾人交游也。惟庚子失败（按：指惠州起义）之后，则鲜闻一般人之恶声相加，而有识之士且多为吾人扼腕叹惜，恨其事之不成矣。前后相较，差若天渊。吾人睹此情形，中心快慰，不可言状，知国人之迷梦已有渐醒之兆。加以八国联军之破北京，清后帝之出走，议和之款九万万两而后，则清廷之威信已扫地无余，而人民生计从此日蹙。国势危急，岌岌不可终日。有志之士，多起救国之思，而革命风潮自此萌芽矣。"[②]

"革命风潮自此萌芽"，萌芽能否真正形成风潮，在相当程度上，取决于清王朝的政策。

---

① 《与林奇谈话的报道》，《孙中山全集》第1卷，第211页。

② 《建国方略》，《孙中山全集》第6卷，第235页。

二、被动的“新政”与“立宪”

经历了“庚子巨变”这种大流血之后，清廷才在“内外交迫”的情况下不得已而为之地开始“新政”。1901年1月29日，慈禧在西逃途中以光绪的名义颁下谕旨，表示愿意“变法”、学习西方，当然仍强调“不易者三纲五常”。庚子流血的巨变、惩凶、赔款，使清廷统治的合法性开始遭到普遍的怀疑。更何况，慈禧此时要实行的正是两年前她坚决反对、无情镇压的事情，不能不使人感到是莫大的讽刺。慈禧当然意识到此点，所以在此上谕中特别强调新政与戊戌维新的关系，坚持说新政与戊戌维新完全不同：“康逆之讲新法，乃乱法也，非变法也。”[①] 对此，奉张之洞之命前往日本的湖北留日学生监督钱恂在给好友的信中坦率骂道：“日下所谓上谕者，仍是狗屁大话。”[②] 连官员都如此看法，其他人就可想而知了。由一个合法性被严重动摇的政府来领导对社会各阶层利益进行调整和再分配的改革，的确勉为其难。

大体而言，从1901年到1905年这几年间，新政主要成就有以下几个方面。一、经济方面设立了商部，鼓励新式工商业发展，制定了一系列有关法律法规。二、军事方面加快编练新军，着手改革兵制，停止武科举，设立各级军官学校，1903年成立了练兵处。三、教育方面最重要的内容是废科举，办学校。特别是1905年废科举，以学校为中心的教育制度开始建立起来。四、开始司法改革，制定“中外通行”的法律。五、在列强要求下，1905年派五大臣到外国考

① 朱寿朋编：《光绪朝东华录》，中华书局1984年版，第4601—4602页。
② 《汪康年师友书札》（三），总第3012页。

察宪政。

虽然这些新政取得了一些成就，不过为时已晚。形势已经巨变，现在再做这些已经不够，需要做更多的改革或妥让。此时，局限于“行政”方面的“新政”已无济于事，人们开始提出“立宪”的要求。到1904年，不少重臣都半公开主张“开国会”，提出应仿英、德、日本之制，定为立宪政体之国。“末代状元”张謇为了更深入、更具体地了解日本富强的秘密，在1903年曾经访问日本。在日本的经历，使他认识到君主立宪的重要，积极投入立宪运动。1904年2月15日是旧历除夕，他在日记中写道：“日本全国略与两江总督辖地相等，若南洋则倍之矣。一则致力实业、教育三十年而兴，遂抗大国而拒强国。一则昏若处瓮，瑟缩若被縶。非必生人知觉之异也，一行专制，一行宪法，立政之宗旨不同耳。而无人能举以为圣主告也，可痛可恨！”[①] 由此，张謇开始宣传立宪，稍后积极鼓动、参与立宪活动。张謇的动向，反映了绅商的动向。

甲午战争中国惨败于君主立宪的日本，维新失败，庚子之乱，日本击败君主专制的俄国……这十年的风云剧变与个人体验，使越来越多的人，尤其是商人，开始认识到中国实行宪政的必要。另一个重要因素是，由于清政府在甲午战争失败后被迫在《马关条约》中允许日本在通商口岸设立工厂，从而使外国在华投资设厂取得合法地位。既然允许外国在华投资设厂，也就没有理由禁止本国人民投资建厂，所以清政府不得不放宽了对民间设厂的限制。中国兴起了一次民间投资实业的热潮。据不完全统计，1895—1900年这五年间，全国新设立的创办时资金总额在万元以上的私人企业有127家，

①《张謇日记》，《张謇全集》（六），江苏古籍出版社1994年版，第522页。

资本总额为 2027 万银圆，相当于鸦片战争后到《马关条约》签订前五十年间资本总额的一倍。商人的力量空前壮大，具备了“争立宪”的客观力量。

然而，是由下而上经暴力革命实现宪政，还是由上而下经有序改革实现宪政，这是中国面临的两条道路选择，商人也面临着这样的历史选择。

湖南商人禹之谟选择了革命。禹曾留学日本，1902 年春回国，先后在安徽安庆和湖南湘潭创办现代机器织布厂，而“湖南之有机织，自之谟始”。但是，事业发达的禹却主张革命。1904 年年初，黄兴在长沙创立革命组织华兴会，禹之谟即首批加入。1905 年 8 月中国同盟会在日本成立，不久禹之谟就在湖南组建同盟会湖南分会，并被推为首任会长。由于积极参加革命活动，他于 1906 年秋被捕，备受酷刑后，于 1907 年年初被清政府处以绞刑。

当时支持革命者并不多，赞同、支持革命的商人更少，禹之谟不说绝无仅有，也是凤毛麟角。人们大都希望经温和改革而不是激烈的暴力革命实现立宪，社会中上层的商人，当然更不希望社会动荡、更不喜欢革命。或者说，禹的政治态度只代表他个人，而各地商会的政治态度，则更能代表整个商人阶层。

中国向有行会，但首个现代商会，却是在西方影响下，迟至 1902 年才成立的上海商业会议公所。1904 年，商业会议公所改组为上海商务总会。在上海商会的示范和清政府新政的支持下，各地纷纷成立商会。现代商会的建立，为商人政治参与提供了一个平台。商人希望立宪，使自己的财产权获得根本保障，认为以前的工商不振，是没有法律保障。但同时，他们又反对革命，希望保持社会稳定，生意不受影响。“立宪派”以商、学两界为主，“商”的力量比

“学”大得多，是“立宪派”的基本力量。立宪派的态度、主张，实质就是商人的态度、主张。

1904 年到 1905 年的日俄战争，使立宪风潮初起，革命派开始形成力量。日俄战争是日本和俄罗斯两个帝国为扩大自己的势力范围，侵略、争夺我国东北，在我国领土上进行的一场帝国主义战争。

由于与我国东北接壤，近代以来沙俄一直将东北视为自己的势力范围，不断扩大对东北的侵略。而经过明治维新、实行君主立宪的日本帝国刚刚崛起，正在走向军国主义。它制定的“大陆政策”其战略目标是首先吞并朝鲜，然后侵占中国东北，并以此作为进一步侵略中国、称霸东亚的基地。这样，中国东北成为日俄两国矛盾的焦点。1900 年八国联军侵华期间，沙俄乘机派十几万军队侵占我国东北。1901 年年初，俄国外交大臣提出约款十二条，规定俄国有驻兵东北“保护”铁路权、出兵“剿抚”权、要求革办中国官吏权，而中国却不能在东北驻军、不得运入兵器、不能修造铁路等，实际是全面剥夺了中国在东北的主权。在民众的抗议下，清政府拒绝在此约款上签字。

1902 年 4 月，清政府与俄国订立《中俄交收东三省条约》，规定俄军分三期在十八个月内撤走，但 1903 年春规定撤军时间即将到期时，俄国不但没有撤军打算，反而增兵东北，并向中国政府提出由俄国独占东北等七项无理要求，想把我国东北变成“黄俄罗斯”。这样，俄国独占东北的计划与日本夺取东北的战略发生严重冲突。经过几年积极准备，日本自忖实力大增，决定与俄针锋相对，争夺中国东北。从 1903 年 8 月起，日、俄两国为宰割我国东北多次谈判，但一直未能达成协议。在谈判的同时，双方实际都在积极备战，战争一触即发。1904 年 2 月 6 日，日本对中国旅顺口的俄国舰队发动突然袭击，日俄战争实际爆发。10日，双方正式宣战。对这场以中国领土为战场、使我国东北居民饱受战争祸害的战争，清政府竟然在12日宣布自守“局外中立”，甚至声称“彼此均系友邦”！

对这场在中国领土上进行、直接关系中国利害甚至命运的战争，国人当然极为关注。不同观点、政治力量纷纷预测战争进程、结局及其对中国的影响。此时仍十分弱小的立宪派敏锐地感觉到这场战争有可能使国人的思想发生有利于政治改革的变化，自然关注异常。

自1898年戊戌维新失败后，康有为、梁启超流亡海外，继续进行立宪运动。但其活动和影响主要是在海外，对国内的影响十分有限。对这场两个列强在中国大地上的厮杀，立宪派做出判断，公开表态，认为实行君主立宪的日本可以战胜仍行君主专制的沙俄。

与立宪派预料并希望日本获胜相反，清廷和守旧派则预料并希望俄国获胜，而且已经具体制定了亲俄外交方针。他们认为日本为一小小岛国，远非地大物博的俄国的对手。他们还认为日本实行君主立宪是“以权与民”，这样士兵在战场必然会各顾其命，难打胜仗；而俄国是君掌大权，军队一定令行禁止，因此必然是俄胜日败。对此，立宪派反驳说，国家的强弱不在大小，而在精神。日本虽小，但经君主立宪后精神蓬勃，俄国虽大，但腐败之气象与中国相似。另外，民权乃天赋之权，所以立宪之国国民在战场都以保守天赋人权为最重要使命，生死不计，而这是专制之国以军令示威者不可同日而语的。

战争的发展证明立宪派预料正确。1905年5月，历时一年多的日俄战争终以日本大获全胜告终。

平心而论，立宪派一年前做出日本必胜的结论相当大胆，甚至有些冒险，更多地带有价值取向的成分。因为近代以来的所谓“公例”是黄种人被白种人打败，而且以两国的幅员、实力来看，当时公认俄国远在日本之上。所以此时日胜俄败的结果一出，立宪派当然借此大做文章，宣传说这场战争并非军队、武力之竞争，而是政治制度的竞争。最后日胜而俄败充分说明专制与立宪两种制度的优劣。他们反复强调这并非仅仅是日俄之战，而是立宪、专制两种政体之战；之所以能以小克大，以亚挫欧，赫然违反世界近代以来的“历史之公例”，只能以立宪还是不立宪来解释，否则就无法解释。

由于国家一直处于亡国之危，而且中国完全没有立宪传统，所以多数国人并不关心限制皇权的“立宪”、保护公民的“权利”等，而萦绕心头的是国之兴亡。此次日本在打败君主专制的中国后，竟又打败公认强大的也是君主专制的俄国，似乎以具体直观的事例告诉国人立宪可以强国、救亡。此前十年的甲午战争使一些先进者感到中国的富强在于维新，但有此认识者毕竟少而又少，而此时的日俄战争再次给国人以强烈刺激，促人猛醒，社会舆论和观念发生了相当大的变化，越来越多的人相信立宪可以富国强兵、可以救亡图存，甚至某些原先反对立宪的守旧人物也转而倾向支持立宪。这样，原本影响不大、只是少数人的立宪活动因此影响大增，开始“复苏”，不久就迅速高涨，对全国性立宪运动的形成起了有力的推动作用。

“强国”是“立宪”的重要动因，无此动因，立宪在中国很难启动，这是中国与西方“宪政”的启动非常不同的地方。但在相当程度上，这也预示了一旦“国强”之后，“宪政”即被抛弃的命运。虽然从未实现过“宪政”，但在“国强”之前，起码从理论上不反对“宪政”。

如果说“立宪”的复苏是日俄战争的一个重要后果，那么一些青年由“爱国”走向“革命”，则是另一个重要后果。

早在1901年年初俄国外交大臣提出全面剥夺中国在东北主权的约款时，爱国民众在当年3月就两次在上海张园集会，谴责俄国侵略，要求清政府拒绝签字，得到全国及海外华人广泛响应，他们还致电督抚呼吁拒俄。这次集会以士绅为主，对政府颇有期待。正是在这种压力下，清政府未敢与俄签约。

1903年4月，俄国拒绝按约撤军的消息传来，4月27日，在上海的十八省各界爱国人士第三次在张园集会，声讨俄国侵略中国的野蛮罪行，并一致议决发出致各国外交部和致清政府外务部的两个通电，抗议俄国侵略，并成立了领导运动的中国四民总会。4月29日，在日本东京的中国留学生集会，与会者群情激愤，决议成立拒俄义勇队，黄兴等一百三十多人签名入队，陈天华等五十余人签名加入本部。4月30日，在蔡元培的主持下，四民总会、爱国学社等一千二百余人在张园举行第四次拒俄大会。蔡元培首先发表演说，当他读到“俄祸日急，留日学生已电北洋主战，结义勇队赴敌，望协助”时，群情激愤，会议议决改名为国民总会。邹容等一千六百余人先后签名入会。同日，北京的京师大学堂学生集会，抗议俄国侵略。5月中旬，拒俄义勇队改为“军国民教育会”。在很短时间内，以青年学生为主体的拒俄爱国运动在大半个中国轰轰烈烈展开，尤其是留日学生，更加激烈。

面对独立的学生爱国运动，清政府认为是“反清革命”，因此对此时尚非“革命阵营”的“拒俄”学生，一开始是严令禁止，禁而不止之后，干脆坚决镇压。正是清政府对学生拒俄运动的严厉镇压，促使学生迅速激进化，开始转向革命。蔡元培是“辛亥元勋”之一，但 1903 年年底，他在其参与创办的《俄事警闻》上发表《告革命党》等文，还劝立志“反满革命”的革命党人在盗贼盗劫自己物品的时候，不应该不追盗贼而只谴责自己的仆人勾结通盗之罪，应与清政府共同抗俄。日俄战争爆发后，《俄事警闻》停刊，于 1904 年 2 月底改为《警钟日报》出刊，蔡元培任主笔。正是在这期间，蔡元培变得更加激烈，在 1904 年还参加了军国民教育会的“暗杀团”。蔡元培由温和到激烈的转变，是学生动向的象征。拒俄运动、日俄战争，使学生将“国家”与“朝廷”区分开来，从“爱国”走向“革命”。

此前，孙中山的活动重点是会党，在留日学生中并无“市场”，甚至被视为“盗寇”。但 1903 年夏他来到日本时，情况有所改观，一些留日学生主动与他接触，探讨中国未来。从此，孙中山的活动重点就由会党转为留日学生。1905 年 8 月，经过孙中山、黄兴等人的努力，在兴中会、华兴会、科学补习所、光复会等革命小团体基础上成立了中国同盟会，“革命力量”开始集结。“革命”与“改良”道分两途，“革命”虽仍弱小，但已有资格与“改良”展开理论论战。

日俄战争使立宪风潮再起，革命派力量开始集结。在中国政治舞台上，清政府、立宪派、革命派这三种政治力量究竟如何分化演变、究竟谁消谁长，最后是立宪避免革命，抑或革命压倒立宪，还是既不立宪又不发生革命的现状维持，端看哪方能洞察时势、乘时运势了。

三、改革与革命

维新失败，梁启超亡命日本，议论国是，对留日学生触动很大，开始关心政治，立宪派影响很大。当革命派力量形成后，留日学生就成了革命党与立宪派争夺的对象。由于康、梁的地位名声与学识水平，学生中倾向康、梁者自然居多。为争夺青年学生，本不居优势的革命派于是主动挑起论战。1905 年 11 月同盟会机关报《民报》创刊，革命派即以此为阵地向立宪派猛烈进攻，而立宪派则主要以《新民丛报》为阵地奋起反击，双方展开了一场规模空前、声势浩大的激烈论战，持续了十五个月之久。论战涉及清王朝的性质、种族与民族问题、国民素质、中国应该建立什么样的政体、土地制度、革命会不会招致列强干涉引起中国崩溃等许多方面。但是，最紧迫、最核心、最重要甚至决定论战双方胜负的，却是要不要暴力革命的问题。

简单来说，革命派认为，清政府不可能主动变革，所以只有用暴力革命推翻清王朝，才能共和立宪。革命会杀人流血，但不革命也会杀人流血，在清王朝统治下，大量无辜者丧生，革命才能使他们免于死亡。立宪派则认为，暴力只会导致血流遍地，带来巨大的灾难，社会成本、代价太大，最终得不偿失。他们相信，只要人民要求立宪，清政府最终会让步，可以实现由上而下的、代价最小的和平转型。双方争辩几近白热化，有关国家前途的争论不是简单的、脱离社会的“道理”就能说服听众，究竟是支持立宪派者众还是支持革命的多，最重要的是看清政府的所作所为。

立宪与革命这两个运动于 1905 年前后风生水起，渐成大潮，迫使慈禧也不得不重视立宪。她连续七次召见出洋大臣，并召开御前会议讨论，最后宣布要实行政治体制改革的“预备立宪”。1906 年 9 月 1 日，清廷颁发了仿行立宪的上谕：“现在各国交通，政治法度，皆有彼此相因之势，而我国政令积久相仍，日处阽险，忧患迫切，非广求智识，更订法制，上无以承祖宗缔造之心，下无以慰臣庶治平之望。”但同时，它又强调“目前规制未备，民智未开”，因此只能为立宪做准备工作，至于何时立宪，则“视进步之迟速”再定。[①]终于确立预备立宪为基本国策。仅仅五天之后，9 月 6 日朝廷就颁布了为立宪做准备的改革官制上谕，动作之快，出人意料。

一批绅商起来呼应清廷的“预备立宪”，张謇与郑孝胥紧锣密鼓地开始立宪活动，他们与一些士绅组织预备立宪公会，郑任会长，汤寿潜、张謇任副会长，成员多数为苏、浙、闽三省绅商名流，其中骨干分子则大多为张謇的密友和亲信。1906 年年末，郑孝胥在预备立宪公会第一次开会报告词申明：“中国数千年以来，皆是家天下之制度。孟子谓‘天下之生久矣，一治一乱。’实考历代治与乱之相较，治之日甚短，乱之日甚长，治一而乱十，故全国人民常寄生于虐政恶俗之下，累世终身，不知治世为何物。至大乱既起，人不聊生，于是望治之心更急，不问何人，但能稍得人心者，举世之人，即已倾心归往，颂之曰‘圣’，尊之曰‘天’。所以历史上英雄豪杰乘时得志者，大抵看透此种人民之身分，利用其饥者易为食、渴者易为饮之手段，一面解其倒悬，一面制其死命，遂使全国人民，皆为一人之私产，与牛马奴隶无异。”“数千年以来，治国之制度，皆以居高临下为主义。观其所立之礼仪，卑贱对于尊贵，无一毫之身

① “宣示预备立宪先行厘定官制谕”，故宫博物院明清档案部编《清末筹备立宪档案史料》上册，中华书局 1979 年版，第 43—44 页。

分，拜跪进退，训令禀承，自大臣于君上，下僚之于上官，平民之于官吏，摧抑不遗余力，而举国之人，安之若素也。观其所征之赋税，国家责之于各省，各省不敢不遵也；督抚责之于州县，州县不敢不供也；州县责之于民间，民间不敢不与也。甚至贪官污吏假托国家之威势，坏人产业，破人身家，滥取无度，而举国之人，亦安之若素也。观其所定之刑罚，公堂之上，暗无天日；上无保护之意，下无伸诉之权；毒刑酷法，可施之罪名未定之人；教供造案，常视为秘密相传之诀，虽冤气触天，无能自解，而举国之人亦安之若素也。”①

此报告虽然由郑孝胥作，但无疑也代表了张謇的思想。其重要之处有如下几点：一、认为中国数千年的王朝统治是“家天下”，全国人民“皆为一人之私产”，这就从根本上否定了皇权天授、皇权神圣的合法性。二、对中国传统社会“卑贱对于尊贵，无一毫之身分”这种等级依附关系的结构进行批判。三、政府不得任意征收赋税，要尊重私人产权，严厉谴责清政府“坏人产业，破人身家，滥取无度”的做法。四、强调法律保护民权，对“上无保护之意，下无伸诉之权；毒刑酷法，可施之罪名未定之人；教供造案，常视为秘密相传之诀，虽冤气触天，无能自解”这种清政府无视法律的行为也作了严厉批判。

这是立宪的基本原则，具体策略则采取了张謇的“缓进”主张：“立宪大本在政府，人民则宜各任实业、教育，为自治基础。与其多

①《预备立宪公会郑孝胥第一次开会报告词》，浙江省辛亥革命史研究会、浙江省图书馆编《辛亥革命浙江史料选辑》，浙江人民出版社1981年版，第203、204页。

言，不如人人实行，得尺则尺，得寸则寸。”[①] 这在相当程度上可以看作整个立宪运动的方针路线。不仅绅商响应清廷的预备立宪，民众也是有理性的，并不愿通过自己将深受其害的暴力手段实现社会变革。因此，清廷姗姗迟来的顺应民意之举，得到了各地商会的高度赞扬和热烈响应，或致电中央政府，欢欣鼓舞，翘盼实行，或发表布告，要本地商家张灯结彩，游行庆贺。国内万众欢腾，一些大城市甚至欢声雷动，敲锣打鼓，表示拥护、庆贺。学生、市民、绅商集会、游行、演讲表示庆贺：“以五千年相沿相袭之政体，不待人民之请求，一跃而有立宪之希望，虽曰预备，亦极环球各国未有之美矣。”[②] 众人“额手相庆曰：中国立宪矣，中国立宪矣，转弱为强矣，转弱为强矣”。[③] “何幸一道光明从海而生，立宪上谕从天而降，试问凡我同舟，何等庆幸！”[④] 人们自发撰写的《欢迎立宪歌》表达了对朝廷的热爱尊崇和对必然带来暴力的革命的反对：“大清立宪，大皇帝万岁万万岁！光绪三十二年秋，欢声动地球。”“和平改革都无苦，立宪在君主。”“纷纷革命颈流血，无非蛮动力。一人坐定大风潮，立宪及今朝。”[⑤]

然而事实说明，清廷并不珍视此时对它来说极其珍贵的民情民意。

这次改官制，朝廷派定镇国公、满洲正蓝旗副督统、“出洋考察五大臣”之一的载泽负责编纂官制，制订政治体制改革方案，并命

① 张謇：《自订年谱》，《张謇全集》（六），江苏古籍出版社 1994 年版，第 868 页。

② 《论实行立宪不定期之善》，1906 年 9 月 4 日《南方报》。

③ 《论报馆恭祝立宪》，1906 年 9 月 16 日《申报》。

④ 《马相伯观察演说词》，1906 年 9 月 18 日《时报》。

⑤ 《欢迎立宪歌》，1906 年 9 月 20 日《华字汇报》。

庆亲王、首席军机大臣奕劻和大学士孙家鼐、军机大臣瞿鸿禨总司核定。但众人皆知，其中的关键人物、起最重要作用的其实是掌握“北洋”大权的袁世凯，他同时还兼参预政务大臣、督办山海关内外铁路大臣、督办政务大臣、直隶总督兼北洋大臣、督办天津至镇江铁路大臣、督办商务大臣、督办邮政大臣、会办练兵大臣等重职，可谓大权集于一身。自戊戌政变后，袁世凯深得慈禧信任，同时他以巨金贿买了实权在握的领衔军机大臣、庆亲王奕劻，而他在北洋的“新政”又颇有政绩。此次朝廷谕令包括袁世凯在内的十四位王公大臣共同制订改官制的方案，他虽排名最后，但他因有奕劻支持，同时在负责官制改革机构“编制馆”的关键岗位安插自己的党羽，编制馆的所有文件起草和建议方案最后都要他阅定。

经过一个多月的准备，由袁主导的官制改革方案出台。由于是为“立宪”预备，所以对官制的改革较为全面。除合并了一些不太重要的部门外，还将原来的内阁、军机处、吏部、礼部、都察院全都撤销，而新成立的机构则有资政院、行政裁判院、集贤院、大理院、审计院等，而最重要的，是成立新的、大权在握的“责任内阁”以取代军机处。此方案规定内阁政务大臣由总理大臣一人、左右副大臣各一人，各部尚书十一人组成，全都辅弼君上，代负责任。重要的是规定凡用人、行政一切重要事宜都由总理大臣奉旨施行，并有督饬纠查行政官员之权；皇帝发布谕旨，内阁各大臣都有署名之责，其机密紧急事件，由总理大臣、左右副大臣署名，如果关涉法律及行政全体者，与各部尚书联衔署名，专涉一部者，与该部尚书共同署名。也就是说，内阁尤其是总理大臣、副总理大臣代替皇帝负责任，皇帝发布谕旨须经内阁副署，若未经内阁副署则不发生效力，而且各部大臣由总理大臣推荐。这样，皇帝的用人和行政大权统归内阁，其实主要由内阁总理大臣掌握。袁世凯与奕劻议定，由奕劻出任未来的内阁总理大臣，他任副总理大臣，其想掌中枢大权之野心，几不掩饰。

此案一出，官场风波顿起，遇到强烈的反对，反对主要来自两方面。

一方是以军机大臣铁良、荣庆等为主角的满族亲贵。取消军机处，尽管他们可能另外任职，但权力毕竟要大大削弱。如果成立责任内阁，规定官员不得兼职，荣庆便只能专任学部尚书，拟定身兼户部尚书与练兵处会办等要职的铁良出任内阁副总理后也要辞去兼职，其财政权和兵权将同时失去。而且，袁还有王公、贝勒、贝子等不实际干政，待上议院成立后让他们充当议员的设想，也使这些公、子愤怒异常。铁良坚称："立宪非中央集权不可，实行中央集权非剥夺督抚兵权财权、收揽于中央政府则又不可。"其攻击矛头直接对准袁世凯、张之洞等地方督抚大员。满、汉矛盾，隐然可现。[①] 甚至赞同立宪的载泽也担心奕劻尤其是袁世凯的权力因此过大，他在一道奏折中也指责他们是借立宪之名以粉饰虚文，借改官制以驱除异己。双方一直激烈争辩，在一次会议上，醇亲王载沣竟拔出手枪直抵袁世凯胸前怒斥，经奕劻调解，方才作罢。由于传说内务府也要裁撤，所有太监都要裁去，有次袁世凯下朝时百余名太监将他团团围住大声谩骂，有的甚至挥拳要打，几成围殴之势。袁世凯招架不住，急忙大呼奕劻过来为其解围。经奕劻百般劝解，并保证绝不裁撤太监，这些太监才愤愤而去。

为避免更大的动荡，清廷不得不宣布了官制改革中的"五不

① 1906年9月30日《时报》。

议”：第一，军机处之事不议；第二，内务府事不议；第三,八旗事不议；第四，翰林院事不议；第五，太监事不议。

另一个主要的反对力量来自以瞿鸿禨、岑春煊、王文韶、赵炳麟等为要角的汉族大臣、御史。他们有的一直与袁争权，有的对袁结党营私愤怒已久，因此纷纷上折慈禧，坚决反对。他们主要是指出袁有个人野心，很可能造成权在内阁，形成内阁专制。

这样，从王公亲贵、大小太监到大臣御史，尽管观点不同，但几乎全都反对袁世凯的改官制，不是到慈禧处哭诉哄闹就是不断上折，天天鸡飞狗跳。向来滥施淫威、杀伐决断的慈禧此时居然也寝食难安。

军机大臣、政务处大臣瞿鸿禨甚得慈禧信任，也是慈禧命令的参与改官制的大臣之一。他与袁世凯、奕劻矛盾极深，在讨论改官制方案时勉强同意，但又另上一道《复核官制说帖》反对军机处与内阁合并。他利用慈禧单独召见的机会，说责任内阁对太后不利，将大权旁落，而这一点正最为太后担心、忌讳。慈禧太后最终采取他的建议，仍用军机处旧制。慈禧在 11 月 6 日颁布了以瞿鸿禨为主导的新官制。

袁世凯可能过高估计了慈禧对自己的信任，在双方斗争激烈之际，他在慈禧召见时竟然面奏要求朝廷令守旧大臣退休，结果招致慈禧怒斥，并将参劾他与奕劻的大量弹章交二人同看。此时，袁才知道自己已成众矢之的，局势非常险恶。朝廷在 11 月 6 日颁布了以瞿鸿禨为主导的新官制，袁更感到自己大势已去，慌忙在 11 月 18 日上奏请求将自己除直隶总督以外的八项兼职全部开去，还主动提出自己掌握的北洋六镇除第二、四两镇因直隶幅员辽阔，控制弹压须赖重兵，须仍由自己掌握，其余四镇均交归陆军部。朝廷有旨照准所请，袁以检阅新军南北秋操为名请调出京，以避锋芒。

朝廷最终裁定的中央新官制只有少数旧部被裁并，但多数未动，最多只是改名，军机处仍旧保留而不设责任内阁，宗人府、翰林院、钦天监、内务府等满人所掌管的部门全部保留。更重要的是，在实际所设十一部的十三个大臣、尚书中，满人占七席，汉人仅占五席，蒙古人占一席。其中外务部尚书规定由汉人担任，但在外务部尚书之上又设有管部大臣和会办大臣，均由满人担任。早在1901年成立外务部时，设尚书一人，但其上又有总理大臣、会办大臣管理，这次改官制，外务部仍照旧，在尚书之上以满族亲贵奕劻为管部总理大臣、那桐为会办大臣，汉人瞿鸿禨为会办大臣兼尚书。改官制而保留此旧制，明显地表现出对汉族官员不信任。以“满汉不分”的名义打破了“满汉各一”的旧例，虽然以前的“满汉各一”也是满族人掌实权，但毕竟在形式上满汉平衡，汉族官员心理上更易接受。形式上的“满汉平衡”被打破，汉族官员的心理平衡也随之打破。几年后，辛亥革命爆发，不少汉族督抚宣布独立，可能与此不无关系。

官制改革本是清末新政、预备立宪必走的重要一步，却完全成为各利益集团你死我活的生死场，“清流”为“浊流”所败，政坛更加乌烟瘴气，根本谈不上为“立宪”打下基础。结果，官制改革一塌糊涂，使人大失所望。作为立宪重要准备的官制改革竟如此混乱不堪，说明清王朝已经丧失了主导改革的能力，等待它的，只能是覆亡的命运。

这次官制改革各路权贵、官员你争我夺，种种矛盾更加尖锐、激烈，不仅导致政坛严重分裂，而且还使原本相信清王朝会改革的立宪派对清廷是否真准备立宪大起疑心，甚至有立宪派直斥其为“伪改革”，“徒为表面之变更”，“袭皮相而竟遗精神”。参与保皇会之宪政会组建的徐佛苏当即评论道：“政界之事反动复反动，竭数月之改革，迄今仍是本来面目。军机之名亦尚不改动，礼部仍存留并立，可叹。政界之难望，今可决断……诚伤心事也。”[①] 在日本东京与革命派激烈辩论、坚决反对革命的梁启超当即在给乃师康有为的信中承认：“革党现在东京占极大之势力，万余学生从之者过半。前此预备立宪诏下，其机稍息，及改革官制有名无实，其势益张，近且举国若狂矣。东京各省人皆有，彼播种于此间，而蔓延于内地……”[②]

清廷刚宣布预备立宪时，革命派的力量就“稍息”；而当官制改革使人们认识到清廷的立宪有名无实时，革命派就“其势益张”。显然，革命派力量的“息”与“张”，与清廷所作所为大有干系。事实无情地说明，这次行政改革的效果与清廷初衷正相反，彻底失败，不仅没有缓解危机，反而加剧了危机。人们当然可以分析种种原因，如没有开明且强有力的中央权威，利益集团毫无远见、不愿自己的利益受到丝毫损失……反正最终结果就是这样，使坚决反对革命、坚持“保皇”的立宪派对它越来越失望，无奈地叹其“反动复反动”，这也就不必更多地指责“革命”了。正是如此这般“改官制”，使在与“改革”竞赛中原本落后的“革命”意外得到清政府的助推加力，猛然提速，大步流星，急起直追。

“改革”与“革命”的争论如果纯从脱离社会运动实际的“道理”上说，立宪派无疑更有“道理”。然而，它的理论的前提是清

---

① 徐佛苏：《致任公先生书》，丁文江、赵丰田编《梁启超年谱长编》，上海人民出版社 1983 年版，第 368 页。

② 梁启超：《与夫子大人书》，《梁启超年谱长编》，第 373 页。

政府在压力下必能“让步”，实行立宪。如果这个前提不存在，则无论理论说得多么头头是道，终将无济于事，“有理”反会被人认为“无理”，支持革命的人必然越来越多，“革命”就很可能成为未来中国的选项。这一点，梁启超十分清楚。1907年年初，他在《新民丛报》发表了《现政府与革命党》一文深刻分析了革命党产生的原因。他认为政治腐败与满人享有特权是产生革命党的两种重要原料，面对这种弊端，政治不改革、不想方设法顺从民意革除弊端，则“人民于权利上得起而革之，且于义务上不可不起而革之”。现在交通发达，人们交往增多，特别是“智识交换，有所闻见，奔走相告”，革命思潮传播迅速，“故革命思想，不期而隐涌于多数人之脑际，有导之者，则横决而出焉。而其最大之起因，固无一不自政治腐败来也”。政府不清除产生革命党的原料，就是在生产、制造革命党。“无论从何方面观之，而无不以供给革命党材料为务，是现政府特有之伎俩也。”这样，“政府一面以制造革命党为事，一面又以捕杀革命党为事，此亦其积极制造之一端也”。他形象地比喻说，人的身体因脏生虱，灭虱根本是清洁自己的身体，不清洁自己的身体而只杀虱，根本杀不尽。“不授以能发生之之余地。政府与革命党之关系，盖正若是也。今而日务杀不已，传曰：尽敌而反。敌可尽乎？徒使革命党以外之人，犹不免洒一掬同情之泪于彼辈，而对于政府增恶感焉。为渊驱鱼，为丛驱雀，而于政府果何利也？”“殊不知人心之变，绝非此一二煽动家所能为力。惟政府所供给之革命的原料，日充积于人人之脑际，而煽动家乃得投机而利用焉。原料消灭，煽动抑何所施？举国人将以狂呓目之。而不然者，政府即日日助长革命党之焰，而持煽动家也愈急，则成其名也愈骤。无论从何种方面观之，皆其有利于彼而无利于政府者也。”

他承认："革命党者，以扑灭现政府为目的者也。而现政府者，制造革命党之一大工场也。"[①] 确是一语中的。虽然一直与革命党人论战，力论革命之弊，但他从清政府的所作所为中，明确看到了中国的革命前景。革命派与改革派的这场论战，以往说革命派"大获全胜"，肯定夸张。但经此论战，革命派的影响、声势空前壮大却是事实。主要原因，还在拒不进行实质性改革的清政府是"制造革命党之一大工场"！梁氏一直反对激进革命，反复论述暴力将带来灾难性后果，极力主张温和改革，却能正视不利于自己观点、主张的事实，确实难得。

清廷似乎是为了印证梁启超所言，随后采取的一系列政策使赞同革命的人越来越多，甚至以士绅为主体的立宪派也日趋激进。

众所周知，梁启超坚决反对自下而上的革命，主张自上而下改革，因此长期以来有种误解，认为他完全倚重政府改革，反对大众积极参与政治。其实，他一直特别强调民众的政治参与，强调民众在立宪运动中的作用，认为如果没有大众的政治参与，即便政府颁布宪法、设立责任内阁、建立监督机关，也只是徒有其表，政治不会有实质性进步。他的逻辑是："国也者，积民而成，法制也者，藉人民合成意力而建。故一国之政治，苟非得国民之认许，决不能以施行。"宪政与专制，都是得到国民认可才能实行。因此只有国民不满专制，群起奋争立宪时，才可能立宪。"当知各国之颁宪法、开国会也，非其主权者之能颁、能开焉，而其主权者之不能不颁、不能不开焉。"决定因素，是大多数人的政治态度。作为主张自上而下的

① 梁启超:《现政府与革命党》,《饮冰室合集·文集之十九》，第45—52页。

改革者，他却反对那种认为现在政府已屡颁预备立宪上谕，将次第建立责任内阁、监督机关，因此民众“不求亦可得”，不必积极参与政治的观点。他认为不论政府预备立宪的动机诚与否、行与否，只要“立宪之动机起自政府而不起自人民，则其结果必无可观者”。因为“立宪政治之所以良于专制者，不过曰国民对于政府而常施监督，斯政府对于国民而常负责任云尔。然必国民能确认政治为于己身有极重极切之关系，然后其监督政府也能不怠，而政府乃不敢反于民之所欲以自恣。斯良政治于以发生”。反之，如果国民未认识到政治与己关系密切，宪法、监督机关即使有也将如同虚设，政府仍如以往一样专制。而“使国民而诚能确认政治为于己身有极重极切之关系也，则宜注全力合群策以要求宪法，要求国会。如饥渴之于饮食，虽一刻不肯稍缓，虽丝毫不肯放过也”。如果宪政不是国民奋斗而来，国民依然政治冷漠，就无法监督政府。“夫宪政之能得结果与否，则于国民能举监督政府之实与否焉决之。国民能举监督政府之实与否，则于其热心于政治与否焉决之。国民热心于政治与否，则于其能排万难冒万险以要求宪法要求国会与否焉决之。”因此，“所谓立宪之动机起自政府不起自国民而结果即无可观者，其事至易见，而其理不可易”。他并非对政府的预备立宪不满，只是强调政府之“动机”重要，国民之“动机”更加重要。①

当然，梁启超的一贯主张是民众的政治参与应当是理性、有序的，而不是暴力的。他认为民众只有组成社团，才能培养理性、有序的政治参与的能力与素质，也才能避免暗杀、革命等暴力行为。从1907年起，立宪派就发起和平请愿，要求开国会，而地方士绅

① 梁启超：《政治与人民》，《饮冰室合集·文集之二十》，第16—19页。

和商界首领对“开国会”的要求更甚。在请愿高潮中，梁启超组织了“政闻社”。《政闻社宣言书》对结社与立宪更作了明确的解说，强调立宪的重要一点是国民的政治参与，“立宪政治非他，即国民政治之谓也”。只有组成社团，国民才能参与政治，才能对政治正式发表意见；同时，由于长期的专制传统，使中国国民政治参与的水平与能力低下，只有政治团体才能训练、提高国民的政治意识和参政素质、能力，“政治团体，诚增进国民程度惟一之导师哉”！结社是公民的权利，也是中国立宪的必需。政闻社的四大纲领是：一、实行国会制度，建设责任政府。二、厘订法律，保障司法权之独立、公私权之划分。三、确立地方自治，以正中央地方之权限。四、慎重外交，保持对等权利。他反复论述、再三强调政闻社主张君主立宪、反对推翻皇室的革命，而且只有君主立宪才能使皇位永固。“政闻社所执之方法，常以秩序的行动，为正当之要求。其对于皇室，绝无干犯尊严之心；其对于国家，绝无扰紊治安之举。此今世立宪国国民所常履之迹，匪有异也。”① 政闻社与其他团体一样，也以全体社员名义致电清政府的“宪政编查馆”，提出限期三年召开国会的主张。

然而，梁启超以君主立宪实现“皇位永固”的期望，并未得到清政府的理解。相反，慈禧太后与支持她的顽固派官员认为任其发展最后将无法控制局面，尤其得到梁启超将悄悄回国领导立宪运动的传闻，于是决定坚决镇压。1908 年 8 月 13 日，朝廷突然下旨查禁政闻社：“近闻沿江沿海暨南北各省设有政闻社名目，内多悖逆要犯，广敛资财，纠结党类，托名研究时务，阴图煽乱，扰

① 《政闻社宣言书》，《饮冰室合集·文集之二十》，第 28—29 页。

害治安，若不严行查禁，恐将败坏大局。着民政部、各省督抚、步军统领、顺天府严密查访，认真禁止，遇有此项社夥，即行严拿惩办，勿稍疏纵，致酿巨患。”[①] 由于朝廷严禁，梁启超不得不解散政闻社。

朝廷如此严厉镇压政闻社，具有多重悲剧意义。首先，梁启超一直与革命党论战，坚决反对推翻清王朝，极力为清王朝辩护，一直主张合法的体制内变革，最后却被清王朝当作“悖逆要犯”而“严拿惩办”。这对他个人来说，是悲剧，也是讽刺；更广些说，也是整个“立宪”的悲剧。主张和平变革的立宪的精神领袖却不能回国，还被清政府通缉捉拿，这本身就使“自上而下”的改革理论的说服力大大减弱，使信服“革命”的人越来越多。当然，这更是清廷的悲剧。对一心护卫自己的改革者竟以“悖逆要犯”待之，政权内最高统治者一直对十年前内部“权争”之事耿耿于怀，不仅不设法抚平创伤，不安抚当年因主张体制维新而受迫害的政治家，完全不知道梁此时在海内外的影响力之大，不让其为己所用，而是依然毫不宽容当年的政敌，仍把他们当作体制的敌人。清廷此举恰使立宪派的对手、坚决要以暴力手段推翻清王朝的革命党人拍手称快。一步又一步，清政府最终失去了领导改革的能力与机会。

1908 年 8 月，清廷公布了《钦定宪法大纲》，并明令以九年（1916）为立宪预备期限。但《钦定宪法大纲》使相当一部分立宪派人士感到不满，因为这部《钦定宪法大纲》以日本明治宪法为蓝本，但又做了重要修改，皇权比日本天皇的权力大，而臣民的权利却比

① 《光绪朝东华录》，第 5967 页。

日本臣民权利小。有关“君上大权”的有 14 条：

1. 皇帝统治大清帝国，万世一系，永永尊戴。

2. 君上神圣尊严，不可侵犯。

3. 钦定颁布法律及发交议案之权。凡法律虽经议院议决，而未奉诏命批准颁布者，不能见诸施行。

4. 召集，开闭，停展及解散议院之权；解散之时，即令国民重行选举新议员，其被解散之旧议员即与齐民无异；倘有抗违，量其情节以相当之法律处治。

5. 设官制禄及黜陟百司之权。用人之权，操之君上，而大臣辅弼之，非议院所得干预。

6. 统率海陆军及编定军制之权，凡一切军事，皆非议院所得干预；君上将遣全国军队，制定常备兵额，得以全权执行；凡一切军事皆非议院所得干涉。

7. 宣战，讲和，订立条约及派遣使臣，与认受使臣之权。国交之事由君上亲裁，不付议院议决。

8. 宣布戒严之权，当紧急时，得以诏令限制臣民之自由。

9. 爵赏及恩赦之权，恩出自上，非臣下所得擅专。

10. 总揽司法权，委任审判衙门，遵钦定法律行之，不以诏令随时更改。司法之权操诸君上，审判官本自君上委任，代行司法；不行诏令随时更改者，案件关系至重，故必以已经钦定法律为准，免涉纷歧。

11. 发命令及使发命令之权，惟已定之法律，非交议院协赞，奏经钦定时，不以命令更改废止。法律为君上实行司法权之用，命令为君上实行行政权之用，两权分立，故不以命令改废法律。

12. 议院闭会时，遇有紧急之事，得发代法律之诏令，并得以诏令筹措必需之财用，惟至次年会期，须交议院协议。

13. 皇室经费由君上决定，议院不得干预置议。

14. 皇室大典由君上督率皇族及特派大臣议定，议院不得干预。

总体而言，《钦定宪法大纲》抄袭了“皇权”至上的日本《明治宪法》。但日本宪法规定，在议会闭会期间，君主所发布的紧急敕令可代替法律，但下次会期在议会提出时若得不到议会的承诺，则政府应公布敕令失效。而清政府的《钦定宪法大纲》则改为“惟至次年会期须交议院协议”。日本议会对君权本就不强的事后否决权在此变成了更弱的“协议”权。《明治宪法》规定：“天皇宣告戒严。戒严要件及效力，由法律规定之。”《钦定宪法大纲》则明确改为君上有“宣布戒严之权，当紧急时，得以诏令限制臣民之自由”。

对于“臣民权利义务”，《明治宪法》共列有十五条，而清廷的《钦定宪法大纲》仅将其作为“附录”，且减为九条，删去了《明治宪法》中“臣民”有“居住及迁徙之自由”“书信秘密不受侵犯”“信教之自由”“遵守相当之礼貌并遵照所定规程，得实行请愿”等条款。[①]

在这种“君权”比“明治宪法”扩大、“民权”比其缩小的“宪法”框架下，再加清政府的“立宪”实际步骤一拖再拖，连以温和的士绅为主的立宪派都指其为假立宪、伪立宪，更不必说“逢清必反”的革命派的反应了。宋教仁是革命派领袖之一，他认为“日本政治为非立宪的”，“世之论政体者，往往谓日本为半立宪国”。[②]

① 《清末筹备立宪档案史料》上册，第57—59页。

② 宋教仁：《日本内阁更迭感言》，《宋教仁集》上册，中华书局1981年版，第305、307页。

对此宪法大纲，梁启超当然批评多多，其中之一是，他也认为日本其实也是“半专制的立宪国”，如果连日本都不如，则根本不能称之为立宪：“宪政精神之不完，宪政程度之劣下，至日本而极矣。苟更下于此，则殊不能复谓之宪政。今我政府乃至曲学阿世之新进，动辄以效法日本宪政为词，此其适应于我国国情与否且勿论，然既曰效日本矣，则亦当知日本之制度，固自有其相维于不敝者，若徒取其便于己者而效之，其不便者则隐而不言，是又得为效日本矣乎？”“夫日本君权之重，可谓至矣。言宪政而师日本，亦可谓取法乎下矣。”当然，他承认如果能真学日本，“则宪政之根本精神，固尚不谬焉。即此一事者，岂不足以为吾师乎哉！”[①] 可惜，清政府连“半立宪”的日本都不愿完全师从。

当不仅革命派认为日本只是“半立宪”，反对革命的立宪派也认为日本只是“半立宪”时，那么，连日本明治宪法都不如的大清王朝的“钦定宪法”，就很难被认为是“立宪”，很难得到广泛支持了。

更重要的是，梁启超进一步提出了“制宪权”问题，对宪法“钦定”提出质疑。“钦定宪法大纲”，顾名思义并且名实相副，这一纸“宪法大纲”是皇上独家制定。梁启超问道：“国会与宪法：宜先有宪法而后有国会耶？宜先有国会而后有宪法耶？抑国会、宪法宜同时成立耶？此我国人亟欲研究之问题也。”他简介了各国制宪历史，指出大多数是先开国会或是国会与宪法同时成立，只有日本是先由天皇颁布宪法，然后才开国会。但如前所述，这正是日本只是“半立宪”的重要原因。他强调，“用君主单独之名义以颁布宪法，

① 梁启超：《立宪国诏旨之种类及其在国法上之地位》，《饮冰室合集·文集之二十六》，第55—56、59页。

其宪法之硬性过甚，虽时势变迁，而改正不易，非国家之福也”。现在日本的有识之士对此也不以为然，所以中国“非可以漫然学步”。他主张“宜先制定宪法草案，而暂勿颁布，俟国会第一次开会，将草案提出，经协赞然后布之。此既符合各国通例，亦适应我国国情者也”。①

在现代国家，宪法是一种根本契约，保障国民不可让与的固有权利，宪法为一切国家权力之泉源。制宪权概念也是现代的产物，制宪权的确立彻底摧毁了神权、君权产生国家的神话。法国大革命时期的西耶斯是首先将制宪权理论化、体系化的学者和思想家。在影响巨大的《论特权：第三等级是什么？》一书中，西耶斯说：“在所有自由国家中——所有的国家均应当自由，结束有关宪法的种种分歧的方法只有一种。那就是要求助于国民自己，而不是求助于那些显贵。如果我们没有宪法，那就必须制定一部；唯有国民拥有制宪权。”② 他的观点，明显来源于卢梭的“人民主权论”，认为人民是宪法政治的动力源。英国思想家洛克的理论中没有明确提到“人民主权”概念，但他主张君主、贵族、人民通过社会契约组成共同社会，这个契约有最高权力，人民是缔约中的重要一方。无论是卢梭的理论还是洛克的理论，在契约论国家观中，都不承认君主单方面决定、宣布具有最高权力的契约，即宪政的权力。只有在各个阶层的互相博弈中签订的契约才有效，而国会就是各个阶层合法博弈的平台。

---

① 梁启超：《论政府阻挠国会之非》，《饮冰室合集·文集之二十五（上）》，第120—121页。

② ［法］西耶斯：《论特权：第三等级是什么？》，商务印书馆1990年版，第56页。

梁启超深知此点，他告诉人们，历史上政权、国家从来都是政治人物你争我夺的结果，充满了杀戮、血腥，而国会制度就是将这种千百年来的野蛮竞争划定在文明竞争的范围之内："昔之战也，炮火相见，今之战也，兵不血刃。昔之战也，阴诈相尚，今之战也，鼓乃成列。""国会之为用，凡以网罗国中各方面政治上之势力，而治诸一炉。而其用之尤神者，则民选制度也。国会非以杜绝竞争，而以奖励竞争，国会者诸种政治势力交战之舞台也，而宪法则其交战条规也。其最显著者，为君主与人民之争，两造各有其强有力之武器，互相制限而不得以独恣。其次显著者，为人民与人民之争，各阶级各地域各党派，各有其所认为利害者，莫肯相下。而其胜负消长，壹于选举场中决之。故国会者自选举召集开议以迄闭会解散，刹那刹那，皆可谓在内乱交战之中。""此无他焉，昔也无所谓国际法上之交战条规者存，而今乃有之也。"[①]

各个阶层，或曰"诸种政治势力"，只有组成合法政党，才能在国会"为堂堂之阵正正之旗"，合法斗争、博弈。"立宪政体，必须有政党乃能运用。然既谓之政党，则其所持之政见，必须以国利民福为前提。虽极相反，然皆持之有故，言之成理，任行其一，皆足为国家之福。然则我国今日虽号称预备立宪，而政府当道，视政党若蛇蝎，国民亦未闻有能以政见相结合者"，此"正我国人当在在留意"。[②] 因为不同的政纲必须由不同的政党提出，而政务官是议会选举中多数党中成员担任。他总结说，立宪政治有种种信条，"故合以

① 梁启超:《中国国会制度私议》,《饮冰室合集·文集之二十四》，第7—9页。

② 梁启超:《现今全世界第一大事》,《饮冰室合集·文集之二十五(上)》，第2页。

上诸信条，尤可以一总信条括之曰：凡立宪国内阁，必须设法求得多助于议会是也。若并此信条而不肯公认，则更不能名之曰立宪政体。而政党之为物，又断未有能发扬光大于其间者也”。[①]“凡行立宪政体之国，必有政治上种种共通之原则，为举国君民上下所公认。而凡活动于政界者，皆遵此原则而莫敢犯。故学者或称宪法为政党之交战条规，洵不诬也。若政府于此种原则漫无所知，或虽知之而敢于悍然犯之，则虽托名立宪，而实与专制无异。”[②]

梁启超提出“制宪权”，再次说明契约论国家观念的影响，也确实抓住了问题的关键。开国会，就成为立宪派的迫切要求。

许多年来，不少研究者极力想搞清清政府究竟是“真立宪”还是“假立宪”。这种探索自有其意义，但问题在于，认为其“真”者与认为其“假”者确实各有道理。有论者可以清政府此时实行了一系列前所未有的政策，力论其真。反之，有论者可以清政府未做许多应做之事而力论其假。其实，对于研究清王朝为何灭亡、激进的革命党为何成功而言，更重要、更有意义的探索不是清政府此时的立宪“实际”究竟是“真”还是“假”，而是它的行为给被统治者何种印象、何种感觉，以及他们最后的主观认识是“真”还是“假”。如果他们认定清政府是“真立宪”，则革命党的活动空间将十分有限，更难成功；如果他们认定清政府是“假立宪”，温和变革的前提就全然而失，革命党就能轻易如愿。

事实说明，清政府在巨大压力下的让步妥协非常有限；它的立宪无论是“理论原则”还是“具体实践”，都远未达到温和的立宪

① 梁启超:《政党与政治上之信条》,《饮冰室合集·文集之二十六》，第53、54页。

② 梁启超:《将来百论》,《饮冰室合集·文集之二十五(上)》，第200页。

派的要求，更未能让社会各界相信其“真立宪”。当一个政权的统治基础都对其动机大表怀疑、毫不信任，对其所作所为大表反对时，这个政权就面临着严重的公信力危机。如果官府的“假话”无人相信，说明这个政权岌岌可危。更危险的是，如果官府的“真话”都无人相信时，那这个政权则危如累卵。清王朝就面临着这样严重的“合法性危机”。如此严重的“合法性危机”恰为激进的革命准备了条件；一场暴力革命，恐怕已难避免。

如前所述，在此“宪法大纲”公布前的1907年，立宪派就号召和平请愿，召开国会。而1908年7月22日清廷公布的《各省咨议局章程》《咨议局议员选举章程》公布施行，没想到为立宪派提供了一个重要的公共空间。同日，清廷谕令各省限一年之内一律设立咨议局。8月27日，公布《钦定宪法大纲》和《逐年筹备事宜清单》，规定各省咨议局应于1909年正式成立。宪政编查馆随后电知各省速设咨议局筹办处，具体负责咨议局筹办事宜，包括选民调查和编制选民登记册，训练司选员，组织初选、复选，处理选举中涉讼事件等，直至咨议局正式成立为止。

所谓咨议局，是清政府为预备立宪而设立的地方咨议机关。最先提出这个动议的，是还受慈禧宠信的两广总督岑春煊，早在1907年6月，他在一份奏折中最早提出各省设立咨议局的主张。他提出中央“速设资政院以立上议院之基础”，而“省城咨议局即各省之总议院”。同年10月19日，朝廷决定各省设立咨议局。作为采取舆论之所，指陈通省利弊，筹计地方治安，并为资政院储材之阶。中央资政院和地方咨议局都是过渡性机构，目的在于培养议员议事能力，为建立两院制国会奠定基础。

《各省咨议局章程》共十二章六十二条，对议员的资格有严格的文化、财产规定，各省名额也不是按人口比例规定，而是以各省科举所取学额的5%为标准，决定名额多少。采取此法有其不得已之处，因当时人口统计很难准确。各地驻防旗人由于尚未编入民籍，所以为其设专额议员。咨议局设议长一人、副议长两人，任期三年；常驻议员若干，为议员总数的五分之一，均由议员中互选产生。会议分常年会和临时会两种，常年会每年一次，每次四十天，有紧急事件则可开临时会，会期二十天，两会均由督抚召集。

这部"章程"最严重的问题是，咨议局功能或性质非常含混，甚至有矛盾之处。这种含混和矛盾，是清廷对"立宪"态度暧昧、左右为难的反映。

"章程"的"总纲"规定咨议局的性质是："为各省采取舆论之地，以指陈通省利病、筹计地方治安为宗旨。"也就是说，咨议局只是地方督抚的一个咨询机构。但是，第六章规定的咨议局的职任权限、应办事件却是：应议本省兴革事件；本省财政、预算、决算、税法、担任义务之增加、单行章程规则增删修改、权利之存废；选举资政院议员；申复资政院咨询、申复督抚咨询；公断本身各自治会争议，收受本省自治会或人民陈请事件。第六章还规定：咨议局议定可行事件，呈请督抚公布施行，咨议局议定不可行事件，呈请督抚更正施行，如果督抚不同意，应说明理由交咨议局复议。如果咨议局复议时仍坚持原议，则由督抚将全案送资政院核议。对本省行政事件有权提出质问，得呈请督抚批答。督抚如果侵夺咨议局权限或违背法律等事，咨议局得呈资政院核办。本省官绅如有纳贿违法者，咨议局得指明确据，呈候督抚查办。凡经资政院核办事项，咨议局与督抚均得遵照执行。

而第八章则规定了督抚对于咨议局的监督权：督抚有监督咨议

局选举及议会之权，对咨议局议案有裁夺施行之权，如果咨议局议事逾越权限而又不受劝告、所议事件违背法律、议员在议场有狂暴举动等，督抚可对咨议局实行惩戒，令咨议局停会（以七日为限）。如果咨议局所议决事有轻蔑朝廷、妨碍国家治安、不遵停会命令、屡经停会仍不悛改、议员多数不参加会议而屡经督促仍不到会时，督抚可解散咨议局，重新选举。①

矛盾显而易见。总纲将其定为一个地方政府的咨询机构，但第六章却又规定了它有一定的立法权和监督地方行政、地方财政的权力，对其议案，督抚如果否决要交其复议，可对督抚的违法侵权行为向资政院控告……这些明显又不是一个仅仅提参考建议的咨询机构，而是具有相对的政治和行政权力，在一定程度上牵制督抚的权力。然而，第八章又规定督抚对咨议局议案有“裁夺”施行之权，所谓“裁夺”就是最后决定之权，如果否定，并不需要再交咨议局“复议”，这与第六章的有关规定完全矛盾。作为“惩戒”之一的停会或解散，则是模仿宪政国家政府解散议会的做法，但宪政国家的政府是通过选举产生的，而清王朝的督抚是朝廷任命的，强调督抚之权的实质是强调皇上的权力。

对这种互相矛盾的规定，各种政治力量自然做有利于自己的理解，在实践中必然矛盾重重。最主要的，当然是“立宪派”与督抚间的斗争。

从1908年秋起，各省按规定陆续进行议员选举。这时，经梁启超等思想家的不懈宣传，“不出代议士，不纳租税”的观念已为不少上层士绅熟悉，所以他们为了维护自己的权利，对选举颇为积极。

---

①《清末筹备立宪档案史料》下册，第670—683页。

由于这是中国的首次“议员”选举，再加上教育程度普遍不高、交通不发达、人们对选举为何物依然知之甚少，所以选举过程中发生了一些笑话。虽有种种不足，甚至可说严重不足，选举工作依然在1909年8月结束，于同年10月中旬宣布开会。这毕竟是中国首次选举，意义重大。

咨议局为立宪派提供了一个前所未有的一展身手的平台，因此咨议局开议后议员政治热情高昂。虽然咨议局“定性”有含混、矛盾之处，但至少为他们提供了一个合法的言论场所，成为新的、重要的“公共空间”，而且，他们利用一切可能争取立法权和监督权，直接“干政”。

大体而言，各省咨议局的议案有以下几个方面。

强调咨议局的立法作用。为了巩固、加强、扩大咨议局的法律地位，各地议员都想方设法通过一系列法律以求实际上监督地方政府，保护自己的立法权。如浙江咨议局通过一道法令，规定本省的预算、决算、税法、公债、担任义务之增加、权利之存废，非经咨议局议决，巡抚不能公布施行。福建咨议局制订议事细则，规定了许多情况下议员可对总督质问。

对政府财政、预算的审议，是咨议局的重要内容。长期以来，“普天之下，莫非王土；率土之滨，莫非王臣”一直是中国统治者的统治观念，“天下”都是皇上官家的，统治者任意花钱天经地义，政府不能任意花钱，要公布财政、公布预算，且要经过“民”的审议，确实闻所未闻，见所未见。江苏咨议局第一届年会时，巡抚曾交下改定厘金征收办法，但被议员以增加商民负担否决。浙江咨议局第一届年会时，巡抚交下《完漕试办规则法律案》也被否定，否决理由是此案只监督民户，但对“官吏浮收，狡书舞弄等弊，毫无规定”。越到后来，咨议局与督抚围绕政府财政、预算的斗争越激烈。咨议局往往借助舆论，对地方政府甚至朝廷形成巨大压力，使其无法为所欲为。而督抚则往往拖延提交预算，或所交预算案中仅有岁出而没有岁入，致使咨议局无法开议。还有的督抚拒不提供必要信息，使议员无法审议，如四川咨议局为了做好议决预算工作，特派议员分别到省城附近各局、所、学堂、工场参观调查，“以资印证”，被官府借故拒绝阻难。一些督抚还拒不执行咨议局议决案，如江苏咨议局曾否决了两江总督张人骏提交的一项财政预算案，但张人骏对此非常不满，不予公布施行，还宣布其预决案未经成立之先，自应暂照上年之案办理。1911 年 5 月 1 日，江苏咨议局议长张謇与副议长及常驻议员全体引咎辞职，即日出局以表抗议。随后，江苏绅商成立预算维持会，声援咨议局。京城的江苏籍官绅也准备上书严批张人骏，要求妥善解决江苏预算案。在各方面压力之下，朝廷要求张人骏公布预算案，张人骏最后不得不公布了预算案。虽然此案并非咨议局的原案，但张謇等为顾全大局，表示接受。9 月 12 日，江苏咨议局议长、副议长、常驻议员全体复职，即日到局任事，并开始准备第三届常年会事宜。

在纠劾贪官污吏方面，一些地方的咨议局也与地方官斗争不断。由于清末吏治严重腐败，咨议局对腐败官员的指控深获民心，其民望大增。

各省咨议局的设立为立宪派提供了重要的议政场所，但咨议局却是以省为单位，在另一方面又将立宪派的议政范围限制在本省内。随着国内政治形势的发展，尤其是在全国性国会请愿运动走向高潮中，立宪派感到分省活动已不适应形势，有必要全国统一行动，于 1910 年 8 月 10 日在京正式成立各省咨议局联合会，湖北汤化龙为主席，四川蒲殿俊为副主席。联合会提出了一系列议案，这些议案涉及政治、经济、教育等方方面面，准备提交即将正式成立的资政院议决。这是立宪派在各省咨议局联合会集体议政的结果，反映了全国立宪派的共同呼声。其中政治方面议案的主要内容，有的要求速开国会；有的要求资政院修改《结社集会律》中有关人民自由结社集会的限制性条文；有的旨在确立咨议局的地位与权限，咨议局呈请查办事件，督抚应一面答复，一面查办，行政衙门不得限制咨议局的调查；有的申明正式议院成立以前资政院具有完全立法性质，预备立宪以来颁布的法律法令都应由资政院审查，宪政编查馆不得侵犯其权限，资政院开院后必须明确宪政编查馆的职责是编制法律、资政院的职责是制定法律。

如果由资政院制定法律，就面临法律与“圣旨”的冲突。在中国传统政治中，皇上当然是“口衔天宪”。当皇帝的制宪权都受到质疑时，就没有什么是不能质疑的了。皇上没有单独制宪的合法性，接踵而来的问题是上谕或曰圣旨是什么性质。1910 年秋，资政院正式成立，但由于军机大臣仍常按惯例行事，与资政院屡有矛盾。清廷仍沿袭传统，不经资政院而发上谕。对此，梁启超从立宪与专制公文之不同的角度，对上谕或曰诏旨做出分析、质疑：“今之政府，全不识立宪政体为何物，以上诸信条，未尝有一焉悬其心目中者。法律与命令之区别及其范围，漫不省也。一切用上谕之旧形式颁布之而已。”[①] “立宪政体，以君主不负政治上之责任为一大

① 梁启超：《政党与政治上之信条》，《饮冰室合集·文集之二十六》，第 54 页。

原则。其所以示别于专制政体者，惟在此点。然当由何道，乃能举君主不负责任之实，此非明诏旨之种类及其在国法上之地位焉不可也。我政府绝不知此义，故动则假诏旨为护符，以自卸责任。我国民对于此义，亦不甚明了，故一遇政府假诏旨为护符，辄不敢复纠问其责任。苟循此不变，则所谓责任内阁者，永无成立之时。而君主以一身当人民责备之冲，一无以异于专制时代，则立宪政体之精神，遂从根本破坏以尽。”[①]“今我国而欲实行宪政耶？则严定公文格式，而绝对的不发政治上之制诏。此其第一义矣。夫我国以制诏出政令之习惯，行之已数千年，骤闻吾此言，计未有不骇怪而却走者。殊不知现今各立宪国皆然，毫不足奇。而此中实含有无数之精理妙用，不可不深察也。不然，则可骇怪之事，孰有过于改专制以为立宪者？既改专制以为立宪，则固已破数千年习惯矣。专制政体，自有其全部组织以相维系，立宪政体，又别自有其全部组织以相维系。治国者无论采用何种皆可也，但既已采用其一种，则必须将此种之全部组织而悉采用之。”[②]他介绍说，“凡立宪国君主之诏敕，必须由国务大臣署名，然后效力乃发生。署名者，以定责任之所攸归也”。如果君主有违宪失政之举，也要由国务大臣负责；所以当大臣遇到有违宪失政之诏，就应力争，“争之不得，则宜辞职”。如果不争又不辞职，且贸然署名，“人人得起而责之，此立宪国最要之一条件也”。总之，如果大臣与从前一样只是接诏“奉令承教”，则不是立宪。[③]

---

① 梁启超：《立宪国诏旨之种类及其在国法上之地位》，《饮冰室合集·文集之二十六》，第55页。

② 梁启超：《违制论》，《饮冰室合集·文集之二十七》，第70页。

③ 梁启超：《宪政浅说》，《饮冰室合集·文集之二十三》，第39页。

1910年11月底，资政院议员与大臣冲突越来越尖锐，资政院议员们通过了具奏弹劾军机大臣案。但朝廷却颁谕支持军机大臣，希图资政院取消弹劾；摄政王载沣同时又颁发两道朱谕（军机大臣回避，未副署），支持军机大臣，不让资政院过问。一些机密要务，皇帝或亲自用朱笔书写，或批于臣工奏章之上，以示郑重，称为朱批谕旨，简称朱谕。但议员们非但未被朱谕训斥所吓倒，反而更加激愤，发言对朝廷也相当不恭，并通过了具奏明定军机大臣责任案。尽管此折被“留中”，未产生实效，但在全国产生了很大影响。

为此事，梁启超专门写了《朱谕与立宪政体》一文，从宪政法理的角度剖析朱谕此时已不合理不合法。他指出：“朱谕者，唐宋以来曰内敕，谓中旨特下，不由廷臣拟进者也。质言之，则出于君上单独意思，而不参以他机关之同意者也。”在皇权专制下，一切诏敕都是以君上单独意思而成立，所以内敕与普通诏书在法理上无本质区别。但在立宪制度下，凡政治上之诏敕，不经国务大臣副署不认为有效，这样并非要“削君主之权也，法理之结果，不得不然也”。因为立宪制是三权分立，“司法权则法院以君主之名行之者也，立法权则议会协赞君主以行之者也，行政权则国务大臣辅弼君主以行之者也”，所以君主“无单独自动之事。其有动，则必挟他机关以动者也”。因此，“大臣副署制所以为立宪政治之命脉者，其精神皆在于是”，如果有诏敕不经大臣副署，只能认为这是君主以自然人的资格所发之私牍，“不认其为以国家机关之资格而发公文”，当然无效。①

① 梁启超：《朱谕与立宪政体》，《饮冰室合集·文集之二十五（上）》，第162—163页。

从法理上，梁启超彻底否定了“朱谕”的合法性。

千百年来，皇上的诏敕都是“圣旨”“圣谕”，臣下要“跪接”。但在新的国家观念观照下，其“神圣性”就这样被完全解构。

中国政治传统，立法、司法、行政三柄合一，其“权柄”全在“天子”手中。当这“三权”都从“天子”手中一一解放出来、不具神圣性后，政府、朝廷甚至“天子”发布的各项规定、命令，都有可能受到质疑。

财政、税收、金融等各项经济规定、政策与各行各业、平民百姓关系最为密切，千百年来“皇粮国税”天经地义，“天下”都是“天子”的，“天子花钱”百姓根本不能过问。然而，在契约论国家观念中，在宪政制度下，国家 /“天子”其实是靠纳税人养活的，因此国家 /“天子”征税必须经纳税人同意，否则不能征税；国家 /“天子”不能任意花钱，必须经纳税人同意。但清廷的财政、税收此时仍基本按从前的“天经地义”行事，不能不引起广泛质疑。从戊戌维新起就不断解释、宣传“纳税人”意识，倡导没有代表不纳税的梁启超，此时更是广论经济问题，从税收、财政、预算到铸币、盐业等，林林总总，此处无法细述。其中心思想是：这些经济问题从本质来说，首先不是一个经济的问题，而是一个政治的、法律的问题，是权力的归属问题。这些问题都不是国家秘密，必须全部公开、透明，因为说到底这些钱都是纳税人的钱，知道、了解并且约束、限制政府花钱，是公民的基本权利之一。要使政府受到制度约束，最重要的手段是从财政、预算、税收入手，对其制衡和制约。国会，则是纳税人表达同意与否的平台。“若有国会，则于政府财政计画，必当严为监督，租税系统，不容不斟酌至善，万不许如今日之毫无纲纪，偏枯一至此极。如是则国之石民庶可稍苏，而元气或可维持于万一。”[①]

当立宪派观念一新，从宪政的角度对统治者的立法权、行政权、财权都提出质疑时，清王朝依然按“传统观念”行事，以为凡事与从前一样，只要发一诏旨即可。这种“新旧冲突”，是立宪派起而抗争，最后走向革命的重要因素。

虽然时间不长，立宪派在各省咨议局和全国性的各省咨议局联合会的议政活动，是近代中国政治现代化过程中地方民主政治的初步尝试。在即将到来的推翻清王朝的革命中，立宪派以咨议局为平台，起了极为重要的作用。

四、立宪派“革命化”

在开办咨议局的过程中，立宪派与官方矛盾重重，深感如果不采取主动措施，立宪诸事很难进行。于是，由具有全国性影响的立宪派领导人、江苏咨议局议长张謇于 1909 年 10 月开始筹备发起全国性的国会请愿运动，要求尽快召开国会，而不是等到原定的宣统八年（1916）。11 月，张謇发动了十六省咨议局议员开国会请愿运动。在著名的《送十六省议员诣阙上书序》中，他将“亡国”分为

① 梁启超:《为国会期限问题敬告国人》,《饮冰室合集·文集之二十三》，第 22 页。

两种，一种是“有形之亡国，国亡而民不尽亡”；另一种是“无形之亡国”，即“国不必遽亡而民亡”。中国传统朝代覆亡数不胜数，但都是“一姓覆亡”。立宪与国会就是“进我人民于参预政权之地，而使之共负国家之责任”。[①] 虽然非常含蓄，但他将“民”与“国”区别开来，此处所谓“国”是历史上的各个朝代，实质是与民无涉的“政权”。这则请愿书，表明他，或者说他们，完全接受了新的国家观念。循此思想进路，张謇在两月后的《国会代表上都察院请愿书》中明确、具体写道：“国会者，人民与闻政治之所也。必人民得有公举与闻政治之权，国家乃能加以增重负担以抒国难之责。”[②] 强调国家的根本在于人民基本参与政治的权利，国会则是人民参政的平台。

从 1910 年 1 月起到 11 月止，在不到一年的时间里，以地方士绅为主的“立宪派”发动了四次大规模的国会请愿运动，声势浩大，遍及全国。

尽管“开国会”的呼声越来越响，一浪高过一浪，清廷就是毫不妥协，不愿让出点滴权力，拒不开国会，拒不立宪，反而采取越来越激烈的手段镇压立宪运动。清政府确已不堪救药，对各种警劝充耳不闻，一意孤行，仍要大权独揽，结果便是众叛亲离。

1910 年 6 月，立宪派发动的第二次国会请愿被朝廷严拒，激起立宪派更大愤怒，有人公开号召要消灭政府假立宪之威焰、破除假立宪之狡猾。梁启超立即发表《论政府阻挠国会之非》一文，他苦

---

①《送十六省议员诣阙上书序》，《张謇全集》(一)，江苏古籍出版社 1994 年版，第 128 页。

②《国会代表上都察院请愿书》，《张謇全集》(一)，江苏古籍出版社 1994 年版，第 139 页。

口婆心地解释说，之所以要求现在就开国会而不是原定的宣统八年，之所以要争取这区区几年时间，是因为:“徒以现今之政治组织，循而不改，不及三年，国必大乱，以至于亡。而宣统八年召集国会，为将来历史上所必无之事也。吾之此论，非惟政府群公闻而掩耳，即邦人诸友，亦将疑为泰甚。虽然，吾亦岂忍为此不祥之言？因果相嬗，自有定律，固非讳言之而遂能逃避也。”[①] 梁氏预言确实惊人准确，果然不到三年国就“大乱”，果然“宣统八年召集国会”确为历史所无之事。

1910 年 10 月，立宪派发起第三次国会请愿，要求“明年”就召开国会，而这一次与前两次的明显不同之处是，全国十八省总督、巡抚、将军共十九人也联名上奏要求“明年”开国会。

以商界为主体的三次请愿，提出的内容大体有以下几个方面：一、立宪是国民义务，商人在国民中占有相当的比例，参加请愿责无旁贷。二、中国工商不兴的根本原因在于没有法律，政府不受议院监督，导致民穷财尽，公私交困。国家、地方之行政经费，政府得以为所欲为，商人不敢过问，人民对于国家只有担任义务之劳，永无安享利权之望。无国会则国家银行无信用，实际无国家政策，无法制止政府乱收税。因此，必须开国会，成立议院。三、以事实证明如果不开国会，商界的行为庶几可告无罪于国人，是国家之负我商界，非我商界之敢忘国也。四、如果最终不开国会，不仅四万万人努力不够有责，最主要的责任应商人承担。请愿书的主要内容，标志了新的国家观念为更多的绅商所接受。国家主权在民，

① 《论政府阻挠国会之非》，《饮冰室合集・文集之二十五（上）》，第 107 页。

国会是人民参政的平台；经济发展屡受挫折的根本原因是法制环境恶劣；政府应受国会监督；政府征收赋税，如何使用行政经费都应经纳税人同意、过问；国家银行应受国会监督。

这些内容，清廷都是断然拒绝。虽然拒绝了第三次请愿，但由于绝大多数地方大员都要求第二年开国会，清廷确实不能不认真考虑。经过御前会议讨论，清廷在11月初发布上谕，宣布立即组织内阁，于宣统五年开国会。宣统五年是1913年，比原定的1916年提前了三年，但比立宪派和士绅要求的1911年则晚了两年。

对此，立宪派发生分化，在京请愿代表团当即解散。张謇感到满意，中止了原来打算亲自北上活动的计划。但国会请愿代表团却深感不满，继续要求立即召开国会。清政府采取激烈措施，不仅驱逐请愿代表，还逮捕惩办天津学界请愿同志会会长温世霖。三次国会请愿运动彻底失败。上海总商会举总会议董、大商人沈缦云代表参与第三次国会请愿运动，并求见庆亲王奕劻，请从速召开国会。遭到拒绝后，沈“退而叹曰：‘釜水将沸，而游鱼不知，天意难回，请从此辞。’乃束装返沪”。[①] 回上海后，他开始与革命党人联系；1911年春，他在沪活动南北商团公会成立全国商团联合会，举李平书为会长，后又成立中国国民总会，沈本人出任会长，宋教仁、陈其美、谭人凤等一大批同盟会员均是国民总会重要成员。7月底，由革命党领导人谭人凤、宋教仁、陈其美等人组织的同盟会中部总会在上海成立。在此前后，沈缦云、李平书和商会、商团重要负责人王一亭、顾馨一、叶惠钧等，都相继参加同盟会，事实上已难分

①《沈缦云先生年谱》，上海社会科学院历史研究所编《辛亥革命在上海史料选辑》，上海人民出版社1981年版，第981页。

彼此。清廷之举，使张謇极为沮丧，叹息说：“亟求立宪，非以救亡；立宪国之亡，其人民受祸或轻于专制国之亡耳。呜乎！世人知余言之痛耶？”[①] 在立宪派人士中，张謇与清廷关系最为密切，也最为温和保守，连他都如此悲观失望，遑论他人。

在巨大压力下，清廷又宣布将立即成立责任内阁，以张謇等为代表的立宪派人士本就一直希望渐进、缓进，能妥协就妥协，对此又充满期待，因此第四次国会请愿运动规模很小，主要是来自奉天的代表。清政府的危机眼见已过，却在1911年5月8日利令智昏地出台了一个垄断权力的“皇族内阁”。这个内阁由十三人组成，其中九名为满人，汉人只有四名；而在这九名满人中竟有七名为皇族成员，因此人们将其称为“皇族内阁”。这种“组阁”完全违背了皇族成员不能入阁当国务大臣的基本原则，实际向世人宣示清廷所谓“立宪”只是一个幌子、其实根本不愿放弃一丁点权力的真实面目。此举实无异于自掘坟墓，结果使作为其统治基础的士绅阶层愤怒异常，对它抱有一线希望者也与其迅速疏远，最终弃它而去。

尽管如此，立宪派最上层少数领导仍不放弃最后希望，还想走相互妥协的改革之路。5月12日，各省咨议局联合会在北京召开，商讨对策。第二天，大家一致认为皇族充当阁员违背立宪原则，一致反对，所以开始时以推翻皇族内阁为中心议题，但经过冷静思考后，与会者认识到实际无法达到目的，于是决定妥协让步，认可皇族成员违反规定任内阁阁员，但反对皇族充当内阁总理大臣，希望朝廷也妥让一步。6月6日，他们将此议案呈请都察院代奏，请另简

---

①《辛亥正月二十日日记》，《张謇全集》（六），江苏古籍出版社1994年版，第646页。

大员组织内阁，但朝廷置之不理。咨议局联合会于是再次呈请都察院代奏，同时公开发布报告书，指出皇族内阁名为内阁，实则军机；名为立宪，实则专制。

然而，皇族内阁非但不思悔悟，反而在7月5日副署的上谕中斥责联合会议论渐进嚣张，干预君上大权。在中国传统政治文化中，占统治、主导地位的观念是“天下”就是为一姓所有，臣民实际都是皇帝的奴仆，根本无权过问、干预君上大权。

现在有观点认为辛亥革命过激，缺乏妥协，然而史实说明，拒不妥协的恰恰是清王朝。连立宪派提出的皇族成员可违反原则当内阁阁员但不可当总理大臣这种双方各让一步、最低限度的妥协方案清廷都严词拒绝，其他妥协就不必谈了。此时，立宪派整体实际已转向革命。

而且就在皇族内阁成立的次日，清政府即副署了实行全国铁路干线国有政策的诏令。由于财政困难，清政府曾允许民间兴办铁路公司，但当清政府向外国银行团举借巨额外债后，开始谋划将铁路收归国有。5月18日，起用前开缺总督端方为督办粤汉、川汉铁路大臣；20日，邮传大臣盛宣怀代表清政府同英、法、德、美四国银行团签订了湖广铁路借款合同。从理论上来说，铁路借款和铁路干线国有政策未尝不可。但问题在于，政府向外国借款属于资政院职权，必须经资政院议决通过；各省商办铁路收归国有关系到本省的权利存废，属于咨议局职权，必须经咨议局议决通过。有必要一提的是，提出这一政策的，恰恰是此时新任邮传部尚书的盛宣怀。当年在与袁世凯争斗轮船招商局、电报局时，他代表商人，维护商人利益，最后失败。而他成为政府大员后，几乎就是用袁当年对自己的方式来对待商人。立场一变，观点就变，颇堪玩味。

无论多少人反对，皇族内阁仍然擅自决定实行，这不仅违背了立宪原则，而且也损害了普通股民，尤其是投资最多的绅商的利益。绅商率先起来抗议，湖南、湖北、广东和四川的立宪派立即领导群众开展了保路运动，其中以四川最为激烈。结果，清政府反而逮捕了四川保路运动领导人、咨议局议长、具有全国性的各省咨议局联合会副主席蒲殿俊，随后在成都开枪打死三十余名手无寸铁的和平请愿者！为“保路”组织起来的保路同志会不仅以保卫股权动员民众，更以维护宪政为号召。当保路运动风起云涌时，清廷谕旨端方带兵入川，并可相机调用川军，对反抗者可“格杀勿论”。

张謇确切感觉到皇族内阁这一政策的巨大危险，可能导致清王朝的覆亡，立即起草了《咨议局联合会请饬阁臣宣布借债政策呈都察院代奏稿》，首先从法理上论述了此次举借外债与全国铁路干线国有不合法，作此决定的大臣应该被弹劾：“立宪各国慎举公债，必经国会之议决。先期钦定资政院章程，亦以议决公债之职权，畀诸资政院。不经资政院议决而起之国债，遵先朝之法律，原应归于无效。惟合同既已签押，事实再难更变。大臣违法，属资政院弹骇之范围，议员等请姑请舍法律之争论。所急求明白宣示者，为关系存亡之借债政策。”然后反复向朝廷说明实业与法律的关系：“实业之发达，必持有完备之法律，以为监督保障。内地各种已举之实业，旋起旋灭，非法律不备，即用法不善，有以蹙其性命。”“安敢毅然取消累年之成案，夺商民已得之权利。”最后他警告说：此事“大计攸关，存亡一发，薄海士庶，危疑交并”。然而，皇族内阁对所有的建议、劝告、反对、警告都充耳不闻，一意孤行。[①]

对清政府的铁路政策，梁启超更是立即撰写大量文章，指其完全违背了宪政的基本原理与程序，充分说明其“立宪”是假立宪。

在《论政府违法借债之罪》中，梁启超指出清廷完全违反了其自定的法律，政府应不应借外债、借来外债如何使用，是政治问题，政治问题可以各有各的看法、观点。但是，如何借外债是一个法律问题，因为“资政院章程”第十四条第三项已有相关规定。在未立法前，可以一道“圣谕”便做决定，但已然立法，就应遵循法律。政府更应当守法，如果政府不守法，后果将非常严重：“法立而不行，乃真无法。无财之国，贫弱而已；无法之国，必至乱亡。今试问国家之颁法律，为美观耶？为儿戏耶？抑将使民共守之耶？抑又将凡名为民者则当守，凡名为官者则不当守耶？使政府以欲擅借此债之故，先行奏请将资政院章程改正，削去第十四条第三项，而得旨裁可，则吾民更无异言。”“吾侪之所以乐有国者，以其能庇我也。国之所以能庇我者，以其有法以规定公私之权利义务而保其秩序也。今也法皆为具文为废纸，国家最高机关，以身作则，明教我以不必遵守，则吾亦何苦更遵守者？其不至秩序全破，变成为无国之部落蛮民而不止也。”“须知政府如此举动，虽使今日借得外债，明日即战胜地球万国，然犹不足以赎其罪。何也？彼盖取国家所以成立之要素，翻根柢而破坏之也。”“一问政府，凡以前颁布之钦定章程，是否当守？违犯者为有罪为无罪？如曰当守也，违犯者有罪也，则现犯此罪之政府，何以处之？如曰不当守也，违犯者无罪也，

① 《咨议局联合会请饬阁臣宣布借债政策呈都察院代奏稿》，《张謇全集》（一），江苏古籍出版社 1994 年版，第 166—168 页。

则岂惟资政院咨议局当立即拆毁而已……”“吾不过借此事以示其例耳。……呜呼，我国民思之重思之。此非宪政成立与否之问题，乃国家存在与否之问题也。我国民今日而不求解决此问题也，则毋宁四万万人齐蹈东海以死，毋宁留此亡国孽种以为世界博物场之玩具也。”[①]

剖析完清政府举借外债违法、违反程序后，梁启超又写了长文《收回干线铁路问题》[②]，从政治、财政、中外历史、法律乃至士林风气几个方面剖析这一政策的违法与荒谬。

他首先从政治方面详细介绍了西方国家此时开始出现并且影响越来越大的“国家社会主义”。他介绍说，国家社会主义主张铁路国有主要有四点理论：一、铁路用地甚多获利甚巨，如果私营，则厚利归少数人，显失公平，国有则体现公平。二、铁路需要资本巨大且具有排他性，如归私人，不利于其他产业，国有则能免除此弊。三、私营铁路唯利是图，偏僻地方将无人修路，国有将以盈补亏。四、如有大灾害或战争，国家调动车辆更为方便。这四点，梁认为是铁路国有的明显优点，是铁路私有远远不及的，所以现在的经济学中“以国家社会主义为最协于中庸，而国有铁路政策，实能使此主义之精神现于实者也”，因此世界上多数国家实行铁路国有政策。梁启超承认，自己也“素所服膺”，赞同国家社会主义。但是，梁启超笔锋一转，指出一种主张、一项政策的好坏优劣无法抽象地评定，任何主张、政策只有在具体的社会情境中实行才能体现出好

① 梁启超：《论政府违法借债之罪》，《饮冰室合集·文集之二十五（下）》，第31—34页。

② 梁启超：《收回干线铁路问题》，《饮冰室合集·文集之二十五（下）》，第51—62页。

坏优劣。在世界上其他国家实行铁路国有确为良策，但在中国的现实环境中，清政府铁路国有却可能为劣政。他提出了几项理由：一、“国有”的动机是否为了公益，是否符合国家社会主义之精神？他的结论是，清政府并非为了公益，而是为了自己的利益。因为其他国家铁路国有，是以赢利的国有线路补贴、修建亏本的偏僻支线。而清政府恰提出赚钱的干线收归国有，不赚钱的支线仍由民营。二、铁路国有对政府提出了极高的要求，要求政府廉洁高效，消除官僚主义。如果政府做不到此点，则不如私营。中国已有的京津、京张、京汉、京奉等路为国有，除京奉路因有日本南满铁路竞争，服务稍好外，其余几条铁路都是质次价高。其中京津、京汉运输非常繁忙，应当能够赢利，但其票价之高世界少有，服务之差亦所罕见，结果“致人民视乘运为畏途，非万不得已，则毋宁舍而他适”。更重要的是，清政府贪污成风，如果国有，“则藉官力以舞弊，既无股东以议其后，而长官或且与之相朋比，所谓行政上之监督，尽成具文，使之营有利事业，其不至尽盗公利为私利焉不止也”。所以，如果要铁路国有，必须做到国家纲纪极严明，官吏没有作奸犯科之余地。“其有之则立即暴露，暴露则刑罚必随其后。”官吏权限严明，上级不能任意干涉属下。行政高效，无官僚主义。“尤须立宪政体基础巩固；行政官吏，绝对的自知责任；而国民之监督机关，凡有失政，无巨无细，而皆得予以相当之制裁。”这些，中国都不具备。“试问有一人知勤勉奉公之为义务者乎？有一人知舞弊自肥之为恶德乎？小吏作奸，长官其肯举发之而无狗庇乎？大臣渎职，国民其能纠督之而使引责乎？既无一能，则国有铁路，徒为一国中最卑污之游手蠹民（即官吏），开无量数之利孔而已。夫以国家而行豪强兼并，然且不可，况乎兼并所得，又非归诸国家而乃归诸盗国之猾吏！是无异于朘小民粒粒辛苦之血汗以豢蛇虺也。”所以，“此就政治上言之，我国民万不能许政府行此政策”。

其次，他从财政方面对铁路国有政策做出分析，指出：“国有铁路政策之所以可贵者，以其能使国家社会主义现于实际，为国民全体增进利益”，以铁路盈利减国民赋税，“而绝非欲藉此以为国库谋增收入也”。他对邮传部去年公开奏报详作分析，指出几条铁路只两条赢利，盈亏互补，微有赢利。赢利最多的是京奉铁路，但四年来盈利递减，然而，官员“俸给”却倍增，所得盈余“入于官吏之手耳”。进一步说，清政府要将民营收为国有，如按国际成例应给一到二倍的赔偿；退一步说，“此实无理”地只按原价支付，也远远超出了清政府的财政能力，政府只能再大借外债。

第三，从国民生计方面，梁启超深入分析了“国有制”与“民有制”的关系。他指出，铁路是促进产业发达最重要的领域，世界上“今者行‘国有制’之国，前此固皆尝经过‘民有制’之一阶级来也”，因此他“不敢骤然雷同‘国有制’”。对于认为政府只收回干线，支线仍许民营，因此不能说压迫人民生计的观点，他反驳说能赚钱的都是干线，而且支线要依附于干线，其实质是国家“公然恣行豪强兼并而不讳，将脂肪肉腴，垄断于己，而投骨以使民吮啮”。清政府将铁路干线收归国有的一个重要理由是此前民营铁路公司经营不善，多年未建成，且有舞弊。对此，梁启超反驳说，有的线路之所以未建成，是因为资金短缺，通过融资即可解决，“非应否归官办之问题也”。有的线路确因负责人舞弊而受损，但是，因此就应由官办吗？他提醒人们，如果官办，“其舞弊必更甚于商办”。之所以商办也会有严重舞弊，因为法律不到位，给宵小可乘之机。“非立宪政体确定法律状态稳固之国，则股份有限公司决不能发生。”

只有立宪，有清晰严密的法律限制，政府真正起到监督作用，才能规范股份制公司的经营活动。“夫在今日之中国，必须设种种方法直接间接以保护助长有限公司之发达，此政府之职也。政府诚能举此职，则民能集公司以办凡百事业者，曷为独不可以办干线铁路？以是为应改官办之理由，其不完亦甚矣。况乎官办之舞弊，更甚于商办。政府何颜之厚，而靦然独以此责吾民哉？”

从“国有”“民有”与民生关系，他进而再次论述到国家社会主义，并把问题提高到中国能否跨越资本主义阶段实行社会主义这种历史发展阶段的高度。他认为国家社会主义是公平的制度，所以他是国家社会主义者。但是在中国情境中，“夫以中国之腐败官僚政治，断不能假其手以行国家社会之真精神”。所以，“谓今之中国，必须事事效法国家社会主义，吾亦未见其可也”。此时的中国，是“做大蛋糕”重要还是如何“分蛋糕”重要，他认为“做大蛋糕”是工商落后的中国的当务之急：“要而言之，则今日中国国民生计上之问题，乃生产问题，非分配问题也。”欧洲奖励生产百年，工商高度发达之后，“至今日以生产过剩为患，其重要问题之移于分配，实发达之顺序宜然。今我国而欲效之，是犹闻有道术者能绝食飞升，而以未经修练之人，漫然欲辟谷而行空也，其馁而蹶焉必矣。是故今日之中国，必奖励企业为最要之政策，而铁路之自由商办，实为贯彻此政策之一手段。观夫现行‘国有制’之国，前此莫不经过‘民有制’之一时代，则此中消息，已可参知。此就国民生计上言之，我国民万不能许政府行此政策者”。简单地说，他认为中国历史发展无法越过私人资本主义而进入以国有制为主体的“国家社会主义”。

第四，梁启超从法律层面剖析了“铁路国有”政策。他强调，政府对于人民之“既得权”应有遵守、尊重的义务，对此，政府应有最深刻的认识。“国家一旦既将某权赋予于人民，则虽以国家最高机关，犹且不容侵犯。”这是权利的本质属性。所以，“据大清商律以设立之各铁路公司，政府果有以一纸命令取消其权利之权利乎？”针对那种人民权利由国家给予，因此国家有权取消此项权利的“权利渊源在国家”的观点，梁启超反驳道，即使如此，退一步承认人民的权利是国家赋予，“变更人民权利之权，诚属于国家，然国家当经由何机关以行使此权，此言法治者所最当谨也。凡一权利之变更也，直接蒙其损失者不知几何人焉，间接蒙其损失者又不知几何人焉，故国家慎之。凡规定一权利或变更一权利，必以法律。而法律也者，不能由执行机关（即政府）漫然发布之而已，必经意思机关（即国会）之决议然后成立。凡以使人民安于法律状态，斯国家之秩序乃得而常保也”。

国家此前已赋予人民修铁路之权，一些民营铁路公司依据大清商律经政府批准成立，一旦这些公司的“法人资格”被取消，涉及十几省十几家民营铁路公司，涉及广大股民数百万、资金几千万甚至上亿，所以，“法治国所以极尊重人民之既得权，而不肯轻易侵犯之变更之者，诚以其牵动太大，易滋民惑也”。如果国家一定要收归国有，如此重大事项按法律必须经过资政院。如果此事不依法办事、不经资政院，那么何事才依法、才经资政院议决？政府不遵守自己制定的法律，“呜呼！我民有以窥见政府之视资政院若无物，视法律若无物，视人民权利若无物矣。夫政府之意，岂不曰是区区者原不足以为轻重也。殊不知人民所以乐有国家者，恃国家之能庇我耳。国家所以能庇我，恃其法律之神圣耳。至于法律不可信凭，人民对于其所有之既得权，常凛凛不自保，则上下相疑，儳然不可以终日矣。今以数十省百余万人之既得权，而可以一纸诏书径摧弃之……

不许人民以商略诉愿之余地，惟疾声厉色，以违制相胁吓。吾民自今乃知凡前此国家所赋与我之权利，无一而得确实之保障。我生命财产，皆不知命在何时，政府但以一纸命令，可以攘夺无孑遗。则举国将嚣然丧其乐生之心，其悍者乃激而横决，不知政府又何以待之。此就法律言之，我国民不能许政府行此政策”。

铁路收归国有的上谕中有“煽惑抵抗以违制论”，梁启超对此非常敏感，专门写了《违制论》分析其荒谬，指出此论为害甚巨。梁启超写道：“新内阁成立后次日，发收回铁路干线之明谕，内有‘煽惑抵抗以违制论’一语。此语与立宪主义有何关系？当一论之。”他以丰富的宪政知识分析表明，真正“违制”的是清政府。因为在立宪国度，君主超然政争之上，政府政策如遇反对，或是官员在国会演说通过投票战胜反对党获得通过，或是未获通过而辞职，君主不能发诏，才能超然政争。政府政策要经公开辩论，言论自由，君主才能超然。“若一切傅之于君主，惟其言而莫予违，则不能怒以声者，必怒以色，不能怒以色者，必怒以目，不能怒以目者，必怒以心。真是不见，而冤气徒积，此立宪国君主所以必当超然于政争之外者。”总之，君主应当利害双方的调和者，是“第三者”。“夫君主无责任之一大义，实立宪政体之中坚，其全部组织之一切条理，皆从此义引出。而不发政治上之制诏，即所以举君主无责任之实，而为条理中之最要者也。”今日立宪之国君主从来不轻易发诏，如果发，也是一种抽象的原则，而不是具体的政策。他尤其不能容忍的是谕旨内竟将反对者“煽惑抵抗以违制论”：“抑吾更有不能已于言者，凡文告之直接以拘束力及于臣民者，其用语不可不力求明确。”他强调，任何“直接以拘束力及于臣民者”的做法“必当以法规的形式行之”，而不能以谕诏一类规定。他指出，以“煽惑抵抗”为罪太不明确，与钦定宪法大纲自相矛盾，“无论如何，总不宜出以诏旨。陷我皇上于政争漩涡中，尤不应以此种束缚驰骤之言，入于诏旨，致臣民疑朝廷之有意违宪。此则副署大臣不能辞其咎者也”。[①]

从清政府宣布铁路干线国有到保路运动的兴起，革命党人当然也异常关注。颇有意味的是，革命党领袖宋教仁的有关论述与反对革命的立宪派领袖梁启超的论述竟如出一辙。

宋指责清政府的铁路政策十分“荒谬”，他也是从公民财产权、国家权力与公民权利关系、国家信用等几方面，论述清政府此项政策不合法，论述公民保路运动的正当性。他首先分析说，世界各国铁路或以所有权分，有国有与民有两种形式；若以营业权分，不外民业与官业两种形式。所有权与经营权综合考察，主要是国有官业、民有民业两种形式。“在崇尚自由主义尊视民权之国，则趋于民有民业；在崇尚干涉主义偏重官僚之国，则趋于国有官业。”两种形式，究竟孰优孰劣，长期争论不休。“大抵自行政、军备、财政等之关系言，一国铁路固以归诸国有官业为便，若自经济、社会等方面之关系言，则仍以民有民业为有益，诚以尊重人民企业之权，诱起一般投资之念，与夫经济管理维持改良之法，国有官业皆不如民有民业之有效而得宜也。”德国、日本以国家为重，所以铁路为国有官业，英国、美国以国民为重，所以铁路民有民业。他强调：“吾国铁路事业方在幼稚时代，民业尤宜奖励保护，使日发达。”

他进一步指出，德国、日本的铁路都经过从民有民业到国有官业的阶段，但是，德、日在铁路国有化的过程中，都是经过议会的批准收购民办铁路，给予足够的补偿。相反，现在的粤汉、川汉路

① 梁启超：《违制论》，《饮冰室合集·文集之二十七》，第67—71页。

“为民有民业已久，固政府所特许者”，但清政府铁路国有化未经合法程序且未给民众足够补偿就要收回，其实是“藉口政策而蹂躏人民已得权利，其与杀越人于货者何异？今而后，国民之企业家皆将要栗栗危惧，不克自安，其尚望踊跃以经营各种产业耶”。他的结论是：“彼辈实不知铁道政策为何物，惟以其便于中央集权，且当其事者，又可藉此以收冥漠中之大利，故不惜牺牲国家大计，国民权利，而拱手以赠之于人，其狼心狗肺，真投诸豺虎亦不饮其余者也。噫，今者事争矣；彼辈怙恶不悛，方挟其专制淫威，日日实行所谓政策不已，吾民稍有不顺者，且以格杀勿论之鸿典下被也。噫！吾民乎，其果薄志弱许竟听其既取我子又毁我室而不知自救也耶？”[1]

当有人提出“川人宜速转圜”“不可使政府过坠其威信”的论点时，宋教仁针锋相对地说，应当“转圜”的是政府而不是保路的民众，因为全川保路同志会宣言书中早就明确说：“川人所争者，新内阁第一政策，不依法律而举债，不依法律而收路，种种蛮横，直从根本上破坏宪政，故愿签名决誓，先海内死争之，区区股东权利，犹其末节。”他进一步问道：“政府欲求和平，则何不先自转圜？政府欲保威信之不过坠，则何不先去其自损威信之举动？且政府与人民孰重？政府之威信与人民之元气孰重？牺牲人民以卫政府，天下庸有是理耶？”

立宪派宣言保路首先且主要是为了维护宪政，为此，宋教仁理所当然地将“立宪话语”引入到“革命话语”：清廷宣布立宪时，公布了宪法大纲，设立了资政院、咨议局，不少人相信其真立

① 宋教仁：《论近日政府之倒行逆施》，《宋教仁集》上册，第225—227页。

宪。但是，铁路收归国有等所作所为表明清政府根本不遵守宪法，无视资政院、咨议局，证明它的“立宪”是“伪立宪”：“所谓借债筑路之政策既定，不经资政院、咨议局之决议，径自大借外债，收回川汉、粤汉铁路，政府先自违反宪法大纲及资政院、咨议局之章程，不顾国家之命脉，侵夺人民之权利，于是吾民始颇知政府之不足恃”；曾有人相信这“不过偶为一二奸臣所误”，仍对朝廷抱有幻想，以为朝廷能“悔悟而一改悛”，没想到上谕却是“以格杀勿论之严令惧吾侪小民，数年来，彼辈所戴伪立宪之假面，遂由是一旦脱去，毫无顾忌”。此后，如果民众不要求真立宪则罢，如果要求真立宪，“则断非平和手段所能动其毫末”，民众“乃知专制之威非平和所能克”，当然“群众之力非压迫所能制”。清政府的所作所为，使暴力革命必然成为民众的选择，“此固事有必至，理有固然者也”。清政府此政策确为革命提供了难得的“题材”，作为革命者，宋教仁还以美国革命、德国革命、法国“二月革命”都是由公民抗税、维护自己合法权益引爆的历史，鼓励川民坚持保路，并且不限于保路，由此引发革命，建设真正民权的立宪政治，“湘、鄂、粤人及各省人亦同时并发，风起水涌，以与川人同其目的，吾恐数千年充塞东亚天地之专制恶毒，或将因此一扫而尽”。[①]

前面提到梁启超认为清政府不讲程序铁路国有“必至乱亡”，中国将“变成为无国之部落蛮民而不止也”，若不解决宪政问题“则毋宁四万万人齐蹈东海以死，毋宁留此亡国孽种以为世界博物场之玩具也”，必将“举国将嚣然丧其乐生之心，其悍者乃激而横决”的论述，与宋教仁的“革命论”异曲同工。只不过梁畏见其成，惧之谓

① 宋教仁：《论川人争路事》，《宋教仁集》上册，第315—320页。

“乱亡”；宋则乐见其成，赞之谓“革命”。清王朝将因此而亡，二人判断相同。

历史证明张、梁、宋三人判断无误，“铁路国有”终于成为推翻清王朝的导火线。梁启超与宋教仁话语的类似，其实预示了立宪派在武昌起义前后迅速走向革命、与革命党“合流”的可能。确实，契约论国家观，是立宪派与革命派的“最大理论公约数”、最基本的理论认同。

其实，最先起来保路的是湖南湖北两省绅商，但“两湖”之所以能早早平息，因为清政府对“两湖”实行的是路股照本发还政策，这也说明当时的“民营”并非刻意反对“官营”、反对政府收购，只是政府也应尊重契约、尊重市场规则、尊重“等价交换”。而清政府秉承中国“强政府”的政治传统，毫无契约意识，认为自己权力无限、强大无比，手操对民营企业的生杀大权，更可对其予取予夺。只有市场交易中两个权利平等的主体，才有可能订立契约、遵守契约、尊重契约，中国传统国家观念中的官民关系不是彼此权利平等的关系，而是主从关系。所以，官府不可能承认官方与民间商人之间的交易是一种契约关系，实质仍是一种主从关系。虽然官府有时可以让利，甚至大幅度让利于民间，但这并非一种契约关系，而是官府的大度、善意的体现。由于是主从关系并非契约关系，所以官府可以随时、任意改变政策甚至法令法规。正是在这种观念主导下，才可能做出以低价“收买”四川民营铁路股权的错误决定。它以为自己“低价收买”降低了成本，其实是付出了巨额代价，即以政府信用为代价，代价之高，难以想象，最终付出了整个王朝。

从 1910 年国会请愿运动起，到清政府最后拒绝妥协的政策标志“皇族内阁”和“铁路国有”的出台，是立宪派迅速走向革命、与革命党“合流”的最直接原因。清政府倒行逆施，使自己的统治基础都离它而去。一个没有基础的巨大建筑，垮塌只是时间问题。

当时，建立宪政国家最重要的一点是如何处理“满人”的问题。革命党人向以“排满”著称，曾经的纲领就是“驱逐鞑虏，恢复中华”，以致长久以来，甚至认为“排满”“种族革命”是辛亥革命的重要内容甚至“本质”。但其实并非如此简单。正是契约论现代国家观使包括满族在内的“民族平等”成为革命派未来国家建构的主要内容，革命党人逐渐调整了自己的纲领。革命派重要宪政理论家宋教仁的论述，将保路运动纳入民族平等的话语，颇能说明此点。

1905 年 8 月，清廷刚开始议论立宪，宋教仁立即发表了《清太后之宪政谈》，剖析清廷立宪的可能性。他从“立宪国民，其义务必平等”“立宪国民，其权利必平等”“立宪国民，有监督财政之权”三个方面论述清政府不可能真正立宪。义务平等、权利平等、监督财政确是宪政的基本内容与基本制度框架，说明此时宋教仁已把握了宪政的基本要领。以此为分析框架，他认为：在清廷统治下，满人享有各种特权，汉人受到制度性歧视——如有清一朝规定，汉族人要纳税，满人不仅不纳税，反而享有天生的特权。现代宪政国家最普通、最重要的一点是国民平等纳税，税收与宪政有着根本性关系，所以，他问道：“今能停给此项而令其与汉人同纳国税乎？”清政府不会真立宪，此其一。汉族人数远多于满族，但官员则满人占多数，尤其是重要官职，几乎都是满人，这种不平等都不能破除，如果今后立宪选举议员，汉人将占绝对优势，清政府能容忍吗？清政府不会真立宪，此其二。如果立宪，国家一切财政都要纳入国会公开讨论辩论的预算、决算法，清统治者向视天下为自己的家天下，会同意此点吗？清政府不会真立宪，此其三。总之，清统治者不可能放弃自己两百年的既得利益，所以作为革命者，他最后的结论是“革命性”的：“呜呼，吾汉人犹有日夜希冀满政府之和平改革者，其亦不已乎！其亦不可以已乎！”①

1911年6月，革命迫在眉睫，宋教仁主办的革命派报刊《民立报》有篇文章习惯性地用“狪狪”一词，有位读者马上来函指出不妥。宋教仁闻过则改，立即刊出《谢投函者》，公开认错，并劝国人抛此尊己贱人的偏见、恶习：“昨有某君投函曰：‘贵报前日新闻中有关于回回之记事，“回回”二字加以犬旁，作“狪狪”，似为杜撰，殆袭昔日尊己贱人之故见欤？’”“记者读此，深愧编辑访稿不检。夫习惯上素有以恶称加诸各种之习，此盖宗法社会时代之遗风犹有存者。今而后，吾人当力除此习，不独‘回回’为然，‘回回’以外各种人之称名，其文不雅驯当更易者，更不鲜，如广东‘客老’或作‘犵狫’，贵州‘仲家’或作‘狆家’，四川‘罗罗’或作‘猡猡’，云南‘潞人’或作‘猔夷’，‘求人’或作‘犾夷’，‘力些’或作‘猓猓’，皆是也。既得君警告，爰并举之，以劝国人焉。”② 这则“谢投函者”表明，他及革命党的民族观是平等的民族观，因此，他认为，真立宪就要废除满人的特权。

他的这一论点，击中的清王朝的软肋。清朝入据中原后，奉行“首崇满洲”政策，在入仕条件、官员任职限制、立法执法、经济方

① 宋教仁：《清太后之宪政谈》，陈旭麓主编《宋教仁集》上册，中华书局1981年版，第17—18页。

② 宋教仁：《谢投函者》，《宋教仁集》上册，第242页。

面都给予旗人以诸多法定特权，汉族平民百姓最直观的感受是汉人必须纳税，而满人不必纳税。种种不平等的法律、规定，在制度上保证了全体旗人在长达二百六十多年时间里，享受着高于国内其他民族的待遇。立宪要求公民权利与义务平等，以八旗制度为核心的满族特权制成为立宪的重大障碍，成为革命的助燃剂。朝廷与一些满汉高官，也感觉到这一点。1907 年 8 月初，张之洞致电军机处请代为上奏，强调：“方今革命党各处横行，人心惶扰。前奉明诏，令内外臣工条陈时政。窃思要政多端，岂能数日间全行举办？必须探源扼要，方能靖人心而伐逆谋。惟有仰恳圣明，特颁谕旨，布告天下，化除满汉畛域，令内外各衙门详议切实办法，迅速奏请，核定施行。此旨一颁，人心自定，乱党莠民，无可藉口。所有立宪、议会等事，俱以此为基址，自然推行无滞。其他各要政，尽可详审斟酌，次第举行。”[①] 张之洞是汉族官员，因此只敢说“化除满汉畛域”，未敢明言究竟满族有何特权。两江总督端方是满族大员，因此敢言一二，他上奏说：“朝廷虽于满汉并无歧视，尚有一二旧制，似乎权利义务不甚均平。如从前京外诸官缺，有专为满缺者，有满汉分缺者，有满汉并用者，大约满人较汉人为多。汉人无不纳税，满人则以兵之名额，坐领饷糈，有分利之人，而无生利之人。”[②] 然而对此“探源扼要”之处，清王朝不仅未能想方设法“平畛域”，最后几年在摄政王载沣的主导下，反而倒行逆施，权力迅速向满族亲贵集中，他们的权力突然增强、加大，立宪更加困难，甚至根本不可

---

①《致军机处》，《张之洞全集》第三册，河北人民出版社 1998 年版，第 2296 页。

②《两江总督端方奏均满汉以策治安拟办法四条折》，《清末筹备立宪档案史料》（下册），第 926 页。

能。立宪的“不可能性”大增，革命的“可能性”必然大增。

清廷为预备立宪，派大臣出洋考察各国政治，但清政府官员对现代政治了解无多，不得不依靠一些留日学生，革命党人、宋教仁的好友杨笃生也被招入其间。因此，宋对清廷的预备立宪多有所知，他翻译的大量有关宪政的著述、资料，多半是应杨的要求而译。1906年秋，清廷正式宣布预备立宪，并且决定从“改官制”入手。宋教仁在10月8日的日记中对此作了分析评论。清廷改革官制第一条：“总理大臣之任，以皇族充之。”第三条：“设立上议院，其议员以皇族、贵族及三品以上官员为之，下议院则俟民智开发之日，或十年或十五年之后乃设立之。”对第一条，宋教仁的观点是：“吾乃益信政府之不能开明专制与立宪也。总理大臣世界各国有定以皇族为之之宪法乎？”因为立宪的一个普遍原则是皇族成员不能当内阁阁员，更不能当内阁首领。对强调“民智未开”的第三条，宋教仁反驳说皇族、贵族的宪政知识其实反不如民：“况‘满清’之皇族普通知识皆未一有，甚者则至于不通汉文，游荡淫乱，何能执政权乎！彼等不识外交如何下手，内政如何下手，实业如何下手，教育如何下手，兵备如何下手，理财如何下手，皆长安之轻薄儿而已，纵其中未尝无一二人差强者，然以较之汉人，其优劣为何如乎？永世以此辈总国权，则永世无刷新之一日，且较之以前旧制人多职分犹不如耳，何有于立宪哉！盖此即满洲人讲民族主义之证，而欲其本族永世执政权以压制汉人之策也。上议院即行设立，以皇族、贵族、三品以上之官允之，而下议院则须俟十年、十五年之后民智开时乃设立。夫当今民智未开，固中国之不可讳者也；然而均是中国人也，岂有皇族、贵族、三品以上官之智转先开进而有议院资格，而国民反不及者乎？平心论之，均无议员资格，而国民究犹是彼善于此者也。试问皇族、贵族、三品以上官从何处而来乎？亦犹仍是以前之皇族、贵族、三品以上官耳，以前在政府则不能尽心施政，以致须改官制，今乃一旦置之于上议院，则将改过迁善以尽职乎？抑天将启其聪明才力以尽职乎？此真可笑之极也！盖此即政府讲真正专制主义之策，而不欲实行立宪之明证，以压制国民者也。噫，今而后吾乃益知政府之不能开明专制与立宪矣；今而后吾乃益知民族的革命与政治的革命不可不行于中国矣！”① 在辛亥革命前夕的1911年9月中旬保路运动高潮中，他鼓励四川保路民众：“不复规规于争路，由消极而进于积极，为四万万汉、满、蒙、回、藏人民首先请命，以建设真正民权的立宪政治为期。”② 他强调的，是包括满人在内的“五族共和”。

1911年10月10日夜，武昌平地枪响，大清王朝轰然坍塌，出人意料。因为，就在半年前，革命党人孙中山、同盟会经过精心筹划准备的广州起义以七十二烈士壮烈牺牲惨告失败，史称“黄花岗起义”。黄花岗起义使同盟会丧失许多优秀干部，领导力量大为削弱，内部分裂更加严重，革命成功，似乎遥不可期。然而仅仅时隔半年，仓促举事的武昌枪响却吹响了清王朝覆亡的号角。

武昌首义的成功，就在于得到了以士绅、商人为主体的“立宪派”的支持。10月11日，湖北革命党人占领了武昌城，由于原先安排好的领导人或伤或逃，一时群龙无首，革命党亟欲找声望素著的人物充当新政权的领袖。清军协统黎元洪被革命党推举为湖北军政府都督，而政务、交涉之事，则期望湖北省咨议局议长汤化龙出

① 《宋教仁集》下册，第668—669页。
② 宋教仁:《论川人争路事》,《宋教仁集》上册，第318页。

面负责。汤表示赞许革命，尽力帮忙，自己不知兵事，但可在政治和民事方面赞助，还提议通电各省请一致响应，以助大功告成。汤被任命为民政部长，在筹款、鼓舞士气、稳定社会秩序、保持地方治安方面做了很多工作。汤化龙是具有全国影响的湖北立宪派领袖，他的表态，使湖北其他立宪派人士迅即以实际行动支援了革命党，筹款捐款，维持地方。这对革命党解除后顾之忧、专心抗击清军的反扑、扩大战果、使新政权获得相对稳定的环境，起了极为重要的作用。武昌起义的初步胜利、新政权的渐渐巩固及汤化龙等人的通电，使不少省份咨议局迅速响应革命，反过来又大大鼓舞了更多省份的民众和立宪派，推动了更多地方响应武昌起义。

首先响应的是湖南。武昌首义胜利消息传来，湖南革命党人焦达峰、陈作新等即与立宪派黄瑛、左学谦、黄翼球等几次秘密商议发难，双方“握手共生死”。10月12日，长沙新军起义，黄瑛等在城内响应。当晚，焦达峰、陈作新被举为正、副都督。“各商民人等，欢迎义师，异常鼓舞，致送猪马牛羊者，不下数十起，绅学各界人等前往投效者，络绎不绝。”商、绅态度，非常明确。

接着，山西于10月29日宣告“独立”，阎锡山被举为都督。但军饷短绌，起义者迫使大资本家渠本翘捐款五十万。咨议局议长梁善济、副议长杜上化参与了军政府的谋议。

在政治上倾向立宪派的蔡锷，于10月30日领导新军起义，占领昆明，出任云南军政府都督。咨议局议长与副议长二人蝉联省议会正、副议长。

10月29日，江西咨议局及各团体开大会，商议独立，但巡抚出面劝阻。两天后，新军起义，宣告江西反正。

工商中心大都市上海的反正，立宪派的作用更大。11月3日，革命党人发动起义，早就参加同盟会的上海立宪派首领李平书等控制的商团武装积极参战，与革命党通力合作，继占领上海县署之后，又获得攻克江南制造局的胜利。6日，成立沪军政府，革命党人陈其美出任沪军都督，但一大批立宪派人士和商人在沪军政府任职，李平书出任民政部长，沈懋昭出任财政部长，王震出任交通部长，虞洽卿为顾问官。上海是中国工业、商业、金融、外贸的中心，如果没有商会和商团武装的大力合作，仅革命党人是难以取得起义胜利的，即便一时胜利，也难以长久维持。上海宣告“独立”，对清廷是又一个致命的打击。

紧接上海之后，贵州于11月4日宣布反正。发动起义的主要武装力量是倾向革命的陆军小学学生和新军官兵，但是由立宪转向过来的自治学社起了很大的作用。

江苏是经济发达、工商兴旺、士绅力量强大的省份，因此，它的“独立”更具戏剧性。上海反正消息传来，包括张謇在内的几位素有名望的江苏士绅先后说服江苏巡抚程德全响应革命，自保免祸。在他们的劝说、支持下，程德全终于在11月5日“独立”，宣布“和平光复”。除程德全由清政府的巡抚改称为新政权的都督外，一切照旧。或许大家感到这种革命也太“和平”了，便用竹竿挑去抚衙大堂屋上的几片檐瓦，以表示革命必须破坏。这月中旬，在全国具有举足轻重地位的张謇坚辞清政府农工商大臣、东南宣慰使的任命，到苏州出席省议会，蝉联议长，明确支持共和，不久，终于将作为清朝忠臣标志的辫子剪掉寄回家中。

与江苏独立几乎同时，浙江新军也发动起义。在起义前几日，参加了革命党同盟会的咨议局议员、立宪派成员褚辅成即与新军方面的革命党人商定，推举浙江咨议局议长、具有全国影响的汤寿潜为浙江军政府都督。11月3日，咨议局副议长沈钧儒到巡抚衙门，请浙江巡抚增韫拆卸满人营墙，将其全部编入汉籍，宣告浙江独立，以免战争惨杀，但为增韫拒绝。5日晨，新军攻毁抚署，俘获增韫，但旗营到下午仍在顽抗。于是由汤寿潜作书劝降，傍晚，清将军德济派代表到咨议局见汤，表示投降，浙江起义宣告胜利。汤寿潜又联合沪军都督陈其美、江苏军政府程德全等通电已起义各省，商议成立联合政府。

各省独立消息纷纷传来，广西巡抚沈秉堃感到大势已去，广西一隅难以独支，同时又感宣告"独立"兹事体大，一时犹豫不决，召集下属、心腹商量。下属认为潮流难抗，主张独立，此举得到咨议局赞同。广西遂于11月7日宣告反正，推巡抚沈秉堃为都督。

11月8日，福建新军起义，成功后咨议局议长高登鲤、副议长陈之麟分任民政、财政部长。同日，安徽咨议局议长窦以珏、绅士童挹芬等于咨议局集议宣告"独立"，举巡抚朱家宝为都督。

广州长期是孙中山武装起义的重点，但此次却在武昌枪响近一个月后才起事响应。孙中山的多次起义全都失败，此次成功，商人作用甚大。而商人的反复掂量考虑，也是原本革命策源地广州"反正"较迟的主要原因。武昌起义后，革命党人加紧军事行动，攻击广州，发动各路民军数万人向广州进军。广东的官、绅、商都看到了清王朝的统治已岌岌可危，焦虑怎样来维护广州治安。1911年10月25日，广州绅商各界召集大会，讨论如何应对危局。以当时所谓"在籍大绅"邓华熙、梁鼎芬为主席，做出了既不听朝廷命令派兵协饷镇压其他地方革命军，又与革命党保持距离，以维护地方治安为主旨的决定。但商人却对此不满，认为清政府已难以长久，提出此方案断不济事。29日，广州九大善堂、七十二行总商会召集各界人士开会，明确提出承认专制政府还是承认共和政府的问题。最后议决“公认共和政府”，即日由九大善堂、七十二行总商代表领衔，将议决案正式呈知两广总督张鸣岐，但张力斥独立之非，严行禁止。11月8日，九大善堂和七十二行总商会联合各界再行集议，要求张鸣岐独立，张也派代表出席，最后决定广东独立，并推举张鸣岐为临时都督，镇统龙济光为副都督。第二天，七十二行商会、九善堂集议于咨议局，宣布“共和独立”。但将军政府都督印信送张时，才发现他已于前夜微服逃遁，乃转送龙济光，但龙也不接。于是代表折回，再开会另举革命党人胡汉民为都督，胡未到穗时，由原清军协统蒋尊簋为临时都督，龙济光就任副都督，军政府乃成立。此次广州反正，一弹未发。

四川立宪派人倡首保路，推动了全川保路同志军的起义，成为辛亥全国反清运动的导火索。11月27日，成都成立大汉四川军政府，举四川咨议局议长、出狱不久的保路运动领导人蒲殿俊为都督。

从武昌首义至四川军政府成立，五十天内，共有十四个省脱离了清朝的统治。清政府的半壁江山已去，为最后倾覆清廷、肇建民国奠定了坚实的基础。在起义各省，立宪派、绅商都不同程度地协助了反清的“独立”运动。可以看出，相当一部分省份是以立宪派为主的，甚至在某些省份还是立宪派独自完成的。辛亥革命，立宪派功莫大焉。就社会阶层来说，立宪派的主体绅商最有力量，而孙中山以前武装起义未获成功，最重要的原因就是没有得到立宪派（绅商）的支持。革命党是这次革命的导火索，而真正决定这场革命能否成功，或者说决定清王朝的生死存亡的，却是绅商的态度，绅商的向背。

中国传统，商人谨守“在商言商”的原则，确是“富商大贾视官宦如帝天”。然而在晚清的最后时刻，他们却一反以往，政治参与的热情空前高涨。正是他们的向背，决定了一个王朝的存亡。历史上，中国商人从未担当过如此重任。根本原因在于，在中国社会现代性转型中，传统商人渐渐转化成为现代新型商人。新的社会阶层的诞生与崛起，必然引起社会结构的改变，自然要求改变以往包括政治制度在内的调节、规范既往社会结构的种种制度。与传统商业相比，现代商业对法治的要求更为强烈、更为复杂，其中，对政府权力的规范与限制尤为重要。“实业之发达，必持有完备之法律，以为监督保障。内地各种已举之实业，旋起旋灭，非法律不备，即用法不善，有以蹙其性命。”这是商业的基本规则，也是晚清商人的切身感受。所以，他们再不甘心“视官宦如帝天，偶一盼睐便以为至荣极宠，斯匍匐以献其财力而惟恐不纳”的地位，他们的认识由浅而深，有此认识的人数由少而多，越来越积极地参加立宪运动。其最终目的，当然是维护自己的基本权利、商业的根本利益。要言之，在没有立宪政治的语境下，商人为了自身的利益，必然要求立宪，成为立宪派最主要的力量。

立宪派革命化，从根本上说是清政府拒不改革、拒不妥协、拒不放弃利益的结果。富裕的绅商是立宪派的主体构成，这一阶层最希望社会稳定，因此反对引起社会动荡的暴力革命。然而，清政府的政策却一次又一次地侵犯这一阶层的利益，导致绅商一批又一批因对政府失望而走向他们并不情愿、不希望的革命。面对有本质性变化的社会，清政府的基本观念却没有变化，仍以传统的产权观念制定政策，还以传统的“普天之下，莫非王土；率土之滨，莫非王臣”观来发号施令，还以为仅凭一道“圣旨”就可剥夺公民个人财产。而清末绅商却接受了现代产权观念，认为个人产权不得任意侵犯、剥夺。在他们的观念中，传统神圣的“圣旨”不再神圣、不具合法性，个人财产只有经过合法的程序才能被政府剥夺。在他们的心目中，只有经过国会辩论做出的决定，才有合法性。他们已然接受了程序正义观念，而清廷拒不开国会，所以根本无法“走程序”，无法提供这种合法性。保路运动，绅商认为朝廷应当遵守从前的有关律令，正是这些律令使股民与朝廷的关系是一种主权平等的契约关系；但朝廷坚持中国传统国家观、产权观，拒不承认这是一种彼此主权平等的契约关系。双方无法互相理解，是一种不解之结。绅商是清政府的社会基础，失去社会基础，等待它的必然是革命、动荡。

从根本上说，不是革命党，而是清王朝的所作所为，断送、丧失了由上而下、由政府主导、士绅响应的社会稳定、和平转型的机会。

五、清王朝最后时刻

清廷的政策，不仅将绅商推向了自己的对立面，而且使汉族官员产生了强烈的离心力。从清朝建立起，虽然朝廷亲贵对汉人、汉族大臣一直防范很严，但至少形式上一直泯灭满汉差别、矛盾。然而，至少从 1906 年秋改官制起，到 1911 年 5 月皇族内阁的出台，它的政策总体上却是利益高度集中化、利益边界高度清晰化，使士绅甚至一部分汉族官员也清晰意识到自己并不在这个“利益范围”之内，并非清廷的“自己人”，从而产生强大离心力，不仅士绅走向革命，许多汉族官员在关键时刻也背叛朝廷、朝向革命。

对朝廷的“用满排汉”政策，老臣张之洞早就看到其危险。1907年8月10日，张之洞奉旨迅速来京陛见，有面询事件；9月4日，他与袁世凯一道被朝廷正式任命为军机大臣。此次张之洞进入中央核心权力机关，是一贯以平衡之术驭臣的慈禧想以其平衡势力渐大的袁世凯，因张、袁的明争暗斗尽人皆知。一年前的“改官制”，袁世凯是唯一直接参与的地方总督，而张之洞只是派代表的六位总督之一，明显袁在张上。对袁主导的“改官制”，张表面未表态，实际坚决反对，且在暗中积极参加“倒袁”活动。任封疆大吏二十年后，终于入阁拜相，成为重要的中枢大员，是张之洞多少年孜孜以求的。而且，这些年李鸿章、刘坤一、荣禄先后去世，论资历与威望，已无与张比肩者。袁世凯虽然权倾一时，但资历与名望，仍不如张。张之洞确有理由认为自己能对朝政发生重大影响。

9月9日，张之洞乘车北上，12到达北京。14日，张之洞即蒙慈禧召见。在奏对中，对立宪风潮深有感受的张之洞，对朝廷笼统的“预备立宪”明确提出不同意见，认为应速行立宪。慈禧表示对排满风潮甚为担忧，问道：“出洋学生排满闹得凶，如何得了？”张之洞回答说：“只须速行立宪，此等风潮自然平息。”[①] 革命党在海外虚张声势，孙文并不可怕，仍是只要立宪，大赦党人，不准任意株连，以后地方闹事必须认明民变与匪变，不得概以革命党奏报就不

①《八月初七日张之洞人京奏对大略》，《时务汇录·丁未时务杂录》，近代史所藏档乙F99。

会有革命发生。

值得重视的是，进京前后张之洞通过种种渠道提出、散播“先开国会，后布宪法”的主张，认为宪法应由国会制定而非“钦定”，确实反映了他对宪政思想的了解颇为深刻。当然，他提出这个主张，又含有抵制、制约袁世凯的具体目的。袁一直主张缓开国会，先成立内阁，实际权力尽在内阁，自己通过总理大臣奕劻而掌实权。1908年夏，当立宪派准备发动全国性国会请愿运动时，张之洞倡议应“开国会顺舆情”。

然而，张之洞的“速开国会”“开国会顺舆情”“先开国会，后布宪法”的主张并未获得慈禧首肯，袁世凯等人也坚决反对，所以未被朝廷采纳。1908年，朝廷未开国会而先公布《钦定宪法大纲》，立即遭到其社会基础立宪派的批判，其中之一就是指其没有单方面的“立宪权”。张之洞此时的一系列主张，其基本精神就是接纳世界通行的立宪价值，限制君权、限制政府权力。但这些建议哪怕是由公认的“老成谋国”之士张之洞提出也被拒绝，说明清王朝的主政者对形势的发展毫无认识，对自己的权力被限根本不可能接受。

1908年11月14—15日，光绪、慈禧先后去世。慈禧死前安排年仅四岁的溥仪继位成为宣统皇帝，其父载沣为监国摄政王。慈禧只征求了两个人的意见，一位是军机大臣世续，另一位则是张之洞。世续与张之洞，可谓诰命大臣。初掌柄国之权的载沣这时也只25周岁，与一些满族亲贵对袁世凯倚仗慈禧太后培养自己的势力一直非常不满，此时准备将袁治重罪。载沣拟就一道将袁革职、拿交法部治罪的谕旨。但征求奕劻意见时，奕劻坚决反对，警告说杀袁世凯不难，不过北洋军造起反来怎么办？另外，当时已规定了谕旨不经军机大臣副署不能发表的制度，奕劻是首席军机大臣，如果他不副署就不能发表。载沣又征求张之洞的意见，张虽与袁一直有矛盾，但认为载沣刚刚掌权就诛杀大臣，影响甚巨，杀袁可能引起国家动荡，也坚决反对。最后，载沣接受了张之洞的意见，发布袁世凯“患足疾”着即开缺、回籍“养疴”的谕旨。

袁世凯开缺，张之洞又是“托孤大臣”，载沣对张倚重异常。然而好景不长，在一系列重大问题上，二者产生重大分歧，关系迅速恶化。简单说，在用人方面张之洞主张化除“满汉畛域”，以保局势稳定。但载沣越来越偏重任用满族亲贵，在清除袁世凯势力时乘机剥夺、削弱一些汉族官员的权力，同时任命自己二十四岁的弟弟载洵为筹办海军大臣、二十二岁的弟弟载涛管理军咨处事务。这些任命，张之洞都不得参与。作为大清王朝的忠臣孽子，张之洞完全明白这是倾覆江山社稷之举，与载沣力争无效，以致“郁狂气发”，直到呕血。

在处理一桩铁路弊案时，张之洞认为载洵、载涛两贝勒推荐的继任者人选殊不得当，反复向载沣说此事“舆情不属，必激变乱”。然而载沣只是冷冷地回答说：“有兵在！”张之洞大出意外，对人感叹：“不意闻此亡国之言！”病情更加严重。

在立宪方面，张之洞深切感受到压力强大，如不尽快开国会很可能会丧失民心、爆发革命，因此一直力主速开国会，也被载沣拒绝。

1909 年 10 月 4 日，载沣前来看望气息奄奄的张之洞，载沣走后陈宝琛进室打探摄政王究竟谈了什么，张之洞只是叹息道：“国运尽矣！”究竟载沣说了些什么使张之洞大发“国运尽矣”的悲叹，不得而知。流传出的，就是几句问候话。或许，是不接受张之洞化除

"满汉畛域"的劝说？或许，是拒绝"顺舆情，开国会"的建议？然而正是在这一天，张之洞溘然长逝。

他在《遗折》中仍希望清王朝能预备立宪："当此国步维艰，外患日棘，民穷财尽，百废待兴，朝廷方宵旰忧勤，预备立宪，但能自强不息，终可转危为安。"①

重病时，他读白居易诗"以心感人人心归"句，悲从中来，作《读白乐天"以心感人人心归"乐府句》："诚感人心心乃归，君臣末世自乖离；须知人感天方感，泪洒香山讽喻诗。"②"诚感人心心乃归"脱胎于白居易的新乐府诗《七德舞》中"以心感人人心归"句。《七德舞》副标题为"美拨乱，陈王业也"，意在赞美唐太宗平定天下的措施，陈述唐太宗的功业，讴歌唐太宗的事迹，阐述其创建帝王之业的艰辛。其中有"不独善战善乘时，以心感人人心归。尔来一百九十载，天下至今歌舞之"句，赞美太宗不仅善战、善于利用天时，而且用真心来感动人，使人心回归。天下归心，才是帝业根本。诗言志，张之洞此时"泪洒香山讽喻诗"，以诗表达对朝廷政策没有顺人心而使人心归的痛心，表达对满族皇亲国戚胡作非为、倒行逆施、排挤汉人终于导致"君臣乖离"的愤懑。他终于悲愤地承认，清王朝已是"末世"。确实，两年过后，清王朝就在大革命中迅速覆亡。

自上而下的改革比自下而上的革命，社会成本当然小得多，所以绝大多数人都希望以渐进温和的改革而非激烈的暴力革命来实现社会进步。因此，指责辛亥革命打断了晚清"立宪"的观点颇有影

① 《张之洞全集》（四），武汉出版社 2008 年版，第 344 页。

② 《张之洞全集》（十二），河北人民出版社 1998 年版，第 10586 页。

响。其实，恰是清末执政者的拒不改革，才为革命打开了大门。当老臣张之洞都大受排挤，其化除满汉畛域、顺舆情迅速立宪的主张都不被朝廷接受时，还能让谁相信清廷在“改革”？当对晚清政局洞若观火的张之洞都哀叹这个王朝已入“末世”时，大清王朝的寿命还有几何？进一步说，与其说它的“立宪”被革命打断，不如说是它自己的所作所为断送了“立宪”，最终断送了自己的命运。

郑孝胥是清王朝的“死忠”者，甚至清帝逊位后仍一直追随溥仪，最后为了清王朝的复辟而成为伪满洲国的要角。但他在辛亥革命后，对革命发生和清王朝崩溃的反思，却不无道理。对革命党，包括对“曹阿瞒”袁世凯，他当然充满仇恨和咒骂：“南方士大夫毫无操守，提倡革命，附和共和，彼于共和实无所解，鄙语有所谓‘失心疯’者，殆近之矣。”“北为乱臣，南为贼子，天下安得不亡……干名犯义，丧心昧良，此乃豺狼狗彘之种族耳，何足以列于世界之人类乎！孟子曰：‘上无礼，下无学，贼民兴。’今日之谓也。”但对造成此种局面的责任，他却认为罪魁祸首是“孝钦”慈禧太后。他一再对人说：“革命党魁，君知其为何人乎？景皇帝为君主立宪之党魁，反对立宪者，孝钦也。有孝钦反对立宪于前，遂有庆王、摄政王伪饰立宪于后，乃成瓦解土崩之局。故革命党魁非他，即孝钦是也；庆、摄助而成之，亦其次耳。”“孝钦后初反对立宪，庚子后乃为假立宪。庆邸、摄政王承其宗旨，遂成革命之局。然中国人无真面目，作伪乃其天性，自今以往，当有假统一、假共和之现象，拭目以观之可矣。”今日革命之局，不是别人，正是慈禧及其后的庆亲王、摄政王造成的。[①] 他的观点，与1907年梁启超“现政府者，制造革命党之一大工场也”如出一辙。

1911年10月30日，武昌起义二十天后，许多省接连独立，响应革命，清廷一天之内连下四道上谕，做出大幅度让步、妥协，企望渐成燎原之势的“乱事”能因此迅速平息。

这四道上谕是：

——《俟简贤得人组织完全内阁不再以亲贵充国务大臣谕》。[②] 此谕终于承认，半年前惹众怒的“皇族内阁”“与立宪各国通例不符”，“皇族内阁与立宪政体不能相容”，而“本年设立内阁，仍令王公等充国务大臣，原属一时权宜之计，朝廷本无所容心”。宣布解散皇族内阁，许诺“一俟事机稍定，简贤得人，即令组织完全内阁，不再以亲贵充国务大臣，并将内阁办事暂行章程撤销，以符宪政而立国本”。

——《准开党禁颁布特赦谕》。[③] 此谕先说中国自古以来就有“党禁”：“党禁之祸，自古垂为炯戒，不独戕贼人材，抑且消沮士气。”但是，“况时事日有变迁，政治随之递嬗，往往所持政见，在昔日为罪言，而在今日则为谠论者。虽或逋亡海外，放言肆论，不无微瑕，究因热心政治，以致逾越范围，其情不无可原。兹特明白宣示，特沛恩纶，与民

① 郑孝胥：1911年11月22日、1912年2月17日、2月4日、2月21日日记，劳祖德整理《郑孝胥日记》（第三册），中华书局2005年版，第1358、1399、1390、1400页。

② 故宫博物院明清档案部汇编《清末筹备立宪档案史料》上，中华书局1979年版，第597—598页。

③《清末筹备立宪档案史料》上，第95—96页。

更始，所有戊戌以来，因政变获咎，与先后因犯政治革命嫌疑惧罪逃匿，以及此次乱事被胁自拔来归者，悉皆赦其既往，俾齿齐民。嗣后大清帝国臣民，苟不越法律范围，均享国家保护之权利。非据法律不得擅以嫌疑逮捕。至此次被赦人等，尤当深自祓濯，抒发忠爱，同观宪政之成，以示朝廷咸与维新之意”。不仅戊戌以来的政治犯全部赦免，而且准其组党。

——《实行宪政谕》。[①] 朝廷再次承认自己“用人无方，施治寡术”，“皇族内阁”多用亲贵，破坏了立宪原则；铁路收归国有政策是被奸臣所欺骗，“动违舆论”。虽行新政多年，但“官绅或借为网利之图”，“权豪或只为自便之计”，结果是“民财之取已多，而未办一利民之事”。而且，“司法之诏屡下，而实无一守法之人。驯致怨积于下而朕不知，祸迫于前而朕不觉”，结果导致“川乱首发，鄂乱继之。今则陕、湘警报迭闻，广、赣变端又见，区夏腾沸”，生灵涂炭。但是，“此皆朕一人之咎也”。对这次“鄂、湘乱事”，此谕认为虽由新军发动，但强调应由奉旨会办川汉、粤汉铁路事宜，积极推行“干路国有”的政策，扬言对倡议争路者“格杀勿论”，并于10月初在武汉大肆搜捕杀害革命党人的湖广总督瑞澂负全责，“实由瑞澂等乖于抚驭，激变弃军”引起，同时还承认朝廷有用人不当之责：“朕维自咎用瑞澂之不宜。”因此“军民何罪”。强调此次“祸变”的参与者“与无端构乱者不同”，“果能翻然归正，决不追究既往”。“兹特布告

①《清末筹备立宪档案史料》上，第96—97页。

天下，誓与我国军民维新更始，实行宪政。凡法制之损益，利病之兴革，皆博采舆论，定其从违。以前旧制旧法有不合于宪法者，悉皆除罢。”

——《著溥伦等迅拟宪法条文交资政院审议谕》。[①] 爱新觉罗·溥伦是道光帝嗣曾孙，袭封“贝子”爵位，任资政院总裁、农工商大臣，是宣统年间皇族内阁重要成员之一。此谕承认“宪法为君民共守之信条”，谕令资政院总裁溥伦等“敬遵钦定宪法大纲，迅将宪法条文拟齐，交资政院详慎审议，候朕钦定颁布，用示朝廷开诚布公，与民更始之至意”。

一天之内，连发如此四谕，且让步妥协之大，出人意料，足见清廷心情之急迫。如此急迫，当然是出于无奈。这二十天中，湖南于10月22日宣布独立；陕西于23日宣布独立；江西九江的革命党人和新军于23日起义，占领九江后又乘胜攻占了马当、湖口两个要塞，成立九江军政分府。但给清政府打击、震撼最大的，还是10月29日，一天之内发生在北方的两件大事。一是太原革命党和新军发动起义，击毙山西巡抚陆钟琦和四十三混成协统领谭振德，成立山西军政府；一是驻河北滦州新军二十镇统制张绍曾联合统领蓝天尉等人发动“滦州兵谏”，电奏朝廷，提出速开国会、改定宪法、组织责任内阁、皇族永远不得充任总理和国务大臣、特赦国犯等十二条要求。太原、滦州离北京都不算远，满朝震动，隆裕太后和摄政王载沣惊惧异常，准备携溥仪逃往热河。虽因袁世凯急电阻止而未

①《清末筹备立宪档案史料》上，第97页。

"北狩"，但为解燃眉之急，载沣还是颁此四道上谕。

然而，革命的扳机一旦扣动，就很难停下来，这四道上谕未起任何作用。严复认为，如果一个月前做到其中任何一条，效果会大不一样。但是"历史现象往往重演。这和18世纪末路易十六的所作所为如出一辙。所有这些都太迟了，没有明显效果"。[①] 这些确实"太迟了"。事实说明：改革之门越宽，革命之门越窄；改革之门越窄，革命之门越宽；改革之门关闭之日，就是革命之门洞开之时。而革命之门一旦大开，就很难关闭。

这"急于星火"的四道上谕，对大清王朝生死存亡来说，究竟是一个月前抑或更早一些颁布效果才会大不一样，其实很难精确"度量"。不过，清王朝肯定错失或者说一次又一次浪费了历史的节点。不必从鸦片战争细往后数，仅简单盘点一下这四道上谕的内容与历史脉络，就知其最近浪费了哪些至关重要的历史节点：

——此时清廷许诺"速行宪政""速定宪法"，然而就在一年多以前，从1910年1月起到12月止，在不到一年的时间里，以地方士绅为主的"立宪派"发动了四次大规模的国会请愿运动，声势浩大，遍及全国。尽管"开国会"的呼声越来越响，一浪高过一浪，清廷就是毫不妥协，不愿让出点滴权力，拒不开国会，拒不立宪，反而采取越来越激烈的手段镇压立宪运动，结果必然是立宪派的激进化、革命化。如果说立宪派、绅商仍是"民"，其要求不足为意，那么朝廷

① ［澳］骆惠敏编：《清末民初政情内幕——乔·尼·莫理循书信集》上册，知识出版社1986年版，第784页。

对一些亲贵、多数封疆大吏的类似要求，竟也不以为意！

对是否组织内阁、开国会，清政府内一直有不同意见。载洵、载涛是摄政王载沣的两位亲弟弟，他们掌握海陆军大权，因曾出洋考察，思想相对开明，支持立宪。载涛曾以贝勒名义连上密奏，条陈军政大计，主张“速设责任内阁”和“缩短国会年限”，宣称：“如以臣言为是，则请迅速举行；如以臣言为非，即负欺君之罪，请立予罢斥。”密折虽然留中未公开，但载沣传谕载涛到府邸会商。[①]载涛在接见国会请愿代表时曾表示：“予因人民要求国会，尝细心考察各国国会利害，实无丝毫流弊。”[②]在后来枢垣王大臣等集议开设国会问题时，载涛又当众声言：“国会早开一日，则中国早治一日，士民得参政权，担任国债，上下一心，共谋进步，中国之危局可于是挽回。”[③]载洵在出洋考察海军回国途中就曾“电促明年即开”国会，回国后受摄政王载沣召见时“极力主张从速组织阁会，措词极为痛切。略谓：以吾国现情与各国比较，不但陆海军力相去霄壤，关于行政立法等事，亦纷乱异常。美国大统领于谒晤时，力言吾国危状暨各国对待吾国方针，几有不可终日之势，再迟一二年后恐吾国将无以自存”。[④]在地方大员中，云贵总督李经羲、东三省总督锡良等一大批高官明确支持立宪。但权倾一时、掌控军机处大权的庆亲王奕劻却表反对。对成立责任内阁，他消极抵制，当无法抵制时，

① 《涛贝勒两陈军国大计》，《申报》1910年9月14日。

② 《国会问题之大警告》，《申报》1910年10月20日。

③ 《专电·初二日未刻北京专电》，《时报》1910年11月4日。

④ 《专电·北京》、《国会缩短年限之余谈》，《申报》1910年11月5日，11月14日。

就主张先成立内阁，后开国会，确保自己的权力。两江总督张人骏、陕甘总督长庚、陕西巡抚恩寿、直隶总督陈夔龙也反对立宪。

1910年秋，张人骏得知李经羲、锡良等人商议奏请设立内阁与开国会时，立即通电各省督抚表示反对。他以古今中外之民情风俗不同、中国民间“久无政治思想”为由，对李经羲等人开设内阁与国会的主张提出质疑，认为既不能开国会，也不能设责任内阁。如果“操切急进，仆蹶堪虞”，势必激成“举国骚然”的大动乱。所以筹备宪政应当避缓就急，不能开国会，也不能成立责任内阁。当前急务就是“饬吏治，兴实业”，所谓“吏治修，则民志安；实业兴，则民生厚。内讧不起，外患可弭。及时修明刑政，整饬戎务，未尝不可为善国”。[①] 他的主张，仍是在传统政治框架内整顿纲纪。长庚也明确反对内阁与国会，曾电奏阻开国会内阁，强调“谓祖宗成法，万不可废”。[②] 恩寿、陈夔龙则主张先设内阁后开国会，这种先设内阁而缓开国会的主张，虽与张人骏、长庚等观点不完全一样，但主要还是针对李经羲、锡良等责任内阁和国会同时并进的主张。

对张人骏等人的主张和观点，锡良等一大批官员起来反驳。1910年10月25日，东三省总督锡良、湖广总督瑞澂、两广总督袁树勋、云贵总督李经羲、伊犁将军广福、察哈尔都统溥良、吉林巡抚陈昭常、黑龙江巡抚周树模、江苏巡抚程德全、山东巡抚孙宝琦、山西巡抚丁宝铨、河南巡抚宝棻、新疆巡抚联魁、浙江巡抚增韫、江西巡抚冯汝骙、湖南巡抚杨文鼎、广西巡抚张鸣岐、贵州巡抚庞鸿书等，几经商议，认为时机紧迫，最终还是联名致电军机处

① 《各省督抚联会商要政电》，《东方杂志》第7年第10期。

② 《专电·北京》，《申报》1910年11月2日。

代奏，批驳那些反对设立内阁、开国会的官员的观点。针对中国民间“久无政治思想”、程度不足，立宪会导致动乱的观点，他们反驳说：“程度不足，官与民共之，不相磨砺，虽百年亦无所进。法律难定，情与俗碍之，互为参考，历数载可望实行。”他们特别强调，现在“时局危险”，“缓无可缓，待无可待”，此时内阁、国会同时并举才能“上下合力”，而且已有过晚之嫌，不能再迟，要求立即组织内阁、翌年开国会。①

但几天后，锡良等人得到的是朝廷仍决定三年后再开国会的消息，焦急万分，于11月1日又上一折，再次强调速开国会、建立内阁的紧迫性。他们对即将发生大变感受深切，所以提醒朝廷可能已无三年时间了：“若又迟以三年，则三年之内风潮万状”，官员“皆欲趁此三年夤缘援结，以据要津；贪利之臣亦皆乘此三年黩货营私，以肥囊橐。失败之政仍归咎于君上，监督之力终难及于当权。朝廷宜防官邪，不宜徒防民气”。② 这次电奏，比上次少了张鸣岐、宝棻、广福，但增加了上次未列名其中的闽浙总督松寿和四川总督赵尔巽。此奏不长，但对形势的分析非常透彻，尤其提出朝廷应防“官邪”而不是防“民气”，一针见血。

究竟是同时成立内阁、开国会，还是先成立内阁、后开国会，或者是干脆根本不成立内阁也不开国会、完全承继“祖宗成法”，朝廷内部各种政治力量一直在激烈博弈。不必细述具体过程，总之，载洵、载涛二位皇叔的意见，锡良等一干大臣的奏折，全都未发生作用，最终获选的是先成立内阁、后开国会这种相当保守的主张，

① 《各督抚请设内阁国会之章奏》，《申报》1910年11月2日。
② 《庞鸿书讨论立宪电文》，《近代史资料》总59号。

朝廷于1910年11月4日发谕公布。此决定使积极参与立宪的地方督抚大员大有挫败之感。连清政府一众高官都备感挫败，那些绅商、立宪派的挫败感则更加强烈，其中许多人对清王朝大为失望，产生了强烈的离心力，以“釜水将沸，而游鱼不知”形容清廷的麻木。绅商、立宪派是清政权能否稳定，甚至关乎其存亡的重要基础，他们的这种心理叛离，预示着清王朝其实已危在旦夕。

如果清廷一年前能接受并采纳载洵、载涛和锡良等人的建议，结果或许不一样。

——此时清廷特赦“所有戊戌以来”的政治犯，从改革的康、梁到革命的孙中山。然而，就在三年前，1908年8月中旬，风闻梁启超有可能回国领导立宪，清廷突然下旨查禁梁领导的政闻社。由于清廷严禁，梁启超不得不解散政闻社。近十年来，梁启超一直与革命党论战，坚决反对推翻清王朝、极力为清王朝辩护，一直主张合法的体制内变革。然而，他此时仍被清王朝当作“悖逆要犯”而“严拿惩办”。清廷如此严厉镇压政闻社、追拿梁启超，就使“自上而下”的改革理论的说服力大大减弱，使信服“革命”的人越来越多。清廷对一心护卫自己的改革者竟以“悖逆要犯”待之，政权内最高统治者一直对十年前内部“权争”之事耿耿于怀，不仅不设法抚平创伤，不安抚当年因主张体制维新而受迫害的政治家，不让影响巨大的梁启超为己所用，而是依然毫不宽容当年的政敌，仍把他们当作体制的敌人，终于失去了领导“预备立宪”的能力与机会。

清廷此举无疑“为渊驱鱼、为丛驱雀”，愚蠢之极，一些高官也大为担忧、不满。1909 年，新授山东巡抚孙宝琦就上书朝廷，要求开放党禁：“当此预备立宪之时代，贵上下相示以诚，破除猜嫌之见。伏愿皇上明降谕旨，去堂廉之阻隔，除防禁之琐屑，有以安亿兆之心。固今日之急务矣，至戊戌之案已成往事，是以光绪三十年曾奉恩谕，分别开复原免，有司奉行未尽，用者寥寥，拟呼特予恩施。”同时他还主张赦免戊戌党人：“戊戌党人平日著书立说，似皆效忠本朝，倘获昭雪，未始不可壮正气而消邪气也。”[①] 对此，朝廷置之不理。

到 1910 年年底，立宪派要求开放党禁并赦免康、梁的呼声越来越高。资政院议员罗杰提出开放党禁议案，连御使赵熙、温肃都奏请赦免戊戌党人，甚至载洵、载涛两位皇叔都多次向其兄载沣陈说，载涛为此专门上了一个密奏。对此，朝廷还是置之不理。

1911 年 1 月初，罗杰的议案正式付资政院表决。议员在表决时颇有不同意见，因为此议要求赦免的不仅是“戊戌党人”，还包括孙中山在内的一切“国事犯罪者”。有议员认为，应将戊戌党人与革命党人区别对待，现在应只赦免戊戌党人，因为革命党不承认立宪，是否赦免今后再说。但大多数议员进一步要求一并赦免革命党人。长福发言说：“（革命党人）虽与戊戌党人的宗旨不同，不能与戊戌党人相提并论，但这般人亦因政治腐败，立宪无期，铤而走险。其行为虽可诛，其用心亦可悯。如果单赦戊戌党人，而使革命党人于恩赦之途无一点希望，或激起激烈手段，要亦非中国之福。”所以主张一并恩赦。罗杰发言为自己的议案辩护说，革命党人一日不赦，

①《新授山东巡抚孙宝琦条陈新政折》，《东方杂志》1909 年第 6 卷第 9 期。

人心一日不能安，满汉终不能融洽。如果赦免革命党人，“就可以化除满汉，安定人心”。他提此议“无非激起他们的忠爱之心，不使为外国人利用”。故“本员主张请求皇上天恩，一体特赦。对内就可以调和满汉，对外就可以免受外人运动”。[①] 表决时，多数议员同意通过此案。对此，朝廷依然置之不理。

无论是资政院议员，还是封疆大吏，甚至两位“皇叔”，他们的有关建议全被否定。如果朝廷在十个月前，即1911年1月能接受、采纳他们的建议，结果或许不一样。

——此时清廷取消皇族内阁，承认其“与立宪政体不能相容”，但就在五个多月前的5月8日，皇族内阁甫一成立，就遭到“天下人”痛责，使真正决定王朝存亡士绅阶层愤怒异常，对清廷抱有一线希望者也与其迅速疏远，最终弃它而去。而且，立宪派最上层少数领导仍不放弃最后希望，仍想走相互妥协的改革之路。6月6日，各省咨议局联合会代表决定妥协让步，认可皇族成员违反规定任内阁阁员，但反对皇族充当内阁总理大臣，希望朝廷也妥让一步，将此议呈请都察院代奏，请另简大员组织内阁。然而，当时朝廷却置之不理，反而在7月5日副署的上谕中斥责联合会议论渐进嚣张，干预君上大权。如果三个月前的7月5日就能妥协，结果或许不一样。

——此时清廷承认铁路收归国有政策是被奸臣所欺骗，

①《资政院第一次常年会第三十四号议场速记录》，《资政院议场会议速记录》，三联书店（上海）2011年版，第527—528页。

“动违舆论”。但就在五个多月前的5月9日，皇族内阁成立第二天颁谕宣布“铁路国有”时就知道会遇到激烈抨击、反对，尤其是立宪派、绅商的激烈抨击、反对，所以谕旨中强调“如有不顾大局，故意扰乱路政，煽惑抵抗，即照违制论”。此举必然激起民众强烈反对，清廷却下严旨晓谕商民“如再不服约束，格杀勿论”。护理四川总督王人文顺应民情，不仅代川民上奏，并且自上密折请朝廷改变决定，将始作俑者、邮传大臣盛宣怀治以欺君误国之罪，同时请朝廷治自己以同等之罪以谢盛宣怀。然而，清廷大怒，将尽职尽忠的王人文调离，并令其进京候讯，准备治罪。

8月初，新任署理四川总督赵尔丰到任，深感解决川民“保路”风潮只能俯顺舆情，也上奏朝廷请求改变决定，甚至在9月1日联合成都将军玉昆及各司道奏劾盛宣怀与民争路酿变，也要求将盛治罪。但第二天清廷却传旨命令赵尔丰严厉镇压保路民众，如果养痈遗患，定将其治罪。同时，朝廷已派端方从湖北带新军入川查办。在这种情势下，赵尔丰转而血腥镇压保路民众，最终直接引发武昌起义。结果，为平息事态，朝廷不得不于10月26日下令将一切责任完全推给盛宣怀，强调铁路国有本系朝廷体恤商民政策，是盛宣怀不能仰承德意，办理诸多不善，盛宣怀受国厚恩，竟敢违法行私，贻误大局，实属辜恩溺职。邮传大臣盛宣怀着即行革职，永不叙用。此时在《实行宪政谕》中，不得不再次承认自己“路事蒙于佥壬，则动违舆论”，不得不承认自己“用人无方，施治寡术”。其实，王人文、赵尔丰、玉昆都是大清王朝的封疆大吏，对朝廷忠心耿耿，对四川民怨沸腾有真切体会，然而他们的建议朝廷不仅完全听不进去，还要将其治罪，结果就不必多说了。如果清廷早几个月听从王人文的建议改变决策，将盛宣怀治罪；或者仅仅一个多月前，听从赵尔丰的建议改变决策，将盛宣怀治罪，结果或许不一样。

正如严复所说，“所有这些都太迟了”。此四道谕旨颁下后，未起任何作用。就在10月30日当天，革命党和新军在昆明发动起义，成立军政府。11月3日，贵州、浙江、上海的革命党和立宪派发动起义；这一天，清廷急忙公布《择期颁布君主立宪重要信条折》，即所谓“十九信条”，完全接受了当初立宪派提出的条件，体现了英国式“虚君共和”内阁制。但这种局面下，“十九信条”没有也不可能起任何作用，革命仍在继续。11月5日，江苏宣布“反正”，四川革命党起义；这一天，清廷急忙颁布《准革命党人按照法律改组政党谕》，许诺“所有此次党人均按照法律改组政党，藉以养成人才，收作国家之用”。[①] 其实，此谕完全多余，此前颁布的《准开党禁颁布特赦谕》已含此内容，此时颁布此谕，只是向革命党人做出最大妥协的一种姿态，甚至可说是一种体面投降，企盼能平息事态。但是，革命还在继续。11月7日，广西、安徽宣布独立。8日，福州革命党与新军起义。9日，广州宣布独立；同一天，清廷万般无奈答应袁世凯提出的种种条件，颁布《命袁世凯为内阁总理大臣谕》，[②] 授命袁世凯组阁。此时，清王朝只能任人摆布，被动地由袁世凯与革命者来决定其命运了。不是摄政王载沣、隆裕太后选择了“和平退位”，而是他们在一系列事关王朝命运的对、错选择中总是选择“错”，最后他们毫无力量，已经别无选择，只能接受他人强加给他

① 《清末筹备立宪档案史料》上，104页。

② 《清末筹备立宪档案史料》上，601页。

们的“和平退位”。

现在颇有论者认为辛亥革命过激，打断了晚清的“立宪”。其实，是清廷自己断送了“立宪”，许多历史的“节点”被浪费后，它的生存空间越来越窄。最后时刻或有一线希望，但当立宪派的要求被断然拒绝，老臣张之洞的建议被否定，锡良、赵尔丰这一干封疆大吏的恳求被否决，连载洵、载涛两位皇叔的意见都不被采纳时，清廷确是自己选择了一条不归路。

1912 年 1 月 1 日，中华民国临时政府成立；2 月 12 日，清廷颁布《清帝逊位诏书》，二百六十余年的清王朝宣告结束。

清王朝的覆亡，从根本上说是它应对近代以来中国社会现代性转型的失败。

余　论

纵观晚清历史，每当还有一线希望、还能控制一定局面的时候，清廷总是拒不变化；只到时机已逝、丧失了操控能力的时候，它才匆匆忙忙地被动“变革”。但改革愈迟，所付出的“利息”也将愈大。然而清廷对此似乎毫无认识，一次次“错失良机”，总是在下一个阶段才做原本是上一个阶段应做的事情，但时势已经大变，往往要求它变得更多。但它拒不“付息”，不愿再多做一点让步和妥协，完全丧失了变革的主动权，完全是被“形势”推着走，改革的空间终于丧失殆尽，最终破产。

“改革”是当事各方都以理性的态度妥协的结果，只要有一方坚持不妥协，就无法“改革”，社会矛盾必然以不是“坚决镇压”就是“激烈革命”一类的暴力方式解决。一场巨大的社会革命，其实并非革命者的主观“激进”造成的。在社会矛盾中，统治者往往居于“主导”地位，革命往往是由统治者的种种“极端”触发、造成的。

几乎每个时代、每个社会都会有各种各样的“激进”思想，但在承平年代、开明社会，形形色色的激进思想于民众之影响者几希，更掀不起能动荡社会的大风大浪，只能是屈居一隅的少数人信念，不足为意。然而，一旦社会腐朽不堪，而统治者又拒绝改革以疏不满、以缓危机，民众忍无可忍，最后抱定与汝偕亡之心，则蛰伏已久的激进思想便如狂飙突起，成为席卷一切的巨浪大潮。此时此刻，惟最激进者最有吸引力，暴力肯定不断升级，愈演愈烈，最终火焱昆岗，玉石俱焚，然势已至此，奈何者谁？

由于清王朝的统治者没有审时度势的能力、容纳各方的明智与气度，尤其没有不断妥协的精神，最终被革命推翻。从更深一层的原因来看，清王朝的被推翻说明了统治者对“社会整合”的失败。因为鸦片战争后，中国面临的并非传统的异族入侵，而是深刻的社会转型，从传统社会转向现代社会。新的社会阶层、新的社会组织机构、新的社会政治观念……不断传入、产生，这一切都要求统治者能“明察秋毫”，正视现实的变化，审时度势，因势利导，改革旧制度、创建新制度，协调各方利益，对社会进行整合。如果统治者不能成功对社会进行整合，那么不是以强权压制社会的进步、转型，就是自己被社会革命所推翻。

清王朝的崩溃，结束了中国几千年帝制，统摄人心几千年的皇权神授、君权神圣的观念受到强烈震撼，从而证明：一个有几千年悠久历史、曾经被认为神圣不可侵犯更不能改变的制度也会轰然坍塌，中国也可以实行历史从未有过、曾被认为绝不可能的共和制。当然，共和之路并不平坦，充满曲折。